智能驾驶汽车决策与控制

王树凤　朱庆林　赵子亮　著

哈尔滨工业大学出版社

内 容 简 介

智能驾驶技术可以有效减少交通事故,提高交通效率,是目前汽车行业的发展方向。本书以结构化道路为研究对象,对正常工况及紧急工况下的自动驾驶决策与控制进行研究,以具体实例进行分析仿真验证。首先对正常工况下的决策进行研究,对决策输出的跟驰、换道行为进行规划控制;然后对紧急工况下碰撞不可避免的情况进行分析讨论,从微观角度分析车辆在紧急工况下避撞的决策与控制;最后介绍虚拟平台的搭建及虚拟测试。本书的主要特点是各章都以具体实例进行分析研究,各章内容相对独立,便于读者学习参考。

本书可供高等院校车辆、交通运输等专业的学生及进行智能驾驶相关技术研究的科研人员参考阅读。

图书在版编目(CIP)数据

智能驾驶汽车决策与控制/王树凤,朱庆林,赵子亮著. —哈尔滨:哈尔滨工业大学出版社,2024.1
ISBN 978-7-5767-1270-4

Ⅰ.①智… Ⅱ.①王… ②朱… ③赵… Ⅲ.①汽车驾驶-自动驾驶系统 Ⅳ.①U463.61

中国国家版本馆 CIP 数据核字(2024)第 046935 号

策划编辑　闻　竹
责任编辑　马毓聪　周轩毅
封面设计　童越图文
出版发行　哈尔滨工业大学出版社
社　　址　哈尔滨市南岗区复华四道街10号　邮编150006
传　　真　0451-86414749
网　　址　http://hitpress.hit.edu.cn
印　　刷　哈尔滨市颉升高印刷有限公司
开　　本　787 mm×1 092 mm　1/16　印张 12.75　字数 301 千字
版　　次　2024年1月第1版　2024年1月第1次印刷
书　　号　ISBN 978-7-5767-1270-4
定　　价　89.00元

(如因印装质量问题影响阅读,我社负责调换)

前　　言

随着电子技术、计算机技术、信息技术、通信技术、网络技术、人工智能技术等的快速发展,智能驾驶汽车利用摄像头、雷达等传感器探测道路交通环境,运用信息融合技术、人工智能技术等提前预知危险并完成规避决策,及时、准确地控制车辆行为。智能驾驶可实现安全、舒适、节能、高效行驶,并最终可能替代人工驾驶。由于智能驾驶技术十分复杂,本书仅以结构化道路为研究对象,对正常、紧急工况下的智能驾驶决策与控制进行研究,以具体实例进行分析仿真验证。

本书共分为7章,第1章主要介绍了智能驾驶汽车概述及关键技术;第2章以正常工况下的自动驾驶汽车决策为研究对象,建立了基于改进支持向量机的自动驾驶决策模型,并对其进行了仿真验证;第3章主要对正常工况下的跟车行为进行分析,建立了合适的车间距模型,求解跟车期望加速度,并控制操纵机构精确跟随加速度,进而进行了仿真验证;第4章针对正常工况下的换道行为进行轨迹规划,主要考虑了不同驾驶换道风格,建立了横向轨迹跟踪控制器并进行了仿真验证;第5章分析了紧急工况下的自动驾驶汽车决策,主要针对是否违背伦理道德法律进行了分别讨论;第6章从微观角度分析紧急工况下的自动驾驶汽车避撞决策与控制;第7章以具体实例介绍了自动驾驶汽车虚拟测试仿真的设计及相关步骤。本书涵盖了正常工况及紧急工况下的智能驾驶决策与控制相关内容,主要特点是以实例的形式介绍了从理论分析、建模到仿真验证的整个过程,各章内容相对独立,便于读者参考。

除封面署名作者外,智能驾驶团队中的张俊友、廖亚萍、袁亚东、刘哲、孙文盛、陈满祥、李思贤、张大伟、许国顺、孙贺等参与了本书部分章节内容的建模仿真及写作,梁庆伟等研究生参与了本书的排版和校对,在此一并表示感谢。同时也感谢山东省研究生优质专业学位无人驾驶与车路协同教学案例库建设项目 SDYAL2023051 的支持。

本书内容是作者多年来对智能驾驶相关技术方面研究的总结,仅起到抛砖引玉的作用,智能驾驶技术正处于快速发展的时期,作者学识有限,对于书中的不完善及疏漏之处,还望业内人士和广大读者批评指正。

作　者
2023 年 10 月

目 录

第1章 绪论 ··· 1
   1.1 引言 ·· 1
   1.2 自动驾驶汽车概述 ··· 2
   1.3 自动驾驶汽车关键技术 ··· 5
   1.4 本书主要内容 ·· 11

第2章 正常工况下自动驾驶汽车决策 ······································ 13
   2.1 正常工况下的驾驶决策 ··· 13
   2.2 支持向量机算法及优化改进 ·· 15
   2.3 基于优化SVM的自动驾驶汽车正常决策模型建立 ··········· 20
   2.4 道路条件对正常驾驶决策的影响分析 ····························· 30
   2.5 总结 ·· 34

第3章 正常工况下自动驾驶汽车纵向跟车控制 ························· 35
   3.1 纵向跟车控制系统设计 ··· 35
   3.2 期望安全距离计算模块 ··· 36
   3.3 跟车模式切换模块 ·· 42
   3.4 跟车期望加速度计算模块 ·· 45
   3.5 下层控制器设计 ··· 52
   3.6 实验仿真分析 ·· 65
   3.7 总结 ·· 72

第4章 正常工况下自动驾驶汽车换道规划控制 ························· 74
   4.1 基于五次多项式的换道轨迹规划 ··································· 74
   4.2 基于NGSIM数据的换道风格分析 ································· 76
   4.3 基于LQR的横向控制算法 ·· 87
   4.4 换道轨迹规划与跟踪控制仿真分析 ································ 92
   4.5 总结 ·· 97

第5章 紧急工况下自动驾驶汽车决策 ······································ 98
   5.1 紧急工况下自动驾驶汽车决策分析 ································ 98
   5.2 基于优化SVM的自动驾驶汽车紧急决策模型 ················· 100

  5.3 道德困境场景决策分析 ………………………………………… 114
  5.4 总结 ……………………………………………………………… 129

第6章 自动驾驶汽车避撞决策与控制 ………………………………… 130
  6.1 紧急避撞评价指标 ……………………………………………… 130
  6.2 基于紧急转向换道的纵向安全距离算法 ……………………… 132
  6.3 基于模糊 PID 控制的换道轨迹控制算法 ……………………… 135
  6.4 紧急工况下自动驾驶汽车避撞仿真分析 ……………………… 139
  6.5 驾驶决策模拟实验验证 ………………………………………… 150
  6.6 总结 ……………………………………………………………… 151

第7章 自动驾驶虚拟测试仿真 ……………………………………… 152
  7.1 虚拟测试软件及仿真平台 ……………………………………… 152
  7.2 虚拟测试系统技术方案 ………………………………………… 154
  7.3 主动避撞程序设计 ……………………………………………… 170
  7.4 虚拟交通场景的建立和仿真 …………………………………… 178
  7.5 总结 ……………………………………………………………… 188

参考文献 ………………………………………………………………………… 189

第 1 章 绪 论

1.1 引 言

随着机动车保有量的快速增长,驾驶人水平参差不齐、安全意识不足等因素导致的交通事故、交通拥堵、尾气及噪声污染等问题,严重影响了人民群众的生命、财产安全。随着电子技术、计算机技术、信息技术、通信技术、网络技术、人工智能技术等的快速发展,智能驾驶汽车已经可以利用摄像头、雷达等传感器探测道路交通环境,运用信息融合技术、人工智能技术等提前预知危险并完成规避决策,及时、准确地控制车辆行为,从而消除驾驶人注意力不集中、反应时间滞后等因素造成的决策失误,提高车辆的安全性和可靠性,降低交通事故发生的概率、减轻事故的严重程度。目前,智能驾驶汽车已成为汽车行业的研究热点及发展方向。

智能驾驶是指搭载先进的智能系统和多种传感器设备,具备复杂的环境感知、智能决策、智能控制等功能,可实现车辆安全、舒适、节能、高效行驶,并有望替代人工驾驶的技术。随着智能程度的不断提高,智能驾驶逐渐演变为自动驾驶和无人驾驶。无人驾驶、自动驾驶与智能驾驶的关系如图 1.1 所示。

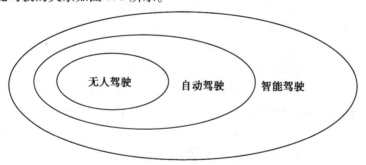

图 1.1 无人驾驶、自动驾驶与智能驾驶的关系

智能驾驶汽车是一个复杂的软硬件结合系统,主要分为感知、决策、控制三大技术模块,智能驾驶汽车的组成如图 1.2 所示。感知模块主要通过摄像头、雷达、惯性导航系统(简称惯导)、GPS、高精度地图等为智能驾驶系统提供本车、周边障碍物及环境的相关信息。广义的决策模块依据感知模块提供的车辆定位和周边环境数据,根据适当的决策模型进行驾驶决策,然后根据当前车辆状态、运动目标点等信息对车辆的期望轨迹、期望车速等进行规划;狭义的决策模块只包含车辆的驾驶行为决策模块。控制模块主要通过底盘中的制动踏板、加速踏板、前轮转角等以自适应控制、协同控制等方式驱动车辆执行相

应的命令动作,对运动规划模块输出的轨迹、车速、加速度等进行精准跟踪,实现智能驾驶。

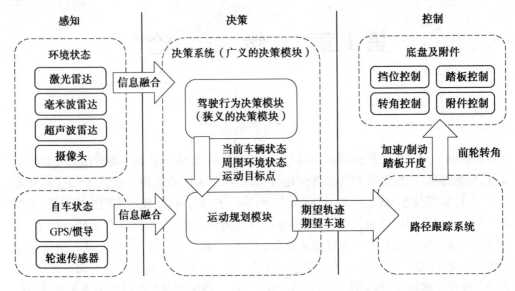

图 1.2　智能驾驶汽车的组成

智能驾驶系统的核心是人工智能算法,实现智能驾驶任务的关键是赋予车辆高度可靠的人工智能系统,使其能够实时判断不同条件下的驾驶状态和环境变化,运用驾驶决策机制推理出下一时刻的决策行为,根据周围环境对车辆的运行轨迹进行规划,进而控制车辆按期望的运动轨迹行驶。

由于道路、天气、驾驶行为等交通因素随机多变,路况错综复杂,本书仅以结构化道路为研究对象,对正常行驶工况(简称正常工况)及紧急工况下的自动驾驶决策与控制进行研究,以具体实例进行分析仿真验证。结构化道路一般是指高速公路、城市干道等结构化较好的道路,车辆行为一般为自由行驶、换道、跟车、避障等。与非结构化道路相比,这类道路具有清晰的道路标志线,道路的背景环境比较单一,道路的几何特征也比较明显,车流量大,是智能驾驶重点应对的交通环境。

1.2　自动驾驶汽车概述

车辆的智能化发展是逐步推进的。2014 年美国汽车工程师学会(Society of Automotive Engineers,SAE)将汽车自动化等级定义为 6 个层次,分别是无自动驾驶、驾驶辅助、部分自动驾驶、有条件自动驾驶、高度自动驾驶和完全自动驾驶。2016 年我国工业和信息化部参考了 SAE 的分级标准,将汽车自动化等级分为 6 级,并对各个等级对应的典型工况做了详细说明,见表 1.1(表中省略了无自动驾驶)。

自动驾驶汽车所涉及的主要关键技术有:

①环境感知技术。主要包括机器视觉图像识别技术、雷达(激光、毫米波、超声波)周边障碍物检测技术、传感器信息融合技术等。

表1.1 我国汽车自动化等级

环境	智能化等级	等级名称	等级定义	控制	监视	失效应对	典型工况
人监控驾驶环境	1	驾驶辅助	通过环境信息对方向和加减速中的一项操作提供支援,其他驾驶操作都为人工进行	人与系统	人	人	车道内正常行驶。高速公路无车道干涉路段,泊车工况
人监控驾驶环境	2	部分自动驾驶	通过环境信息对方向和加减速中的多项操作提供支援,其他驾驶操作都为人工操作	人与系统	人	人	高速公路及市区无车道干涉路段,换道、环岛绕行、拥堵跟车等工况
自动驾驶系统("系统")监控驾驶环境	3	有条件自动驾驶	由自动驾驶系统完成所有驾驶操作,根据系统请求,驾驶人需要提供适当干预	系统	系统	人	高速公路正常行驶工况,市区无车道干涉路段
自动驾驶系统("系统")监控驾驶环境	4	高度自动驾驶	由自动驾驶系统完成所有驾驶操作,特定环境下系统会向驾驶人提出响应请求,驾驶人可以对系统请求不进行响应	系统	系统	系统	高速公路全部工况及市区有车道干涉路段
自动驾驶系统("系统")监控驾驶环境	5	完全自动驾驶	自动驾驶系统可以完成驾驶人能够完成的所有道路环境下的驾驶操作	系统	系统	系统	所有工况

② 高精度地图和高精度定位技术。包括高精度地图数据模型、基于卫星定位系统和差分增强的高精度定位技术、多元辅助定位技术等。

③ 驾驶决策技术。汇集车辆周围信息,不仅包括汽车本身的当前位置、速度、方向和所在车道,还包括一定距离内与感知相关的所有重要障碍物体信息和预测轨迹,根据以上信息进行决策。

④ 路径规划技术。包括危险事态建模技术、危险预警与控制优先级划分、多目标协同技术、车辆轨迹规划、驾驶人多样性影响分析、人机交互等。

⑤ 控制执行技术。包括基于驱动/制动系统的纵向运动控制、基于转向系统的横向运动控制、基于悬架系统的垂向运动控制、基于驱动/制动/转向/悬架的底盘一体化控制,以及利用通信及车载传感器的车辆队列协同和车路协同控制、人机交互控制等。

⑥ 实验评价。包括智能网联汽车实验评价方法和实验环境建设。

1.2.1 自动驾驶汽车的国外发展历程

国外汽车智能化研究起步较早,早在1925年,美国无线电设备公司就设计了一辆名为"American Wonder"的无人驾驶汽车,它可以接收后车发出的无线电信号,通过电动发动机操纵车辆的方向盘、离合器和制动器等部件,被视为无人驾驶汽车的雏形。1956年,美国通用汽车展出 Firebird Ⅱ 概念车,它是世界上第一辆配备自动导航系统的概念车。1958 年,Firebird Ⅲ 问世,其通过预埋式线缆向安装了接收器的汽车发送电子脉冲信号,实现汽车的自动驾驶。1977 年,日本的筑波工程实验室开发出第一辆使用基于摄像头的巡航系统替代预埋式线缆的自动驾驶汽车,这是使用视觉设备进行无人驾驶的首次尝试。在军事应用需求的推动下,无人驾驶技术得到不断发展和完善,美国、德国、意大利走在了世界前列。在 2000 年以前,美国卡内基梅隆大学研制的 NavLab 系列和意大利帕尔玛大学的 ARGO 项目最具代表性。为了推进无人驾驶技术的发展,美国国防部高级研究计划局(Defense Advanced Research Projects Agency,DARPA)于 2004~2007 年共举办了三届 DARPA 无人驾驶挑战赛。

2009 年,以谷歌为代表的新技术力量纷纷入局无人驾驶。2012 年 3 月,谷歌获得了内华达州颁发的全球首个无人驾驶测试许可证;2015 年,无人驾驶原型车 Firefly 上路测试;2016 年,无人驾驶业务独立,Waymo 成立;2017 年,首次实现配备有安全员的无人驾驶出租车服务。谷歌采用的是"一步到位"的无人驾驶技术发展路线,即直接研发 L4 及以上级别的无人驾驶汽车。

2013 年开始,福特、宝马、丰田、沃尔沃等车企相继在无人驾驶领域进行了布局。2015 年,特斯拉推出了搭载自动驾驶系统 Autopilot 的 Model S 系列车型,其为首个投入商用的自动驾驶技术。2016 年,通用汽车收购了自动驾驶技术创业公司 Cruise Automation,正式进入无人驾驶领域,并于 2018 年推出搭载 Super Cruise 超级智能驾驶系统的凯迪拉克 CT6。2018 年推出的新款奥迪 A8 是全球首款量产搭载 L3 级别的自动驾驶系统的车型。

1.2.2 自动驾驶汽车的国内发展历程

我国从 20 世纪 80 年代开始智能车辆技术的研究,起源于"八五"和"九五"计划支持的"军用地面机器人"系列项目,由南京理工大学、北京理工大学、清华大学、浙江大学和国防科技大学等联合研制,能自主行驶、跟踪道路、避障、越野及岔路转弯,同时具有夜间行驶和侦察等功能,代表了同一时期无人驾驶汽车技术的先进水平。2008 年,国家自然科学基金委员会"视听觉信息的认知计算"立项,要求研制出具有自然环境感知和智能行为决策能力的无人驾驶汽车验证平台,要求其主要性能指标达到世界先进水平。在此基础上,2009 年中国智能车未来挑战赛举办,旨在集成创新研发无人驾驶汽车,并通过真实道路环境下的自主行驶来检验研究成果,促进研发交流及产业化应用。

2011 年 7 月,国防科技大学和一汽集团联合研制的红旗 HQ3 首次完成了从长沙到武汉的 286 km 的高速全程无人驾驶实验,该次实验的成功标志着我国无人驾驶技术在复杂环境识别、智能行为决策和控制等方面实现了新的技术突破。2013 年,以百度为代表的高科技公司也相继加入了无人驾驶汽车领域的研究。2015 年,百度在北京完成了高速路段的测试,2017 年发布百度 Apollo 平台,秉承开放能力、共享资源、加速创新、持续共赢的理念,帮助汽车行业及自动驾驶领域的合作伙伴快速搭建一套属于自己的自动驾驶系统;2018 年,百度与厦门金龙合作生产的 L4 级自动驾驶公共汽车"阿波龙"量产下线。2015 年,宇通大型客车在完全开放的道路环境下完成自动驾驶测试,这是全球第一辆无人驾驶大客车,成功在开放道路交通条件下全程无人工干预运行。2016年4月,长安汽车成功完成了历经多省全程约2 000 km的自动驾驶测试,在实现高速驾驶的同时,还实现了全速自适应巡航、交通拥堵辅助、自动紧急制动、交通标志识别等功能。2019年,由百度和一汽集团联手打造的我国首批量产L4级自动驾驶乘用车——红旗EV获得了5张北京市自动驾驶道路测试牌照,实现了安全、量产能力及外观、内饰、驾乘体验等维度的全方位优化升级,在当时是Apollo自动驾驶技术迭代的最新成果。2020年后,小米、蔚来、吉利、小鹏等车企也逐渐加入自动驾驶技术的研发阵营,极大地推动了自动驾驶行业的发展,加速了自动驾驶汽车的落地。

在国家政策层面上,我国高度重视智能网联汽车的发展。2015年,国务院将智能网联汽车列为未来十年国家智能制造发展的重要领域。2017年,《汽车产业中长期发展规划》中明确提出加大智能网联汽车关键技术的研发和应用力度,加快智能网联汽车法律法规体系建设,开展智能网联汽车示范推广。《新一代人工智能发展规划》进一步明确了自动驾驶技术自主应用的战略目标。2020年,国家发展和改革委员会等11个部门联合印发《智能汽车创新发展战略》,预计到2025年我国标准智能汽车的技术创新、产业生态、基础设施、法规标准、产品监管和网络安全体系基本形成,实现有条件自动驾驶的智能汽车达到规模化生产,实现高度自动驾驶的智能汽车在特定环境下市场化应用。2021年7月13日,中国互联网协会发布了《中国互联网发展报告(2021)》,在车联网领域,2020年智能网联汽车的销量超过了303万辆,同比增长了107%。车联网为汽车工业产业的升级提供了驱动力,已被提到国家战略的高度,我国第一阶段车联网标准体系建设基本完成。

2020年,我国L2级自动驾驶乘用车的市场渗透率达到15%。道路测试是开展智能车辆技术研发和应用不可或缺的重要环节。2016年6月,由工业和信息化部批准的国内首个"国家智能网联汽车(上海)试点示范区"封闭测试区正式开园运营。整个园区模拟城市交通场景,可以为无人驾驶、自动驾驶和V2X网联汽车提供29种场景的测试验证。2018年4月,工业和信息化部、公安部、交通运输部联合印发国家层面的《智能网联汽车道路测试管理规范(试行)》相关文件,提出了测试申请内容、审核流程、交通违法及事故处理等方面的要求。这意味着我国智能网联和无人驾驶汽车从国家战略高度正式进入实际操作阶段。

目前,我国汽车技术正朝着电动化、智能化、网联化、共享化的"四化"方向发展,为汽车工业的发展带来了巨大的挑战和机遇。信息技术、网络技术等先进技术的运用将全面升级传统汽车产业,并与互联网产业深度融合。智能网联技术被认为是汽车诞生一百多年来最具革命性的技术变革,在世界新一轮技术革命的影响下,未来汽车工业必将经历一次突破性的创新。

1.3 自动驾驶汽车关键技术

由于本书仅对结构化道路条件下自动驾驶汽车在正常行驶工况、危险及紧急工况下的决策与控制进行研究,故只对控制与决策相关的关键技术进行分析,主要从驾驶决策、车辆运动规划与控制及虚拟测试三方面进行介绍。

1.3.1 驾驶决策

狭义的车辆驾驶决策系统指通过传感器感知得到交通环境信息,考虑周边环境、动静态障碍物等,根据规则、数据学习等进行决策,选择适合当前交通环境的驾驶策略(跟驰、换道、自由行驶等),驾驶决策框架如图 1.3 所示,其目标主要是使车辆可以像人类一样完成安全的驾驶行为,满足车辆安全性、舒适性、经济性及遵守交通法规等条件。车辆驾驶决策从算法角度主要有基于规则的决策算法和基于机器学习的决策算法。

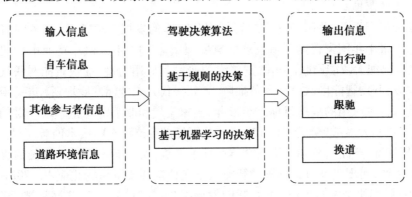

图 1.3 驾驶决策框架

1. 驾驶决策研究方法

基于规则的决策将自动驾驶汽车的行为进行划分,根据行驶规则、知识、经验、交通法规等建立行为规则库,根据不同的环境信息划分车辆状态,按照规则逻辑输出车辆行为决策。决策方法主要有模糊逻辑与有限状态机法。由于基于规则的决策算法在复杂工况下存在状态界限难以划分,且存在无法避免遍历工况、完善逻辑库导致的算法规模庞大、冗杂等缺点,因此算法水平难以继续提高。

随着人工智能的快速发展,目前基于机器学习的决策算法成为智能车辆驾驶决策算法的主流。机器学习是用大量的数据来"训练",通过各种算法从数据中学习如何完成任务。主要算法包括决策树学习、聚类、人工神经网络、贝叶斯网络、深度学习、强化学习等。基于机器学习的决策,是通过对环境样本进行自主学习,由数据驱动,利用不同的学习方法与网络结构,根据不同的环境信息直接进行行为匹配,输出行为决策。使用大量的数据更容易覆盖驾驶工况及不同的场景;不足之处是覆盖驾驶场景需要大量的实际道路上的驾驶数据。

2. 不同工况下的驾驶决策研究

正常行驶工况下的决策主要考虑车辆运行状况、道路条件等环境因素,以期为自动驾驶汽车推理出安全有效的驾驶决策。王晓原等以车辆运行状况为影响指标,基于决策树模型建立了包括跟驰、自由行驶及换道三种决策在内的驾驶决策方法;为了改善决策树模型自身缺乏灵活性的缺陷,Zheng 等使用传统的人工神经网络模型替代决策树算法,运用车辆运行状况样本数据训练建立了人工神经网络(artificial neural network,ANN)驾驶决策模型。另外,天气和道路条件也会对驾驶决策产生很大的影响,例如降低道路能见度会改变交通流动态、道路的几何分布等,使得驾驶行为发生很大的变化,需要综合车辆运行状态及环境信息进行决策。自动驾驶汽车公司 Waymo 就通过模拟驾驶及道路测试获取了大量的数据,进而利用机器学习算法对驾驶行为决策系统进行训练,使得系统性能大大提高。

另外,由于交通环境人车混杂,难免会遭遇突发紧急工况,如前车突然紧急制动、突入行人等。在紧急工况下,自动驾驶汽车需要对当前场景进行碰撞严重性预估,在不违反法律、道德的情况下,以碰撞损失最小为目标进行决策。在碰撞严重性预测研究方面,一般是以碰撞严重性为因变量,以环境特征、道路特征及车辆特征为自变量,将机器学习算法应用于碰撞严重性预测研究,利用危险工况下的交通数据预测事故的严重程度。也有研究者从微观角度,根据车辆的质量、行驶速度、方向等分析碰撞严重性,分析对比紧急制动、紧急转向及制动加转向几种操作下的避撞策略。

但如果碰撞损失最小的决策算法与法律、道德等因素冲突,自动驾驶究竟该如何选择目前还没有定论。以碰撞严重性为标准的功利主义弊端很明显,如果决策算法不保护车主的利益,会降低消费主体的购买欲望,甚至会使他们拒绝购买自动驾驶汽车;但如果守法的出行者反而容易遭到无妄之灾,则不利于交通管制,甚至有可能被不法分子利用,使自动驾驶汽车成为新的犯罪工具。另外,道德决策原则还与具体的道德困境场景密切相关,不能用单一的功利主义原则确定,当碰撞对象不同时,选择可能不同。如李伟等提出了"自我预设道德选择";狄瑞波提出要在道德困境下建立优先级排序,将诸多道德规范置于合理的等级位置,比较各规范的价值性进而做出决策等。

1.3.2 车辆运动规划与控制

车辆的运动规划与控制具有紧密的联系,运动规划的输出作为控制执行机构的期望状态,必须符合车辆的动力学性能,如车辆制动、加速时受附着条件的限制,在车辆行驶过程中有诸多运动学约束与可控性要求,运动规划的输出必须符合这些约束和要求,故常将运动规划与控制执行结合在一起研究。车辆运动规划与控制框架图如图1.4所示,首先根据驾驶决策、自车及障碍物的具体信息对车辆进行运动规划,获取期望轨迹、期望加速度等,然后通过控制车辆使其按照规划行驶。车辆运动规划与控制按行驶方向可分为车辆的纵向和横向运动规划与控制。其中,纵向运动规划与控制主要是根据周围环境求出车辆期望的速度、加速度,然后控制油门、制动器使车辆达到期望的要求。横向运动规划与控制在结构化道路行驶时一般指车辆的换道行为,首先根据环境等因素规划换道轨迹,然后控制车辆沿规划的换道轨迹行驶。车辆的纵向和横向控制基本流程是建立车辆的动力学模型,通过比例-积分-微分(proportional-integral-derivative,PID)控制、模型预测控制(model predictive control,MPC)、最优化控制、滑膜控制等算法实现期望目标的跟踪。

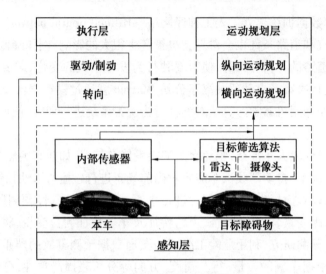

图 1.4　车辆运动规划与控制框架图

1. 纵向运动规划与控制

纵向运动规划与控制的目的是在与前车保持安全车距的前提下，实现安全、高效的行驶。首先，根据前车与本车的行驶状态确定期望的安全车距，进而获取期望的车速、加速度；然后，控制模块通过对油门和制动器的控制，实现对期望车速、加速度的精准跟随，实现车辆的安全高效行驶。纵向运动规划与控制主要包含期望安全车距模块，期望车速、加速度计算模块，以及跟随控制模块。

合理的安全车距策略非常重要，目前研究中常用的安全距离算法主要有以下三种：基于固定车头时距的安全距离算法(constant time headway, CTH)、基于可变车头时距的安全距离算法(variable time headway, VTH)和基于制动过程的安全距离算法。如 Darbha 采用固定车头时距方法作为自适应巡航控制(adaptive cruise control, ACC)系统的车距控制方法，没有考虑前方车辆及路面状况信息；Yanakiev 考虑到车辆状态，提出可根据本车和前车行驶状况进行变化的可变车距算法，解决了固定车头时距不能适应复杂的行驶工况的问题。为了提高乘员的满意度，部分研究人员开始学习真实的驾驶特性，建立考虑不同驾驶人风格的车距策略。Yi 基于固定车头时距开发了一种驾驶人自适应参数自调节方法，以满足不同驾驶风格的驾驶人对安全车距的需求。夏道华基于驾驶人制动过程建立了不同驾驶人风格的安全车距算法。袁清融入了驾驶意图，考虑前车及本车的状态提出了基于驾驶意图的安全车距算法。

对于期望安全车距的跟踪，主要通过调节车辆的加速度保持与前方车辆的间距。研究人员对跟车控制算法进行探索的过程中，为获取更好的控制效果，目前大多先对跟车模式进行分类，在此基础上建立多目标优化跟车控制器，获取期望的跟车加速度。如 Muller 通过分析驾驶人跟车行为，提出了一种基于模糊规则的模式分类方法，用于对跟车过程的不同模式进行合理分类，进而调节跟车间距。Bareket 将跟车行为具体分为接近、稳态、紧急制动、减速跟随和加速跟随五种。赵健将跟车行为分为加速、稳定跟随、减速控制、紧急制动防撞四种控制模式，从而实现加速、预警和制动功能的平滑切换。由于在不同的行车环境下对跟车时的安全性、舒适性、跟车性等性能要求不同,部分学者在跟车控制器中对不同模式下的多目标进行协调,以获取期望的加速度。MPC 由于可同时协调多个目标和多个约束,在处理时变和非线性对象时短时间内能实现精准的控制策略,在跟车控制中得到广泛应用。李升波设计了一种基于 MPC 的自适应巡航系统跟车控制方法,应用于求解系统中的多目标优化问题。黄晶等提出了基于显式模型预测控制理论的跟车控制器,结合显式多面体分段仿射系统计算跟车期望加速度。

对于控制车辆的实际加速度对输出的期望加速度进行精确跟踪,主要根据期望加速度和实际加速度的偏差反馈,利用控制算法闭环控制车辆的行为状态,实现车辆安全、高效行驶。Seto 等采用 PID 算法建立了控制器模型(其中 P 表示比例,I 表示积分,D 表示微分),通过控制驱动、制动的执行机构来操纵车辆的行驶状态。Luo 等基于 MPC 搭建的运动控制算法有效解决了执行器的反复切换导致效率较低的问题。Shakouri 在设计控制器时,基于车辆换挡逻辑模型、驱动转矩计算模块和变速器模型等搭建了控制器,进而求解期望驱动转矩并输入发动机,实现对车辆的控制。

2. 横向运动规划与控制

在结构化道路决策中,车辆横向运动规划一般指车辆的换道行为,因此横向运动规划与控制是指车辆通过车载传感器感知周围环境,根据行驶目的、要求等规划出期望的换道行驶轨迹,然后控制方向盘转角使其沿期望路径行驶,根据期望轨迹和实际行驶轨迹之间的偏差反馈,转向控制器利用控制算法获得转角控制量,通过闭环控制实现车辆沿期望轨迹行驶。

换道轨迹规划属于局部路径规划,是智能车辆完成换道的基础,目的是在满足道路、车辆动力学等约束的基础上实现安全、稳定、舒适、高效的换道。目前研究较多的规划方法有图搜索、曲线插值、动态优化及机器学习等。其中,最常用的是曲线插值方法,多项式曲线是目前研究中应用最广泛的换道轨迹。Wang 等使用时间相关的三次多项式方程,并提出了综合乘坐舒适性和换道效率的损失函数,以此为目标优化求解车辆换道轨迹。牛国臣等提出了一种双五次多项式换道轨迹规划方法。来飞等提出了七次多项式横向轨迹规划方法,用于转向避障,但该算法的阶次较高,计算复杂且收敛速度较慢。王家恩等对几种常见的换道轨迹规划方法进行比较,结果发现基于五次多项式的换道轨迹更具优势。

目前转向换道规划控制已相对成熟,只考虑安全性的换道无法满足驾驶人的个性化驾驶需求,不同风格或个性的驾驶人对换道的需求不同,如何针对不同驾驶人的特点规划出对应的换道轨迹是实现个性化驾驶的重要问题。王畅等利用实车实验数据建立了驾驶风格分类模型,针对不同风格驾驶人的特点建立了相应的换道预警模型。黄晶等将驾驶人的换道风格分为三类,并进一步将换道风格与换道轨迹规划算法相结合,使得规划的轨迹能够呈现不同类型的换道风格。

换道轨迹跟踪控制是智能车辆完成换道过程的执行阶段,通常在车辆运动学或动力学基础上运用合理的控制算法使车辆沿规划的轨迹行驶,常用的控制算法有基于模型预测控制的方法、基于最优控制理论的方法、滑膜控制等。闫淑德基于线性模型预测控制设计了变道辅助控制系统的换道轨迹跟踪控制算法,该算法可以在车辆纵向速度不变的情况下,实现对个性化换道轨迹的跟随;谢辉等针对强非线性的智能汽车运动控制问题,提出了一种基于分层模型预测控制的横纵向耦合控制方法。Soudbakhsh 等通过线性二次型调节器(linear quadratic regulator,LQR)设计了主动扭矩控制转向系统,以车辆的偏航角、速度和位置为输入,以转向扭矩为输出,可用于避障和换道轨迹的跟踪;倪兰青等以最小化横向预瞄误差和与期望轨迹的横摆角误差为目标,实现了基于 LQR 的四轮转向车辆的轨迹跟踪。

1.3.3 虚拟测试

为验证决策控制模型的正确性,需要在真实交通环境中进行充分测试。道路测试是自动驾驶汽车商业化必不可少的一个重要环节。但是实车道路测试费时、费力且不可预见的危险较多,另外从交通事故的致因分析,道路测试不能完全复现所有的道路环境情况和交通事件,是一种不充分的测试。鉴于虚拟测试具有可重复、周期短和危险性低等优点,考虑到天气、成本、时间等因素,虚拟测试被广泛应用,主要有以下几种测试。

(1) 软件在环测试。软件在环测试一般应用于系统开发的初始阶段,并且环境搭建所需的部件、汽车和周围环境都是虚拟的。

(2) 硬件在环测试。车辆的部分部件在硬件在环测试环境下是实物,应用虚拟环境能够有效地对环境感知、决策规划和控制执行系统进行检测。控制执行系统在环测试是一种较为成熟的测试方法,包括制动系统、转向系统和驱动系统的硬件在环测试。

(3) 整车在环测试。将车辆作为实物硬件嵌入虚拟环境进行测试,相比于软件在环测试和硬件在环测试,由于是实车进行测试,此方法的测试结果更加可靠。

本书以软件在环测试为实例进行研究,早期的虚拟测试仿真软件以车辆动力学仿真为主,用来在车辆开发的过程中对整车的动力性、稳定性、制动性等进行仿真。随着各种高级驾驶辅助系统(advanced driving assistance system,ADAS)功能的开发,仿真软件提供简单道路环境,主要关注功能的验证,且对场景和传感器的真实程度要求较低。随着以Waymo 为代表的一系列目标为 L4 级别自动驾驶的初创公司的成立和技术突破,尤其是Waymo 自建的 Carcraft 仿真环境在补充实际路测中发挥重要作用,出现了一批以使用高精地图、真实数据回放,以及使用游戏引擎进行高真实感虚拟环境重建的仿真平台,既有各种初创公司的商业化产品,又有自动驾驶公司的内建平台,传统的从事动力学仿真和ADAS 仿真测试工具链的公司也通过合作、收购、自研等方式构建了更加符合未来自动驾驶对大量真实场景、大规模并行案例测试需要的仿真平台。

软件在环虚拟测试框架如图 1.5 所示,学者们主要通过 PreScan、PanoSim 和 SUMO 等软件进行虚拟仿真测试,通过建模软件建立虚拟的交通场景,根据交通场景中的环境进行决策及路径规划,进而控制车辆运动。李霖等使用 PreScan 软件对自己提出的紧急制动避撞系统策略进行了测试,仿真结果表明该策略可以有效减轻碰撞的程度。吉林大学自主研发了虚拟测试软件平台 PanoSim,并基于此平台开展了考虑驾驶人习惯的 ADAS 控制策略研究,进行了算法仿真验证。Rossetti 联合 SUMO 和 USARSim 软件实现了先进交通系统的集成功能,完成了对多辆自动驾驶汽车的测试工作。谷歌利用 Waymo 采集的数据信息,在仿真测试平台 Carcraft 上对真实环境进行了复现,以实现虚拟环境下自动驾驶汽车的大规模测试。基于大规模云端计算大量的场景数据,百度 Apollo 仿真开放平台提升了仿真测试的效率,并实现了对自动驾驶算法的快速检测。

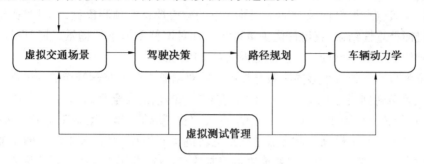

图 1.5　软件在环虚拟测试框架

1.4　本书主要内容

　　智能驾驶是搭载先进的智能系统和多种传感器设备,具备复杂的环境感知、智能决策、智能控制等功能,可实现安全、舒适、节能、高效行驶,并有望替代人工驾驶的技术。本书对结构化道路条件下车辆决策与控制存在的技术问题进行研究,主要针对正常行驶工况、危险及紧急工况下的自动驾驶决策与控制进行分析仿真。全书共分为 7 章,具体内容安排如下。

　　第 1 章为绪论。主要介绍自动驾驶汽车概述,驾驶决策、运动规划与控制及虚拟测试的研究现状,进而引出本书的章节安排。

　　第 2 章为正常工况下自动驾驶汽车决策。针对自动驾驶汽车的正常驾驶决策,将道路条件、车辆运行状况等信息作为正常驾驶决策(换道、跟驰和自由行驶)的输入信息,基于驾驶模拟实验数据和优化的支持向量机(support vector machine, SVM)模型建立正常驾驶决策模型。通过实验数据验证并与基于神经网络的反向传播神经网络(back propagation neural network, BPNN)模型对比,验证 SVM 模型的有效性。运用敏感性分析方法,分析道路条件在不同交通流密度下对车辆正常决策的影响。

　　第 3 章为正常工况下自动驾驶汽车纵向跟车控制。分析车辆间距模型,考虑跟车不同情况建立车辆的期望安全车距模型;根据前后车辆的运动状态获取不同跟车模式,对车间纵向动力学进行建模,综合考虑跟车性、乘坐舒适性、安全性等性能,使用模型预测控制算法建立跟车控制器,根据不同跟车模式设定系统约束组和权重系数值等,求解跟车期望加速度,通过下层控制器控制油门、制动器等跟踪加速度,搭建跟车控制联合仿真平台,通过多种仿真场景验证跟车控制效果。

　　第 4 章为正常工况下自动驾驶汽车换道规划控制。结合车辆换道的运动过程提取轨迹数据,对车辆换道片段进行分析处理,在聚类基础上获得不同类型换道风格特点。建立基于五次多项式的横向轨迹规划模型,通过改变不同成本函数的权重体现相应的换道风格;基于线性二次型调节器建立横向轨迹跟踪控制器,搭建 Simulink 和 CarSim 的联合仿真平台进行仿真,验证轨迹跟踪控制器的有效性。

第5章为紧急工况下自动驾驶汽车决策。针对紧急工况,以碰撞损失最小为目标,以前车紧急制动造成的追尾事故为对象,基于交通事故数据处理分析和优化 SVM 算法,建立不同紧急决策(制动、转向及制动 + 转向)下的碰撞严重性预测模型,通过对比每个模型输出的碰撞严重性结果,获得最优决策算法。针对道德困境下的场景,进行设计分析,并通过驾驶模拟实验,分析道德、法律等因素对决策的影响。

第6章为自动驾驶汽车避撞决策与控制。针对紧急工况下车辆避撞的两种常见控制(紧急制动、紧急转向换道)进行分析,建立基于制动的纵向安全距离算法,分析临界换道避撞工况,基于换道轨迹建立纵向安全距离算法,在此基础上建立紧急工况避撞决策,获取最优避撞决策。使用模糊控制算法建立换道轨迹控制模型,对紧急工况下的避撞决策控制进行仿真分析,验证紧急工况避撞决策控制的有效性,并用驾驶模拟器验证避撞决策理论结果。

第7章为自动驾驶汽车虚拟测试仿真。首先对虚拟测试系统总体技术方案进行说明,介绍基于 UC-win/Road 软件的场景建模流程及智能驾驶功能开发的设计方法,以自动驾驶汽车主动避撞系统为例,在 UC-win/Road 软件中搭建测试场景,利用辅助开发工具进行程序设计以实现对车辆模型的控制,然后对车辆模型进行测试。通过对实验数据进行分析,验证为虚拟测试的可行性和有效性。

第2章　正常工况下自动驾驶汽车决策

正常工况下的自动驾驶汽车决策是智能车辆根据传感器获取周边环境信息,通过采取某种行为决策,避免与其他交通对象或障碍物发生交通冲突,保证车辆的正常行驶,提高交通效率。自动驾驶汽车的运行状态及决策行为受周围车辆、当前道路环境、天气等因素的影响,本章将车辆运行状态、周围车辆运动状态、道路环境等时变条件融入正常驾驶决策因素,建立正常工况下的自动驾驶决策模型,并对其有效性进行验证。

2.1　正常工况下的驾驶决策

2.1.1　驾驶人正常工况下的决策规律

车辆在道路上正常行驶时,驾驶人通过观察、判断做出驾驶行为的过程是一个闭环控制过程,其决策流程如图2.1所示,驾驶人通过自身感官系统(视觉、听觉和触觉等)感知车辆运行状态、周围道路环境信息等,结合自身驾驶经验及相关知识,对周围环境的运动进行预判,产生相应的驾驶意图及期望的汽车运动状态,根据实际的车辆运动状态与期望状态的偏差,通过控制执行机构(方向盘、加速踏板、制动踏板等)执行相应的操作,力图使汽车达到期望的状态。

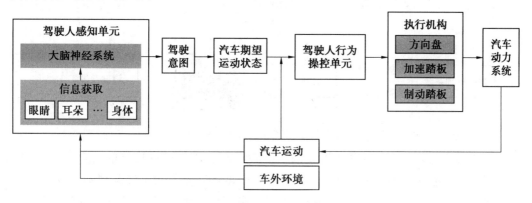

图2.1　驾驶人的正常决策流程

通过观察、研究驾驶人的日常驾驶行为习惯,总结出以下正常工况下的车辆行驶规律:

(1)在道路上的车流密度比较稀疏(一般认为车辆间的车头时距大于8 s时车辆密度比较稀疏),且足以使车辆达到期望车速的情况下,驾驶人会更倾向于不受限制地控制车速达到期望车速,控制车辆在道路上自由行驶。

(2) 如果道路上车辆密度较高(特别是交通高峰期,车头时距一般小于 8 s),车辆的行驶要受限于前方车辆的运行状态,驾驶人要实时判断前方车辆的运行状态,控制该车辆的速度和加速度以跟驰前车,以使该车辆与前车之间的距离大于等于安全距离,保证车辆安全行驶。

(3) 在车辆受限于跟驰前车的同时,若该车在当前车道未达到期望车速或当前车道并非期望车道,则更倾向于观察相邻车道或者期望车道的车辆运行状态,并采取措施适时调整该车辆运行状态,实现借道超车或者换道行驶。

(4) 当城市道路条件(包括天气、道路几何等)趋于复杂时,安全起见,驾驶人会根据实际道路条件适当降低该车辆车速或者决策行为复杂程度,如控制车辆由自由行驶状态转化为跟驰状态,或者取消换道状态以继续保持跟驰状态。

2.1.2 自动驾驶汽车在正常工况下的决策

对于自动驾驶汽车,为了适应人类驾驶和自动驾驶共存的混合交通环境,需要学习道路交通中的人类驾驶习惯。可以利用传感器记录道路交通环境和驾驶人的操作,采用机器学习分析驾驶人的习惯。驾驶行为的规律体现在传感设备所采集的驾驶数据中,因此建立自动驾驶汽车决策模型的过程就是从人类驾驶数据中提取驾驶规则的过程。

自动驾驶汽车设定好目的地、规划行车路径后,要通过环境感知传感器设备采集交通场景信息(包括车辆运行状态和外界道路环境条件),然后进行数据融合处理,处理后的数据作为驾驶决策的输入变量。驾驶决策可以调用内部存储的后台决策知识经验库,匹配出正确的驾驶决策,从而将该决策指令输送给控制系统,由控制系统控制执行机构(转向系统、踏板和自动换挡)进行相应的操作,其决策流程如图2.2所示。

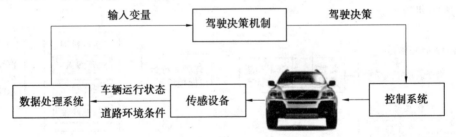

图2.2 正常工况下自动驾驶汽车驾驶决策流程

驾驶决策模型是控制自动驾驶汽车的"中枢神经系统"。驾驶决策的后台决策知识库中所存储的是利用机器学习算法进行离线学习获取的驾驶人决策经验规则,该经验规则是通过对经验驾驶人的决策行为及决策场景信息进行分析获取的,由条件属性和决策属性构成。其中,条件属性指影响驾驶人进行决策的车辆状态和道路条件等信息;决策属性指驾驶人经常采取的三种驾驶决策,包括自由行驶、跟驰及换道。

2.1.3 正常驾驶决策影响因素分析

驾驶人在决策过程中除了受外界环境影响外,还受自身心理和生理因素的影响,而自动驾驶汽车无驾驶人参与,主要受车辆因素及交通环境因素的影响。

车辆因素包括驾驶人所驾驶车辆的基本性能及周围车辆的行车状态。所驾车辆的基本性能包括车辆尺寸、车龄、动力性能、制动性能等,直接或间接影响执行决策。同时,周围车辆的行车状态也会对驾驶决策产生影响。相关研究表明,小型车倾向于与前车保持较小的车头时距,大型车倾向于与前车保持较大的车头时距。

交通环境因素主要指道路因素、交通安全设施、交通信息等。道路因素包括道路等级、道路横断面形式、车道宽度、坡度、曲率、路面情况等。交通安全设施主要指道路交通标志、交通标线等,在一定程度上对驾驶人的行车进行了指引和限制。交通信息的覆盖面很广,包括交通信号、道路情报板、交通管制等。天气条件包括气象和光线等条件,雨、雪、雾等异常天气会引起一系列行车条件的改变,最主要的是会引起能见度和道路摩擦系数的改变。能见度会直接影响感知系统对前方路况的判断,在能见度较差的情况下,若不能准确判断路况,驾驶人通常倾向于降低车速、增大车距、提高注意力集中程度,自动驾驶汽车的工作机制亦如此。道路摩擦系数直接影响安全车距。

由于车辆运行状态和外界道路环境条件两个方面所包含的影响指标种类较多,且容易出现信息重叠现象,为了避免指标相关性较高所造成的模型训练时间冗余现象,本章在自动驾驶汽车驾驶决策系统中嵌入主成分分析法,对驾驶决策影响指标进行相关性融合处理及权重分析,获取影响驾驶决策的非相关重要指标集,提高模型训练速度及决策推理准确率。

2.2 支持向量机算法及优化改进

本章利用支持向量机(SVM)算法较强的分类性能,对其进行优化改进。作为建立驾驶决策模型的基础模型,SVM算法是C. Cortes和H. Drucker提出的一种基于统计学习理论的机器学习方法,具有小样本学习能力强、模型泛化性能好等特性。近年来,SVM算法广泛应用于交通运输研究,包括交通流预测、事故检测、交通模式选择及碰撞频率预测等,这些研究表明SVM算法能够较好地解决分类问题。有研究利用SVM算法建立了正常工况下的驾驶决策模型,当前SVM算法本身存在的最大限制在于无法根据实际问题自主选择最优核函数,需要人为设定,导致利用SVM算法建立的模型无法达到最佳分类精确度。

尽管SVM算法在理论方面具备较多优点,但在应用方面还存在瓶颈——主要是核函数选取和参数优化问题。核函数主要依据研究者的经验人为选取;参数优化主要是采用地毯式的网格搜索算法,寻优效率较差且精确度不高。基于此,本章提出一种加权混合核函数作为SVM的核函数,以改进SVM算法,然后提利用粒子群优化(particle swarm optimization,PSO)算法对改进的SVM算法进行参数寻优,利用粒子群算法的良好优化性能和加权混合核函数对各个核函数的平等择优性能缩短驾驶决策模型的训练冗余时间,再用SVM形成决策行为分类器,达到对驾驶决策进行快速推理的目的。

2.2.1 SVM 核函数概述

1. SVM 基本原理

SVM 最早用于解决线性可分数据的二分类问题,基本原理是寻找一个满足数据分类要求的最优超平面,使得超平面在确保分类精确度的前提下,与两类样本点距离最大。

在线性分类的情况,假设训练样本为 $\{(x_1,y_1),(x_2,y_2),\cdots,(x_k,y_k),\cdots,(x_m,y_m)\}$, $x \in R^d, y_k \in \{-1,1\}$,其中 x_k 为输入变量,y_k 为决策类别,m 为训练样本个数,R^d 为 d 维实数空间。SVM 线性分类存在一个最优超平面 $\boldsymbol{\omega} \cdot \boldsymbol{x} + b = 0$ 能够将训练样本正确分割开来,其中 $\boldsymbol{\omega}$ 为可调的权值向量,b 为偏置。最优超平面如图 2.3 所示,方块和圆圈为两类待分类点,实线为最优超平面,两条虚线为满足以下条件的直线:① 与最优超平面平行;② 两类训练样本中必然存在与最优超平面距离最近的点(这些点被称为支持向量),两条虚线分别经过这样的点,且它们的间距为两类分类点的分类间隔。

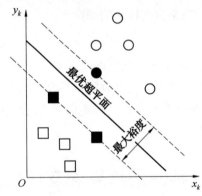

图 2.3 最优超平面

该超平面需要满足下式:
$$y_k(\boldsymbol{\omega} \cdot \boldsymbol{x}_i + b) \geq 1, \quad i = 1, 2, \cdots, m \tag{2.1}$$

计算分类间隔为
$$\min_{\{x_k | y_k = 1\}} \frac{\boldsymbol{\omega} \cdot \boldsymbol{x}_k + b}{\|\boldsymbol{\omega}\|} - \max_{\{x_k | y_k = -1\}} \frac{\boldsymbol{\omega} \cdot \boldsymbol{x}_k + b}{\|\boldsymbol{\omega}\|} = \frac{2}{\|\boldsymbol{\omega}\|} \tag{2.2}$$

最优超平面要求分类间隔最大化,即要求 $\|\boldsymbol{\omega}\|$ 最小化,则最优超平面问题可以表示成满足式(2.1)约束条件的最小化函数
$$\varphi(\boldsymbol{\omega}) = \frac{1}{2}\|\boldsymbol{\omega}\|^2 = \frac{1}{2}(\boldsymbol{\omega} \cdot \boldsymbol{\omega}) \tag{2.3}$$

采用拉格朗日对偶性变换,并选择适当的惩罚参数 c,最优超平面问题可转化为求解二次规划问题的最大值,即
$$\boldsymbol{\omega}(a) = \sum_{k=1}^{m} a_k - \frac{1}{2} \sum_{k,l=1}^{m} a_k a_l y_k y_l (\boldsymbol{x}_k \cdot \boldsymbol{x}_l) \tag{2.4}$$

$$\begin{cases} y_k[(\boldsymbol{\omega} \cdot \boldsymbol{x}_k) + b] - 1 \geq 0 \\ \sum_{k=1}^{m} y_k a_k = 0 \\ 0 \leq a_k \leq c, \quad k = 1, \cdots, m \end{cases}$$

式中,a_k 为拉格朗日系数。

最后可解得线性分类情况下的最优分类函数

$$f(\boldsymbol{x}) = \text{sgn}\{\boldsymbol{\omega}^* \cdot \boldsymbol{x} + b^*\} = \text{sgn}\left\{\sum_{k=1}^{m} a_k^* y_k (\boldsymbol{x}_k \cdot \boldsymbol{x}) + b^*\right\} \quad (2.5)$$

式中,a_k^*,b^* 为确定最优超平面的参数;$(\boldsymbol{x}_k \cdot \boldsymbol{x})$ 为两个向量的点积。

处理非线性问题时,就需要将原始输入变量 R^d 映射到高维空间中转化为线性可分问题,在高维空间中构造最优超平面,最后将最优超平面再映射到原始空间中即可。这就需要借助核函数 $K(\boldsymbol{x},\boldsymbol{x}_k)$ 实现非线性问题的线性分类。

$$K(\boldsymbol{x},\boldsymbol{x}_k) = (\boldsymbol{\psi}(\boldsymbol{x}) \cdot \boldsymbol{\psi}(\boldsymbol{x}_k)) \quad (2.6)$$

式中,$\boldsymbol{\psi}(\boldsymbol{x})$,$\boldsymbol{\psi}(\boldsymbol{x}_k)$ 为将原始输入变量 x 和 x_k 分别映射到高维空间后的特征向量。

此时最优超平面问题的目标函数变为

$$\boldsymbol{\omega}(a) = \sum_{k=1}^{m} a_k - \frac{1}{2} \sum_{k,l=1}^{m} a_k a_l y_k y_l K(\boldsymbol{x}_k,\boldsymbol{x}_l) \quad (2.7)$$

则得到非线性分类情况下的最优分类函数

$$f(\boldsymbol{x}) = \text{sgn}\left\{\sum_{k=1}^{m} \boldsymbol{a}_k^* y_k K(\boldsymbol{x},\boldsymbol{x}_k) + b^*\right\} \quad (2.8)$$

2. SVM 核函数

SVM 核函数的设计是其应用的关键所在,其能够直接将低维空间向量转化为高维空间中的函数映射,克服了传统分类算法无法准确处理低维不可分的缺陷,降低了模型的分类时间和问题的复杂度。与其他机器学习算法不同的是,SVM 算法没有进行复杂的公式推导,避免了直接在高维空间中的复杂计算,这使得 SVM 算法具有良好的通用性和灵活性。

但面对同一分类问题时,不同的核函数对 SVM 算法的推理性能影响不同,能够反映问题特征的充分度不同,当前常用的核函数为以下三种:

(1) 多项式(polynomial) 核函数。

$$K_{\text{Poly}}(\boldsymbol{x},\boldsymbol{x}_i) = [a(\boldsymbol{x} \cdot \boldsymbol{x}_i) + b]^d \quad (2.9)$$

多项式主要用于线性可分的情形。但是多项式核函数的参数多,当多项式的阶数比较高的时候,核矩阵的元素值将趋于无穷大或者无穷小,计算复杂度会大到无法计算。

(2) 径向基(radial basis fernel,RBF) 核函数。

$$K(\boldsymbol{x},\boldsymbol{x}_k) = \exp\left(-\frac{\|\boldsymbol{x} - \boldsymbol{x}_i\|^2}{\sigma^2}\right) \quad (2.10)$$

RBF 核函数是一种局部强的核函数,主要用于线性不可分的情形。其可以将一个样本映射到一个更高维的空间内。该核函数是应用最广的核函数,无论大样本还是小样本情况下都有比较好的性能,而且其相对于多项式核函数参数更少,因此大多数情况下在不知道用什么核函数的时候,优先使用 RBF 核函数。

(3) Sigmoid 核函数。

$$K_{\text{Sig}} = \tan[\tau(\boldsymbol{x} \cdot \boldsymbol{x}_i) - \delta] \quad (2.11)$$

采用 Sigmoid 函数作为核函数时,SVM 实现的就是一种多层感知器神经网络。应用 SVM 方法,隐含层节点数目(它确定神经网络的结构)、隐含层节点对输入节点的权值都是在设计(训练)的过程中自动确定的。而且 SVM 的理论基础决定了它最终求得的是全局最优值而不是局部最小值,也保证了它对于未知样本的良好泛化能力,不会出现过学习现象。

式(2.9)中的 d 是多项式核的阶数,式(2.10)中的 σ 是决定径向基核宽度的常数项,式(2.11)中的点表示欧几里得空间中的内积运算。不同的核函数可以使得 SVM 构造出不同的回归曲面,从而得到不同的驾驶决策训练结果。

因此,选择合适的核函数和核参数对 SVM 模型的分类性能起着决定性作用。通常在选用核函数的时候,若对样本特征足够了解,可根据经验自定符合数据分布的核函数;否则,可通过检验对比,选取分类性能最优的核函数作为 SVM 核函数;或者采取不同的核函数结合,建立混合核函数。

3. SVM 用于自动驾驶汽车驾驶决策

上述 SVM 仅能用于研究二分类的问题,然而在进行自动驾驶汽车驾驶决策推理时,车辆在正常工况下有多种决策选择,需要进行多值决策分类,因此这里需要为每种工况建立多个 SVM 二分类器。通过自动驾驶汽车驾驶决策分析,得出自动驾驶汽车在正常工况下的驾驶决策主要包括自由行驶、跟驰及换道三种,在训练时将三种正常驾驶决策分别分为三组 SVM 二分类器,即自由行驶和跟驰、自由行驶和换道、跟驰和换道,如图 2.4 所示。

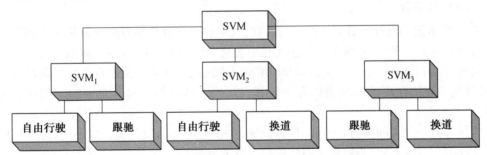

图 2.4 自动驾驶汽车正常驾驶决策 SVM 二分类器

对上述两种工况下的模型进行训练后,正常驾驶决策模型会得出三个 SVM 二分类训练模型。在测试时,分别运用这三个 SVM 二分类训练模型对每个样本进行分类,然后选取分类结果中数量最多的那一类作为该样本的决策类别。

2.2.2 SVM 的改进优化

1. 核函数选取改进

在 SVM 研究领域,核函数类型的选取是最热门的研究问题,当前应用最多的核函数是 RBF 核函数。但是对于不同的研究问题,有的核函数可以反映研究问题本身的特征,设计人员根据经验确定的核函数可能并不是针对特定问题的最佳选择,这就需要采取某些方法让研究问题自主选择最佳核函数。因此为了避免核函数选择的片面性和复杂性,并充分发挥各个核函数在反映驾驶决策特征上的优势,本章在进行 SVM 参数优化的过程中,提出将各核函数同时引入模型中,让模型能够根据样本特征自主选择核函数类型,这样就可以克服上述的片面性问题。

基于上述改进思想,在原有核函数的基础上建立了一种由系数因子将上述核函数联系起来的加权混合核函数:

$$K(\boldsymbol{x},\boldsymbol{x}_i) = \beta_1 [K_{\text{Poly}}(\boldsymbol{x},\boldsymbol{x}_i)]^{e_1} + \beta_2 [K_{\text{Rbf}}(\boldsymbol{x},\boldsymbol{x}_i)]^{e_2} + \beta_3 [K_{\text{Sig}}(\boldsymbol{x},\boldsymbol{x}_i)]^{e_3} \quad (2.12)$$

式中,β_j,e_j 分别为与各核函数相对应的权重因子和指数因子,$0 \leqslant \beta_j \leqslant 1$, $e_j \in R$, $j = 1,2,3$。然后将 e_1, e_2 分别和 d, σ 合并到在一起,可以将式(2.12)简化为

$$K(\boldsymbol{x},\boldsymbol{x}_i) = \beta_1 K_{\text{Poly}}(\boldsymbol{x},\boldsymbol{x}_i) + \beta_2 K_{\text{Rbf}}(\boldsymbol{x},\boldsymbol{x}_i) + \beta_3 [K_{\text{Sig}}(\boldsymbol{x},\boldsymbol{x}_i)]^{e_3} \quad (2.13)$$

该权重因子 β_j 需要满足

$$\beta_1 + \beta_2 + \beta_3 = 1 \quad (2.14)$$

当任意一 $\beta_j = 0$ 时,代表其对应的核函数不能反映驾驶决策特征;当 $\beta_1 = 1, e = 1$ 且 $\beta_2 = 0, \beta_3 = 0$ 时,式(2.13)就是多项式核函数的原始形式。

2. 模型参数寻优

PSO 算法是近年来发展起来的一种新的进化迭代优化算法。与遗传算法(genetic algorithm,GA)类似,PSO 算法也是从随机解开始,通过适应度来评价其解的质量,它不具有遗传算法的"交叉"和"变异"操作,而是通过在解空间中跟随最优粒子来寻找全局最优解,这比 GA 的优化规则要简单得多。此外,PSO 算法具备较快的收敛速率,可以防止局部最优现象的出现,故本章采用粒子群算法对 SVM 模型的待定参数进行寻优。

在 PSO 算法中,粒子们根据本身和群体的飞行经验动态修正它们在 n 维空间内的位置。在 n 维空间内,粒子的数量为 m,粒子 i 的位置可以表示为 $x_i = [x_{i1}, x_{i2}, \cdots, x_{in}]$,其飞行速度为 $v_i = [v_{i1}, v_{i2}, \cdots, v_{in}]$。迄今为止粒子 i 搜索到的最佳位置记为 Pbest,即 $\text{Pbest}_i = [\text{Pbest}_{i1}, \text{Pbest}_{i2}, \cdots, \text{Pbest}_{in}]$;迄今为止所有粒子搜索到的最佳位置记为 Gbest,即 $\text{Gbest} = [\text{Gbest}_{i1}, \text{Gbest}_{i2}, \cdots, \text{Gbest}_{in}]$;在每个时刻 t,粒子 i 都会通过下式来调整自身位置和速度:

$$v_{id}^{t+1} = \mu v_{id}^t + c_1 \text{rand}()(\text{Pbest}_{id} - x_{id}^t) + c_2 \text{rand}()(\text{Gbest}_{id} - x_{id}^t) \quad (2.15)$$

$$\begin{cases} v_{id} = v_{\max}, & v_{id} > v_{\max} \\ v_{id} = -v_{\max}, & v_{id} < -v_{\max} \end{cases} \quad (2.16)$$

$$x_{id}^{t+1} = x_{id}^t + v_{id}^{t+1} \quad (2.17)$$

式中,$i = 1,2,\cdots,m$;$d = 1,2,\cdots,n$;$v_{\max}$ 为最大飞行速度;rand( ) 为 Matlab 中的一个产生 $[0,1]$ 之间的随机数的函数。

本章将 SVM 和 PSO 算法结合起来构建参数优化框架,SVM-PSO 参数优化框架如图 2.5 所示。

通常,在模型训练前,在 PSO 算法中首先要设置好常用参数:更新步长因子 $\mu = 1$,粒子正加速度系数 $c_1 = c_2 = 2.0$,最大飞行速度 $v_{\max} = 100$,粒子种群大小 $m = 50$。本章模型中的参数就包括 SVM 自身携带的惩罚因子参数 c,混合核函数中的参数 $a, b, d, \sigma, \tau, \delta$ 及核函数选取参数 β, e,一共 9 个参数,故粒子搜索空间的维度 $n = 9$,这里规定 RBF 核函数参数 σ 和惩罚因子参数 c 的取值范围为 $(-10,10)$。

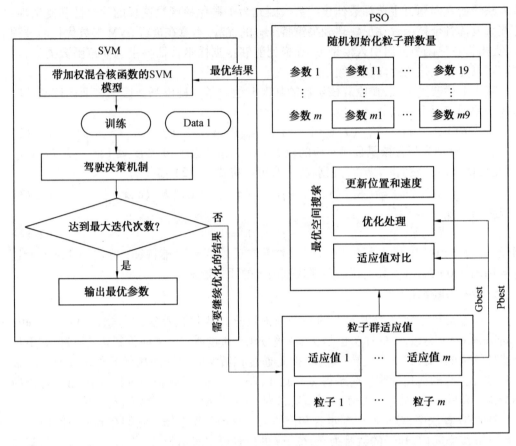

图 2.5 SVM-PSO 参数优化框架

设置好常用参数后,模型训练将按照 SVM-PSO 参数优化框架中的步骤进行参数寻优:

① 随机初始化所有粒子的位置和速度。

② 根据驾驶决策模型中的适应度函数计算每个粒子的适应值。

③ 比较当前的适应值和已搜索的适应值 Pbest,更新 Pbest,然后从粒子群中选择最佳的 Pbest 作为整体粒子群的最佳适应值 Gbest。

④ 对于每次更新,重置 SVM 和惩罚因子参数 c,为粒子创造更大的研究空间,避免陷入当前最佳值的局部区域。

⑤ 根据式(2.15)和式(2.9)更新每个粒子的位置和速度。

⑥ 当迭代次数达到最大值时,停止迭代并输出最优参数;否则,返回②。

2.3 基于优化 SVM 的自动驾驶汽车正常决策模型建立

正常工况下的驾驶决策模型是保证车辆正常驾驶的核心。当前的驾驶决策模型研究已经比较成熟,能够控制车辆应对标准高速公路与简单交通条件下的交通状况,本章以具体实例进行说明,将车辆运行状况和道路条件融入驾驶决策模型的影响指标体系,通过建立常规交通场景和正常驾驶模拟实验,采集正常驾驶状态下的车辆决策数据,使用优化的SVM算法,以自由行驶、跟驰和换道为正常决策结果,为自动驾驶汽车建立正常行驶工况下的驾驶决策模型。

2.3.1 正常驾驶决策数据采集与处理

根据驾驶人的正常决策规律,在不同的交通流密度条件下,车辆运行状况与外界道路条件对驾驶决策的影响存在较大的差异。故分别设计三种交通流密度(分别为高、中、低交通流密度)下的驾驶模拟实验,通过改变交通场景参数输出不同的驾驶决策数据,进而获取模型训练所使用的驾驶决策学习样本集,为驾驶决策模型提供数据基础。

1. 实验软硬件准备

由于驾驶模拟器可以为驾驶人呈现真实的交通场景和车辆感受,而且具有可重复、灵活、安全等优点,不受天气等因素的制约,因此被广大研究人员采用。使用山东科技大学虚拟仿真实验室的驾驶模拟器进行实验,其硬件设备由三台联网的计算机和转向系统、踏板、换挡等接口组成,如图2.6所示,交通环境被投射到一个视觉屏幕上,可提供135°的行车视野,视景的刷新率取决于交通环境的复杂度(为 20 ~ 60 Hz)。该模拟器可以实时记录目标车辆和周围车辆或其他交通参与者的位置、速度等,以及驾驶车辆的横向及纵向位置、速度、加速度、加速和制动踏板力等。

图2.6 驾驶模拟器

UC-win/Road 软件能够通过虚拟场景设计及相关参数输入,再现真实的交通运行状况,驾驶人通过外接驾驶模拟器在虚拟场景中驾驶车辆,进而获取大量接近真实路况的驾驶数据。UC-win/Road 功能构成如图 2.7 所示。

UC-win/Road 场景建模过程包括地形输入、道路定义及道路生成和交通流生成三个部分,建立城市局部道路网的场景模型用到的数据主要有地形、道路线形断面、交叉口和交通流等。下面针对建模过程做具体介绍。

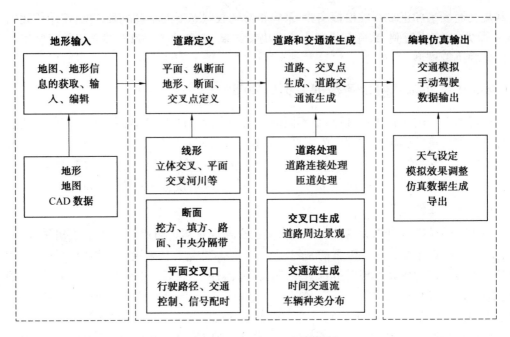

图 2.7 UC-win/Road 功能构成

(1) 地形输入。

交通场景建模中的地形输入采用 UC-win/Road 地形导入功能实现,即在建模初直接导入 OpenStreetMap 数据,系统自动生成地形模型。青岛市黄岛区山东科技大学周边交通场景选取及地形数据导入如图 2.8 所示。

图 2.8 交通场景选取及地形数据导入

(2) 道路定义。

利用 OpenStreetMap 生成道路线形,绘制城市道路平面图,参照现实数据,对初步导入的路网进行修正,主要调整道路横断面属性,如路肩宽度、行车道宽度、中央隔离带宽度等。同时调整场景描绘选项,对地形材质、天气、云雾、照明等情况进行设置,使之与现实情况相吻合,提高虚拟场景的真实性。道路横断面建模示意图如图 2.9 所示。

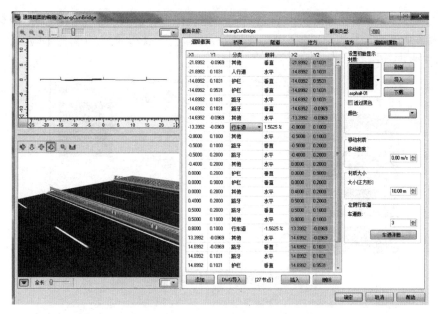

图 2.9 道路横断面建模示意图

（3）道路生成和交通流生成。

对各交叉口进行编辑，调整交叉口大小，编辑行车道、人行道及法平面材质，绘制交叉口标志标线，确定停止线、行驶路径，并根据实际情况添加信号灯并完成信号配时。交叉口建模示意图如图 2.10 所示。

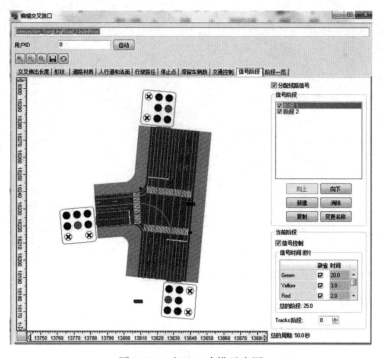

图 2.10 交叉口建模示意图

从 UC-win/Road 数据库中下载合适的三维建筑模型,同时添加道路标志、道路标线、路灯、树木等道路附属物,尽可能还原现实场景,使驾驶人获得真实的视觉体验。道路附属物建模示意图如图 2.11 所示。

图 2.11 道路附属物建模示意图

根据道路实际流量及交通流类型统计,生成虚拟交通流,分配到各个路段上并配置相应的行车速度,最终道路网平面图(局部)如图 2.12 所示。

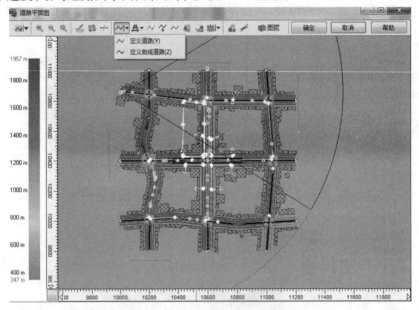

图 2.12 道路网平面图(局部)

2. 实验方案设计

利用 UC-win/Road 建立一个双向四车道城市路段,通过设置不同的车辆、道路和交通参数,可以建立不同的交通仿真场景,交通密度范围为 4 ~ 32 veh/km(veh 是车辆(vehicles)的缩写,veh/km 表示每千米道路上的车辆数)。规定:4 ~ 16 veh/km 为低密度范围,16~28 veh/km 为中密度范围,28~32 veh/km 为高密度范围。交通流在每个密度范围内以 40~50 km/h 的期望速度随机运行。道路条件参数设置值显示在表 2.1 中,初始道路参数集是标准值,即 $(\mu,\rho,\tau,\delta) = (0.75,0,0,1\ 000)$,数据采集频率为 10 Hz。

表 2.1 道路条件参数设置值

道路条件参数	设置值
路面附着系数 μ	0.75/0.55/0.28/0.18
道路曲率 $\rho/(\times 10^{-3}\ \text{m}^{-1})$	0/3/1.67/1
道路坡度 τ	0/2%/4%/6%
道路能见度 δ/m	1 000/500/100/50

共招募了 31 名具有不同驾驶经验的驾驶人进行实验,其中包括 19 名男性驾驶人和 12 名女性驾驶人。在进行驾驶模拟实验之前,对所有参与者进行调查,调查内容主要包括个人驾驶习惯、驾驶经验、车祸史、生理和心理状况等。参与者的平均年龄是 25.7 岁(标准差为 3.91 岁),年龄范围是 23~37 岁;所有参与者均有合格的驾驶执照;所有参与者没有任何视觉和心理问题。在 31 名参与者中,3 名参与者(2 名男性,1 名女性)在过去五年中曾遭遇过轻微车祸。实验前对驾驶人进行培训以熟悉驾驶模拟操作,并根据需要完成所有交通环境下的驾驶模拟。驾驶模拟实验示意图如图 2.13 所示。

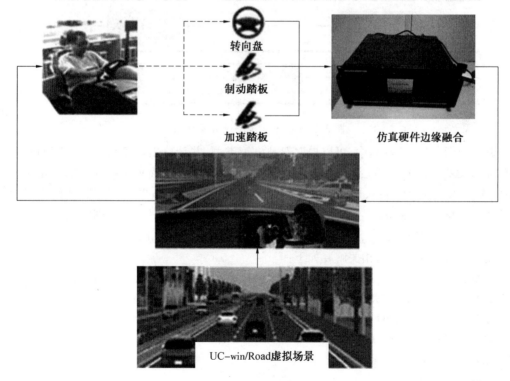

图 2.13 驾驶模拟实验示意图

3. 正常驾驶实验数据获取

（1）原始驾驶决策数据获取。

输出数据主要包括该车辆及其周围车辆的行驶轨迹数据、车辆速度及相应的道路环境参数。按照以下方法提取每次决策的有效驾驶轨迹数据并将其归入相应驾驶决策数据集中：

① 换道决策：将每次实施换道决策前 10 s 的驾驶轨迹数据记录在换道数据集中。

② 跟驰决策：将该车与前车之间的安全距离阈值内（其根据车辆速度确定，即前车运动不影响本车行驶的间距，可设为 50 m）的行驶轨迹数据记录在跟驰数据集中。

③ 自由行驶：将该车与前车间隔超过安全距离阈值的行驶轨迹数据，以及该车以期望速度行驶时输出的行驶轨迹数据归入自由行驶数据集中。

经过数据分类统计，共获得 3 211 组自由行驶数据、5 312 组跟驰数据和 1 009 组换道数据。每一组驾驶决策数据均包括一组行驶轨迹数据及相应车辆速度和道路环境参数。

（2）驾驶决策影响指标数据获取。

利用上述采集的各驾驶决策数据组，提取驾驶决策类型，并计算获取驾驶决策影响指标数据，分别作为训练 SVM 正常驾驶决策的决策属性与条件属性。正常工况场景示意图如图 2.14 所示，图中车 A、B、C、D、E 分别指该车、前车、后车、侧前车及侧后车。

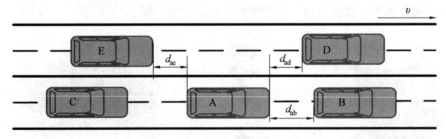

图 2.14 正常工况场景示意图

其中，从行驶轨迹数据中，可以提取驾驶决策类型，并计算出该车与周围车辆的间距值（$\Delta d_{ab,0}$,$\Delta d_{ad,0}$,$\Delta d_{ae,0}$,th）；从车辆速度数据中，可以计算获取该车与周围车辆的相对车速值（Δv_{ab},Δv_{ad} 和 Δv_{ae}）；从道路环境参数中，可以提取出与天气状况和道路几何相关的道路条件指标（μ,ρ,τ,δ）。一个样本包括一个影响指标向量及其相应的驾驶决策：

$$H = [\Delta d_{ab,0},\Delta d_{ad,0},\Delta d_{ae,0},\Delta v_{ab},\Delta v_{ad},\Delta v_{ae},\text{th},\mu,\rho,\tau,\delta] \quad (2.18)$$

驾驶决策影响指标的相关解释如下：

① $\Delta d_{ai,0}$(m)：间距 d_{ai} 与安全距离 d_0 之间的差值，其中 d_{ai} 指车 A 与车 i 之间的间距。

② Δv_{ai}(m/s)：车 A 与车 i 之间的相对车速。

③ th(s)：当前车道的车头时距。

④ μ：道路附着系数，无量纲。

⑤ ρ($\times 10^{-3}$ m^{-1})：道路曲率。

⑥ τ(%)：道路坡度。

⑦ δ(m)：道路能见度。

4. SVM 正常决策模型输出和输入指标获取

(1) 输出指标获取。

在正常行驶工况下,基于 SVM 的自动驾驶决策为自由行驶、跟驰及换道。在训练时,分别对三个驾驶决策进行赋值,驾驶决策行为见表 2.2,使用时自动驾驶汽车将执行 SVM 正常决策输出值对应的决策行为。

表 2.2 驾驶决策行为

驾驶决策	符号	赋值
自由行驶	y_1	-1
跟驰	y_2	0
换道	y_3	1

(2) 输入指标获取。

解决实际问题往往需要收集大量的影响变量来反映研究对象的更多信息。如果这些变量之间的相关性较高,则它们所反映的信息将具有一定的重叠,这会增加信息处理的复杂性。为了解决这一问题,提出采用主成分分析法来分析驾驶决策的输入变量,以获得正常决策所需的输入变量。

主成分分析法是一种统计分析方法,它可以将多个相关变量转换为几个不相关的综合指标。综合指标称为主成分,它尽可能保留原始变量信息。如果有一个 p 维随机向量 $\bm{f} = (f_1, f_2, \cdots, f_p)'$,使用主成分分析,那么这 p 个变量可以被转换为 p 个不相关的主成分 $x_1, x_2, \cdots, x_p$,有

$$\begin{cases} x_1 = a_{11}f_1 + a_{12}f_2 + \cdots + a_{1p}f_p \\ x_2 = a_{21}f_1 + a_{22}f_2 + \cdots + a_{2p}f_p \\ \vdots \\ x_p = a_{p1}f_1 + a_{p2}f_2 + \cdots + a_{pp}f_p \end{cases} \quad (2.19)$$

然后从以上 p 个主成分中选取两个主成分来充分反映随机向量 $\bm{f}$ 所传递的信息,主成分的数量 m 取决于累计方差贡献率 $G(m)$

$$G(m) = \frac{\sum_{i=1}^{m} \lambda_i}{\sum_{k=1}^{p} \lambda_k} \quad (2.20)$$

式中,λ_i 为 x_i 的特征值。

通常,当 $G(m) > 85\%$ 时,这 m 个主成分能充分反映原始的 p 个影响变量的信息。

然后使用 PCA 对车辆正常驾驶决策的 11 个影响变量进行相关性分析,从样本中随机筛选 200 个样本输入 PCA,正常驾驶决策样本的 PCA 分析过程如图 2.15 所示,11 个影响变量的主成分分析结果如图 2.16 所示。根据各主成分的累积方差贡献率,可选取前 5 个主成分作为 SVM 正常决策的输入变量。

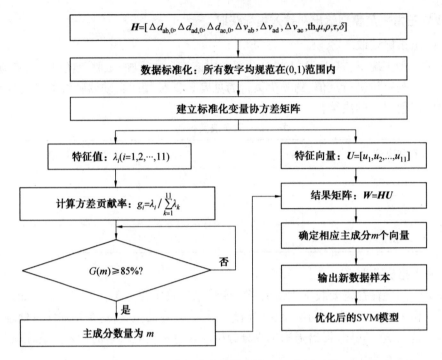

图 2.15 正常驾驶决策样本的 PCA 分析过程

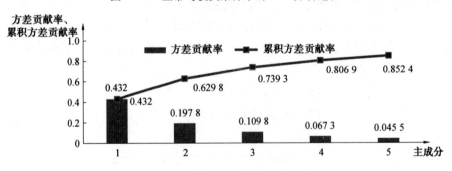

图 2.16 11 个影响变量的主成分分析结果

2.3.2 正常驾驶决策模型建立及验证分析

1. 正常驾驶决策模型建立

(1)SVM 模型训练。

SVM 模型是指利用 SVM 算法建立的驾驶决策模型,简称 SVM 模型或 SVM-DDM(SVM-driving decision model)。随机选取 75% 的正常决策样本输入改进后的 SVM 模型中进行学习训练,剩下的 25% 样本用于模型验证,将最大训练迭代次数设置为 200,将分类精度作为 PSO 参数优化过程中的适应度函数。利用 PSO 算法进行参数优化后,得到 SVM 模型的最优惩罚因子 $c = 5.4142$,其加权混合核函数的表达式为

$$K(\boldsymbol{x},\boldsymbol{x}_i) = 3.0E - 3K_{\text{Poly}}(\boldsymbol{x},\boldsymbol{x}_i) + 0.421K_{\text{Rbf}}(\boldsymbol{x},\boldsymbol{x}_i) + 0.576\left[K_{\text{Sig}}(\boldsymbol{x},\boldsymbol{x}_i)\right]^{0.313}$$

(2.21)

训练得到的加权混合核函数中的每个基本核函数内部包含的最优参数见表2.3,从而获取SVM正常驾驶决策(这里记为SVM – DDM)。

表2.3 每个基本核函数内部包含的最优参数

基本核函数	最优参数					
	a	b	d	σ	τ	δ
多项式核函数	12.114	3.741	0.097	—	—	—
径向基核函数	—	—	—	60.565	—	—
Sigmoid 核函数	—	—	—	—	13.255	1.651

(2)SVM模型的优化性能评价。

为了评价加权混合核函数的性能,将相同的75%样本输入带有RBF核函数的SVM模型,利用PSO算法进行参数优化,得到相应的最优参数:$\sigma = 1.4142$,$c = 6.0524$。两种SVM模型的适应度值迭代对比结果如图2.17所示。

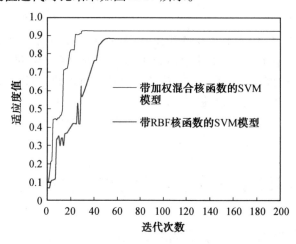

图2.17 两种SVM模型的适应度值迭代对比结果

结果表明,带加权混合核函数的SVM模型和带RBF核函数的SVM模型,对训练样本的分类精度在31代和43代后分别达到92.3%和89.7%。因此,与RBF核函数相比,加权混合核函数在驾驶决策推理方面表现出更好的性能。

2. SVM算法在正常驾驶决策推理上的性能评价

BPNN算法是目前研究中应用最广泛、最成功的学习算法之一,特别适用于求解内部机制复杂的问题。为了评价SVM模型在正常驾驶决策推理上的性能,建立基于BPNN算法的正常决策推理模型与SVM模型进行对比分析。BPNN模型由5层网(1个输入层、3个隐层和1个输出层)组成,BPNN模型的传递函数为Tan – Sigmoid型函数,前面获取的5个主成分$X = \{x_1, x_2, \cdots, x_5\}$为输入层参数,其相应的驾驶决策$y_k$为输出层参数。

通常,隐层中的节点数范围取决于输入和输出层中的节点数,本章利用样本数据对具有不同隐层节点数的BPNN模型的预测精确度进行了检验,最终确定每个隐层节点数为7个。通过参数调整和Matlab测试,确定迭代次数为500次,学习率为0.01,训练目标(均方误差）为 10^{-4}。最后将相同的 75% 样本数据输入 BPNN 模型进行训练,通过不断地调整权值和偏差,使模型适应度值向期望输出靠近。经过 48 次迭代后,网络收敛到期望的误差,最终得到基于 BPNN 的正常驾驶决策（BPNN – DDM）。

然后将其余的 25% 样本输入到训练好的 BPNN – DDM 和 SVM – DDM（这里的 SVM 指改进后的 SVM）中,两种 DDM 的决策推理结果见表 2.4。

表 2.4　两种 DDM 的决策推理结果

模型类型	驾驶决策	推理准确率	平均推理时间
SVM – DDM	自由行驶	93.1%	0.004 s
	跟驰	94.7%	
	换道	89.1%	
BPNN – DDM	自由行驶	89.9%	0.009 s
	跟驰	91.4%	
	换道	87.1%	

从表 2.4 可以看出,与 BPNN – DDM 相比,SVM – DDM 的正常决策推理准确度较高,其中自由行驶、跟驰和换道的推理准确率分别为 93.1%、94.7%、89.1%。另外,两种 DDM 对车辆跟驰决策的推理准确率最高,对换道决策的推时准确率最低,这一结果可能是换道样本数较少及其本身的复杂性所致。

综上所述,SVM 模型在推理准确率和平均推理时间上均优于 BPNN 模型,因此 SVM 模型比 BPNN 模型更适合于正常驾驶决策推理。

2.4　道路条件对正常驾驶决策的影响分析

2.4.1　道路条件对 SVM 正常驾驶决策推理准确性的影响分析

为了验证道路条件对 SVM 正常驾驶决策推理准确性的影响,比较了 SVM – DDM 和 BPNN –DDM 与以下影响变量组合的推理结果：

(1) 以车辆运行状况和道路条件作为输入；
(2) 仅以车辆运行状况作为输入。

以第一个影响变量组合为输入的两种 DDM 的决策推理结果见表 2.4。

对于第二个影响变量组合,从前面 75% 的训练样本和剩余的 25% 测试样本中剔除道路条件信息,然后利用相同的训练方法建立两个不考虑道路条件的 SVM – DDM 和 BPNN – DDM,并用测试样本对两者的推理准确率进行测试,结果见表 2.5。

如表 2.4 和表 2.5 所示,在从影响变量中剔除道路条件信息后,SVM – DDM 在自由行驶、跟驰和换道方面的推理准确率分别从 93.1% 降至 82.3%、从 94.7% 降至 85.9%、从 89.1% 降至 78.2%；BPNN – DDM 在自由行驶、跟驰和换道方面的推理准确率分别从 89.9% 降至 78.1%、从 91.4% 降至 80.4%、从 87.1% 降至 75.1%。该结果表明了道路条件对提高自动驾驶汽车正常驾驶决策推理的有效性。

表 2.5　不考虑道路条件的 SVM – DDM 和 BPNN – DDM 的决策推理结果

模型类型	驾驶决策	推理准确率	平均推理时间
带加权混合核函数的 SVM – DDM	自由行驶	82.3%	0.003 s
	跟驰	85.9%	
	换道	78.2%	
BPNN – DDM	自由行驶	78.1%	0.006 s
	跟驰	80.4%	
	换道	75.1%	

2.4.2　正常驾驶决策下对道路条件的敏感性分析

从上述对比结果可以看出,道路条件对驾驶决策有很大的影响。但道路参数是如何影响正常驾驶决策的呢? 它们对每个正常驾驶决策的影响力有多大? 本节提供了使用 SVM – DDM 定量评价道路条件影响力的解决方案。

通过分析 SVM – DDM 对每个道路参数的变化所产生的敏感性,定量地评估各个道路参数对各正常驾驶决策的影响。以路面附着系数 μ 的变化为例。利用标准道路条件下的驾驶决策样本,首先计算出不同交通流密度范围内各正常驾驶决策所占的比例;然后将 μ 值依次设为 0.55、0.28 和 0.18,其余三个道路参数仍保持标准值。每次 μ 值发生变化时,都会获得一组新的正常决策样本输入 SVM – DDM,根据模型输出结果计算出各正常驾驶决策在不同交通流密度下所占的比例,这样可以得出 μ 值分别取 0.75、0.5、0.25 和 0.18 时,各正常驾驶决策所占比例随交通流密度变化的趋势。

同样,当其他三个道路参数取不同的值时,也可以得到各正常驾驶决策所占比例随交通流密度变化的趋势。SVM 正常决策模型对路面附着系数的敏感性分析结果如图 2.18 所示。

如图 2.18 ~ 2.21 所示,在低交通流密度范围(4 ~ 16 veh/km)内,道路条件的变化对正常驾驶决策的影响最大,而在高交通流密度范围(28 ~ 32 veh/km)内几乎没有影响。在中低交通流密度范围(4 ~ 28 veh/km)内,道路能见度 δ 对正常驾驶决策的影响最大,其次是路面附着系数 μ、道路曲率 ρ 和道路坡度 τ。由此可以得出结论:一方面,在低交通流密度范围内,正常驾驶决策主要受道路条件的制约;另一方面,在交通流密度较高的情况下,正常驾驶决策主要受车辆状态的限制。

以图 2.19 所示的低交通流密度范围内的正常驾驶决策所占比例变化为例,当所有道路参数都取标准值时,自由行驶、换道和跟驰的平均比例分别为 0.469、0.262 和 0.269;当道路能见度 δ 由 1 000 m 变为 100 m 时,三种正常决策的平均比例分别变为 0.078、0.034、0.888,即约 61.9% 的样本会改变正常决策行为;同样,如果 τ 由标准值变为 4%,则三种正常决策的平均比例分别变为 0.515、0.238 和 0.247,这意味着约 4.6% 的样本会改变正常决策行为。对于其他两个参数的变化所引起的正常驾驶决策行为变化的分析结果也类似。

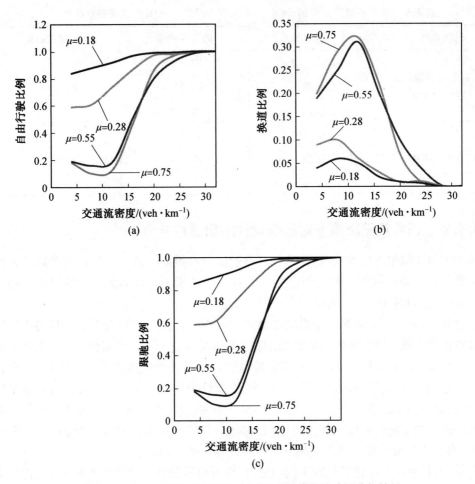

图 2.18　SVM 正常决策模型对路面附着系数的敏感性分析结果

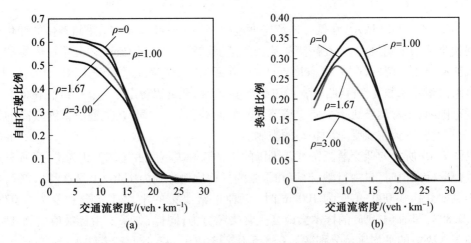

图 2.19　SVM 正常决策模型对道路曲率的敏感性分析结果

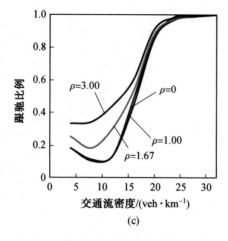

续图 2.19

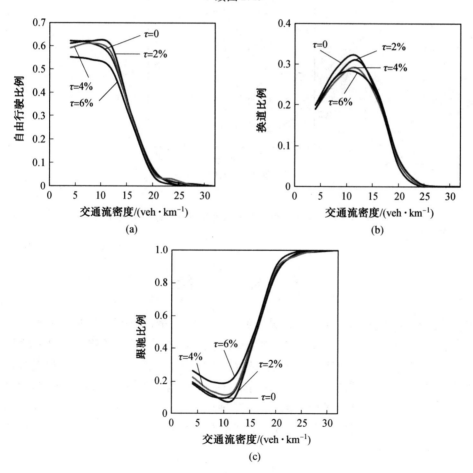

图 2.20 SVM 正常决策模型对道路坡度的敏感性分析结果

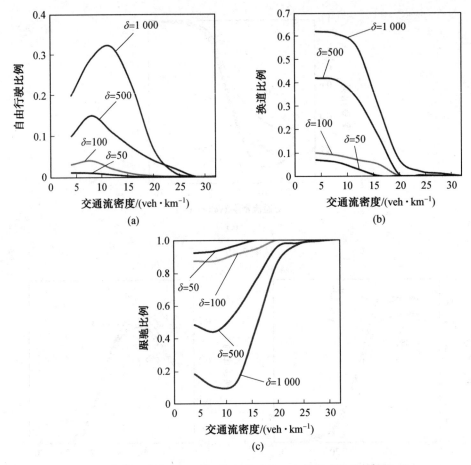

图 2.21　SVM 正常决策模型对道路能见度的敏感性分析结果

2.5　总　　结

本章将道路环境条件、车辆运行状况作为正常驾驶决策(自由行驶、换道和跟驰)的影响因素,建立正常工况下的基于 SVM 的驾驶决策模型,结合 PSO,搭建了 PSO – SVM 参数优化框架。利用 PSO – SVM 参数优化框架对 SVM 模型中的自身参数和加权混合核函数参数进行寻优,使改进后的 SVM 模型在自动驾驶汽车驾驶决策中达到最佳决策效果。通过对比分析 SVM 模型和 BPNN 模型的决策推理准确性,验证了改进 SVM 决策模型的有效性。最后分析了道路条件在不同交通流密度下对车辆正常决策的影响,与之前总结的驾驶人实际正常决策规律相符。

第3章　正常工况下自动驾驶汽车纵向跟车控制

由第2章可知跟驰(纵向跟车控制)是驾驶决策的重要组成部分,其主要功能是根据感知模块获取本车及前车的位置、运动等相关信息,建立符合驾驶人预期的安全车距;在此基础上,考虑跟随模式下的安全性、跟车性、舒适性等指标,建立跟车控制器,求解期望加速度;将期望加速度转化为执行机构可以响应的驱动或制动控制量,进而控制车辆的加速或减速,实现车辆安全高效的跟驰。系统主要分为车辆安全距离计算、跟车模式切换、期望跟车加速度计算及底盘底层控制。本章以B级燃油轿车常见道路跟车为例,考虑驾驶特性、驾驶风格等因素,建立期望安全距离算法,分析不同跟车模式,使用模型预测控制(model predictive control,MPC)根据不同的需求获取期望的跟车加速度,进而基于前馈动力学模型和比例-积分-微分控制反馈实现车辆纵向跟车控制,最后进行仿真验证。

3.1　纵向跟车控制系统设计

目前纵向跟车控制系统架构的设计主要分为两种:分层控制和分工况控制。由于车辆运行过程中工况相对复杂,变化较多,因此分工况控制受限制。而分层控制主要是根据系统的各项功能将其控制策略分解成多层次的控制体系,使得系统各项功能分开定义,更加清晰明了,故分层控制的应用非常广泛。本系统采用上下两层式架构,上层控制器负责根据当前的行车环境和本车状态信息进行决策,求解得出跟车期望加速度;下层控制器负责根据动力学模型将期望加速度转化为节气门开度和主缸制动压力,实现车辆的速度、间距控制。系统整体控制框架如图3.1所示。

上层控制器主要包括车间期望安全距离(简称安全距离)模块、跟车模式切换模块和跟车加速度计算模块。在雷达、摄像头等传感器获取的前车及本车的行驶状态信息的基础上,计算出期望的安全距离,根据实际车辆的运行状态信息,确定跟车模式;为提高车辆的行驶效率,保证跟车过程中的安全性、稳定性、舒适性等,利用多目标控制算法输出跟车的期望加速度。

下层控制器以上层控制器求出的期望加速度为输入,基于前馈动力学模型和PID反馈求得节气门开度和制动压力,实现对车辆执行机构的控制。其主要包括:逆发动机模型(期望驱动转矩求解模块、逆节气门开度模型)、逆制动器模型(期望制动力矩求解模块、逆制动压力模型)、驱动/制动切换模块。期望驱动转矩求解模块、期望制动力矩求解模块负责根据期望加速度分别求解期望驱动转矩和期望制动力矩;逆节气门开度模型、逆制动压力模型负责将期望驱动转矩/期望制动力矩转化为对应的节气门开度和制动压力,为提高控制器的抗干扰能力,在计算期望驱动转矩和制动力矩时采用PID控制器作为反馈补偿控制。

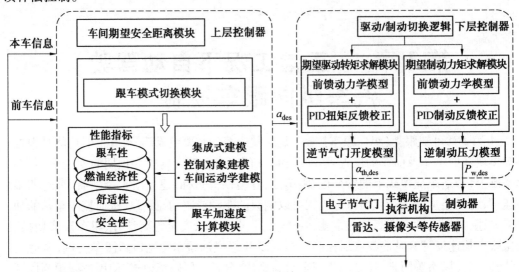

图 3.1　系统整体控制框架

3.2　期望安全距离计算模块

车间距作为跟车控制的基础,将其设置得过大或过小都会影响驾驶体验。如果本车与前方目标车辆的间距过大,虽然降低了与前方目标车辆发生碰撞的可能性,同时降低了驾驶人的心理压力,但会造成旁车道的车辆频繁切入、切出,一方面会影响本车在该车道行驶的稳定性和安全性,另一方面也会影响整条道路的通行效率;如果间距过小,则会增加驾驶人的心理压力,同时增加与前车碰撞的风险。

合理的安全距离策略是设计上层控制器算法的重点之一。目前研究中常用的安全距离算法主要有以下三种:基于固定车头时距的安全距离(constant time headway, CTH)算法、基于可变车头时距的安全距离(variable time headway, VTH)算法和基于制动过程的安全距离算法。为了增加驾驶人的信任和满意度,实现人性化控制车辆,需要设计考虑驾驶人驾驶特性的期望安全距离算法。

3.2.1　安全距离算法

目前普遍使用的安全距离算法主要有以下三种:

(1) 基于固定车头时距的安全距离算法。

基于固定车头时距的安全距离算法是三种算法中应用最广泛的,其表达式为

$$S_1 = v_{ego} T_d + d_0 \tag{3.1}$$

式中,v_{ego} 为本车的实际车速;d_0 为最小安全距离,指本车停车时车辆前端与前车末端的间距;T_d 为固定值,一般取 1.5~2.5 s。

CTH 算法综合考虑了当前道路通行能力及算法可行性、安全性、稳定性,虽然针对性较差,但适用面较广,因此被广泛应用于当前系统的研究中。

(2) 基于可变车头时距的安全距离算法。

基于可变车头时距的安全距离算法假设车头时距可以根据当前的行车工况等因素进行实时变化,并通过建立车头时距和当前行车工况、本车状态等的关系来实时调整车头时距的大小,其表达式为

$$S_2 = v_{ego}T_v + d_0 \tag{3.2}$$

式中,T_v 为实时变化量,与本车速度、两车相对速度、前车加速度等因素有关。

(3) 基于制动过程的安全距离算法。

基于车辆制动过程的安全距离算法是指当驾驶人发现前方车辆的制动操作后,通过踩制动踏板控制本车进行减速行驶,直至本车刹停,其表达式为

$$S_3 = v_{ego}T_i + \frac{v_{ego}^2}{2a_{max}} + d_0 \tag{3.3}$$

式中,v_{ego} 为本车的实际车速;T_i 为驾驶人反应时间;a_{max} 为车辆的最大制动减速度。

传统基于车头时距的安全距离算法受前车影响较小,更加适用于前车加速、匀速及两车相对速度相差不大的工况。当前车减速时,基于车头时距的安全距离算法受前车影响较小,因此计算的安全距离偏小,且随着前车速度的逐渐减小,车间距增大趋势也较小;当本车比前车速度快且速度相差较大时,驾驶人会感觉到危险,基于车头时距的安全距离算法计算的安全距离偏小,尤其在前车减速、匀速的情况下,无法保证行车安全;而基于制动过程的安全距离算法适用于前方突然出现静止障碍物的工况,其计算的安全距离一般较大,可能导致旁车道车辆的频繁插入,也不利于提高道路通行效率。因此需要根据实际情况计算出合理的安全距离。

3.2.2 期望安全距离算法设计

在人工驾驶与自动驾驶共存期间,应使自动驾驶与人工驾驶的行为一致。驾驶人在驾驶过程中具有预瞄行为,通过预测其在将来的某个时间的行为来确定当前的驾驶操作,并且通常会根据前车的运动状态及时调整两车之间的距离。同时,路面附着系数也会对安全距离产生影响,不同路面附着系数下的安全距离存在差距,尤其是对于前车减速和本车减速跟随前车的工况。因此,在期望安全距离的建模过程中应考虑前车的运动状态、两车的相对速度(前车车速减本车车速)、路面附着系数及驾驶人的预瞄行为,以满足驾驶人的操作特性和行驶安全性需求。

首先,在前车为本车的跟车目标的基础上,根据前车的运动状态和两车的相对速度,将两车的运动关系分为9类,见表3.1。前面提到基于车头时距的安全距离算法在前车减速时计算的安全距离偏小,同时随着前车速度的逐渐减小,车间距增大趋势也较小,通过分析可知1、7、8、9工况不适用传统基于车头时距的安全距离算法。因此,为满足驾驶人的需求,针对这4种工况,提出一种考虑驾驶人特性和路面附着系数的安全距离算法,解决减速工况下计算出的安全距离较小、安全距离与路面附着的相关性问题;而在其他5种工况下适用基于车头时距的安全距离算法,基于车头时距的安全距离算法计算的安全距离也可满足驾驶人需求,因此针对2、3、4、5、6工况采用VTH算法,因为非减速工况下传统的CTH算法计算出的跟车间距较大且不考虑前车影响,VTH算法在前车加速跟随的工况下效果更好,期望安全距离框架图如图3.2所示。

表 3.1 两车的运动关系分类

编号	前车运动状态	相对车速
1		< 0
2	匀速	0
3		> 0
4		< 0
5	加速	0
6		> 0
7		< 0
8	减速	0
9		> 0

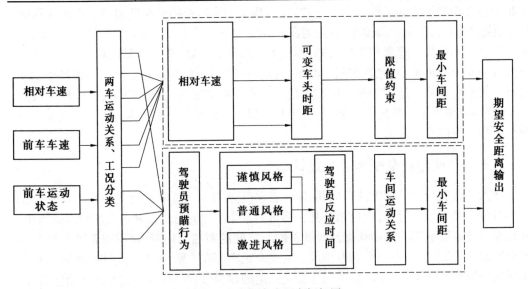

图 3.2 期望安全距离框架图

（1）考虑驾驶人特性和驾驶行为的安全距离算法。

如图 3.3 所示，本车位于 A 点，前方目标车辆位于 E 点。$d_{\text{ego-p}}$ 为本车在驾驶人预瞄期间匀速行驶的距离，$d_{\text{obj-p}}$ 为前车在驾驶人预瞄期间行驶的距离，$d_{\text{ego-b}}$ 为本车驾驶人反应滞后、车辆制动系统响应延迟时间内匀速行驶的距离，$d_{\text{ego-f}}$ 为本车以系统允许提供的最大制动减速度进行制动期间行驶的距离，$d_{\text{obj-f}}$ 为前车以最大减速度制动期间行驶的距离，d_0 为需要保证的最小安全距离。具体公式为

$$d_{\text{des}} = d_{\text{ego-p}} + d_{\text{ego-b}} + d_0 + d_{\text{ego-f}} - d_{\text{obj-p}} - d_{\text{obj-f}}$$
$$= v_{\text{ego}}(T_r + T_i + T_d) + \frac{v_{\text{ego}}^2}{2a_{\text{egomax}}} - \frac{v_{\text{obj}}^2}{2a_{\text{objmax}}} + d_0 \quad (3.4)$$

式中，d_{des} 为期望安全距离；v_{ego} 和 v_{obj} 分别为本车和前车车速；a_{egomax} 为本车系统的期望最大制动减速度；a_{objmax} 为前车的最大制动减速度，且随着路面附着系数的变化而变化；T_i 为

驾驶人的反应时间;T_r 为驾驶人的预瞄时间;T_d 为车辆系统延迟时间。

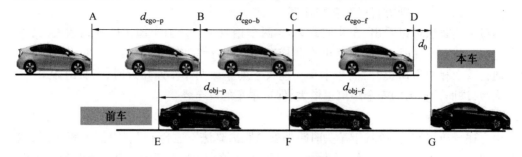

图 3.3 安全距离算法示意图

正常情况下驾驶人预瞄时间一般为 0.5～2.0 s,考虑到本节驾驶人只对前车车速的变化趋势进行预瞄,所需时间较短,因此取驾驶人预瞄时间为 0.5 s。同时考虑到不同风格的驾驶人具有不同的反应时间,对驾驶人的风格进行分类,主要分为激进、普通、谨慎 3 种风格。这 3 种风格的驾驶人由于其驾龄、年龄、驾驶习惯等的区别对于前车变化的运动状态的反应时间也有区别,据统计驾驶人跟车反应时间一般为 0.8～1.6 s,因此 3 种风格对应的反应时间见表 3.2。

表 3.2 驾驶人风格对应的反应时间

驾驶人风格	驾驶人反应时间/s
激进	0.8
普通	1.2
谨慎	1.6

停车后的最小相对距离需在计算时考虑到地面附着的影响,计算公式为

$$d_0 = \frac{2v_{\text{ego}}}{K_{\text{ego}}(\mu + b)} \tag{3.5}$$

式中,μ 为路面附着系数;K_{ego} 为本车速度系数,取 22.5;b 为常系数,取 0.3。

(2) 基于可变车头时距的安全距离算法。

基于可变车头时距的安全距离算法改进自基于固定车头时距的安全距离算法,通过使用可变车头时距 th 实现了跟车安全性能和两车合理跟车间距的并重,提高了道路通行效率,而车头时距 th 的主要功能性在于可随车速、加速度等车辆状态的变化而变化,其也是基于可变车头时距的安全距离算法的关键。

本节基于本车车速、两车相对车速、前车加速度与路面附着系数等车辆行车状态,以基于可变车头时距的安全距离算法为基础建立如下安全距离算法:

$$d_{\text{des}} = \text{th} v_{\text{ego}} + d_0 \tag{3.6}$$

式中,d_{des} 为期望安全距离;th 为车头时距。停车后的最小相对距离 d_0 的计算方式与式 (3.5) 相同。

可变车头时距 th 计算如下:

$$\text{th} = \begin{cases} \text{th}_{\max}, & \text{th}_0 - K_r v_r - K_{\text{obj}} a_{\text{obj}} \geq \text{th}_{\max} \\ \text{th}_0 - K_r v_r - K_{\text{obj}} a_{\text{obj}}, & \text{th}_{\min} < \text{th}_0 - K_r v_r - K_{\text{obj}} a_{\text{obj}} < \text{th}_{\max} \\ \text{th}_{\min}, & \text{th}_0 - K_r v_r - K_{\text{obj}} a_{\text{obj}} \leq \text{th}_{\min} \end{cases} \tag{3.7}$$

式中,th_0 为基本车头时距;K_r 为两车相对速度系数;v_r 为两车相对速度;K_{obj} 为前方目标车辆加速度系数;a_{obj} 为前方目标车辆加速度。

通过上述算法可以看出,车头时距 th 与两车相对车速及前车加速度息息相关,当本车车速小于前车车速时,车头时距 th 会相应减小,此时计算出的安全距离也同样减小,道路的通行效率相对有所提升;而当本车车速大于前车或两车车速相近时,车头时距 th 会相应增大,进而计算出的安全距离也增大,保证跟车的安全性。

(3) 仿真分析。

由上述分析可知,传统基于车头时距的安全距离算法不适合 1、7、8、9 这 4 种工况,因此对这 4 种工况提出了考虑驾驶人特性和驾驶行为的安全距离算法,而其他的分类工况采用基于可变车头时距的安全距离算法。因此本节对于安全距离的仿真实验主要对这 4 种工况进行,而前车减速下的 3 种工况可融合成 1 种,故最终分以下 2 种工况进行仿真:前车匀速且本车车速大于前车;前车减速且本车匀速。仿真所用到的参数 $T_d = 0.2$,且在仿真时假设摄像头/雷达检测距离满足工况需求。

① 工况1:前车匀速且本车车速大于前车。

针对此工况,当两车的车速很小时,安全距离的差别不会很大,因此设置前车以 40 km/h 的车速匀速行驶,本车初始车速与其相同,并以 1 m/s² 的加速度加速行驶,此时本车的速度大于前车,随着本车车速的增加,得到的期望间距与本车车速的关系如图 3.4 和图 3.5 所示,并将本节的安全距离算法(驾驶人风格为普通)与基于车头时距的安全距离算法、基于制动过程的安全距离算法进行对比,同时对比 3 种驾驶人风格下的安全距离大小。

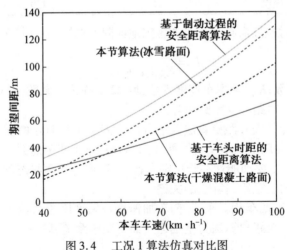

图 3.4 工况 1 算法仿真对比图

从图 3.4 中可以看出,随着车速的增加,3 种模型计算的安全距离也逐渐增大,但在低速状态下,前车车速与本车车速相差不大时,无论是在干燥混凝土路面还是在冰雪路面,本节的安全距离算法的期望间距都小于其他 2 种算法。而本车车速较大且大于前车时,所计算的安全距离处于基于车头时距的安全距离算法和基于制动的安全距离算法之间,与基于车头时距的安全距离算法相比,本算法计算出的间距随着车速增加而增加,且增加的幅度较大,保证了车辆的行驶安全。而基于制动过程的安全距离算法计算出的间距过大,严重影响了通行效率,因此本节算法更符合驾驶人的跟车特性,冰雪路面下的安全距离明显大于干燥混凝土路面下的安全距离,且随着车速的增加安全距离变化速率大于干燥路面,兼顾了路面附着系数的影响。

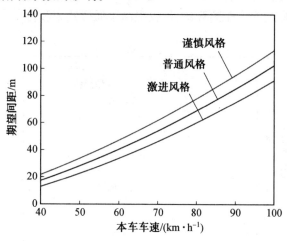

图 3.5 工况 1 驾驶人风格仿真对比图

从图 3.5 中可以看出,对比 3 种驾驶人风格,驾驶人越激进,反应时间越短,计算的期望间距越小;并且本车车速越大,驾驶人反应时间越长,计算的期望间距越大。

② 工况 2:前车减速且本车匀速。

前车减速工况下,传统的基于车头时距的安全距离算法计算的安全距离较小,故设定本车车速为 50 km/h,前车初始车速为 90 km/h,并以 1 m/s² 的减速度进行减速运动,直至前车车速为 0,以此对比分析本节安全距离算法、基于车头时距的安全距离算法和基于制动过程的安全距离算法,得到的期望间距如图 3.6 和图 3.7 所示。

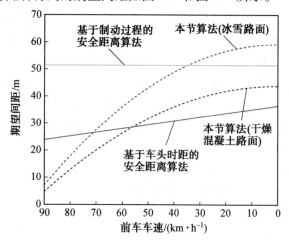

图 3.6 工况 2 算法仿真对比图

从图 3.6 中可以看出,当跟车车速一定时,基于制动过程的安全距离算法并不受前车速度的影响;而实际上,驾驶人在前车车速远大于本车时,会觉得安全,期望间距较小;而当前车车速减速接近本车甚至小于本车时,驾驶人会感觉危险,期望间距较大。从图 3.6

看,在前车车速远大于本车时,本节算法计算出来的期望间距小于基于车头时距的安全距离算法计算出来的期望间距,而随着前车车速的减小,本节算法计算出来的安全距离会逐步增大,且冰雪路面下的增大趋势大于干燥混凝土路面下,相比于基于车头时距的安全距离算法和基于制动过程的安全距离算法,不仅提高了通行效率和行车安全性,而且符合驾驶人的跟驰心理。

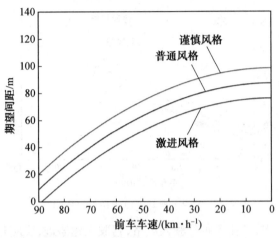

图 3.7　工况 2 驾驶人风格仿真对比图

从图 3.7 中可以看出,对比 3 种驾驶人风格,驾驶人越激进,反应时间越短,期望间距越小;并且前车车速越小,驾驶人反应时间越长,期望间距的变化越小。

3.3　跟车模式切换模块

不同的跟车模式反映了车辆跟车的不同加减速性能。在不同跟车模式下,车辆对跟车性、安全性、舒适性等性能需求不同。为更好地改善跟车性能,需要对跟车模式进行划分,设定不同的跟车加减速性能和加速度上、下限,并且根据一定的策略实现对跟车模式的切换。为方便解释跟车模式的切换,引入状态安全因子 S_{factor},采用模糊控制算法对其进行计算。模糊控制主要是通过将专家和学者的经验转化为模糊规则,进而在行为上模拟人类行为规律的控制方法。模糊控制算法主要包括 3 个步骤:输入变量模糊化、制定模糊规则、输出变量解模糊。

将影响跟车最主要的车辆状态信息作为输入变量,即本车与前车的间距误差和速度误差,将状态安全因子 S_{factor} 作为模糊控制器的输出变量。

(1) 输入变量模糊化。

首先将期望间距和实际间距的误差(间距误差 δ)和两车的相对车速(车速误差 v_r)进行模糊化,d_{des} 为期望间距,d_{act} 为实际间距,v_{obj} 为前车车速,v_{ego} 为本车车速,计算公式为

$$\begin{cases} \delta = d_{act} - d_{des} \\ v_r = v_{obj} - v_{ego} \end{cases} \quad (3.8)$$

设定间距误差的变化范围为 $[-60,60]$,车速误差的变化范围为 $[-20,20]$,并且将

两种输入变量的模糊等级分为 NL(负大)、NS(负小)、NO(零)、PS(正小)、PL(正大)5 个等级,间距误差和车速误差的隶属度函数如图 3.8 所示。

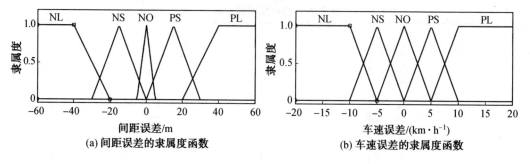

图 3.8 间距误差和车速误差的隶属度函数

模糊控制器的输出变量为状态安全因子 S_{factor},且根据设定的加速、稳态、减速和强减速 4 种跟车模式将状态安全因子的模糊等级设为 L(低)、NL(较低)、M(中)、B(高)4 个等级,其论域范围为[0,1],论域的值越大,代表此时车辆跟车状态安全等级越高,且随着 4 种安全等级的变化分别反映了强减速跟车、减速跟车、稳态跟车和加速跟车 4 种模式,状态安全因子的隶属度函数如图 3.9 所示。

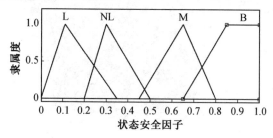

图 3.9 状态安全因子的隶属度函数

(2)制定模糊规则。

建立模糊控制器的第二步为制定模糊规则。根据驾驶人驾驶习惯、前人经验和理论分析,制定反映驾驶人主观意识的客观控制规则。例如,在本车从远处跟随前车行驶的过程中,当实际间距大于期望间距且前车车速大于本车实际车速时,都处于 PL 论域,此时前车与本车实际间距很大,本车处于安全状态,即状态安全因子 S_{factor} 处于 B 论域;随着本车加速接近前车,实际间距与期望间距及两车车速逐渐接近,都处于 PS 论域,此时本车处于相对安全状态,应该在稳态下缓慢加速跟车,状态安全因子 S_{factor} 处于 B 论域;本车在稳态跟随前车时,前车会因周围环境等因素的影响进行小范围的加、减速,此时间距误差和车速误差在小范围内变化,即处于 NO 论域,此时本车处于相对安全状态,应该进行稳态跟车,状态安全因子 S_{factor} 处于 M 论域;前车持续进行减速时,对应的实际间距小于期望间距,前车车速小于本车车速,都处于 NS 论域,此时本车处于相对危险状态,应该进行减速跟车,状态安全因子 S_{factor} 处于 NL 论域;而前车因为部分原因进行强减速、紧急制动时,实际间距远小于期望间距,前车车速远小于本车车速,两车间距误差和车速误差都处于 NL 论域,本车应该进行强减速跟车,并在自动紧急制动系统介入时退出跟车模式,此时本车处于危险状态,状态安全因子 S_{factor} 处于 L 论域。以此类推,根据间距误差和车速误差

2个输入变量的各5个模糊论域集合,可得到25条模糊控制规则,具体的模糊规则经验表见表3.3,而状态安全因子的三维Map曲面图如图3.10所示。

表3.3 模糊规则经验表

模糊子集		距离误差				
		NL	NS	NO	PS	PL
速度误差	NL	L	L	L	NL	M
	NS	L	L	NL	NL	M
	NO	L	NL	M	M	B
	PS	NL	M	B	B	B
	PL	M	M	B	B	B

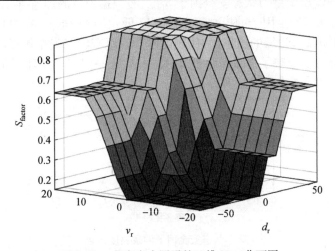

图3.10 状态安全因子的三维Map曲面图

(3)输出变量解模糊。

最终,需要对求解得到的模糊控制量进行解模糊化处理,将模糊语言转化为数值为0~1的输出变量。可得到模糊控制器输出的状态安全因子S_{factor}。状态安全因子与跟车模式的关系如图3.11所示。系统在跟车模式下,当$0 \leq S_{factor} \leq 0.3$时为强减速跟车模式,当$0.3 < S_{factor} \leq 0.5$时为减速跟车模式,当$0.5 < S_{factor} \leq 0.7$时为稳态跟车模式,当$0.7 < S_{factor} \leq 1$时为加速跟车模式。

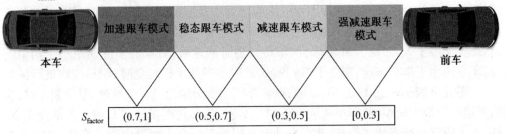

图3.11 状态安全因子与跟车模式的关系

3.4 跟车期望加速度计算模块

由于 MPC 控制器可同时协调多个目标和多个约束,在处理时变和非线性对象时短时间内能实现精准的控制策略,在跟车控制中广泛应用。为了保证复杂行车环境下系统跟车时的安全性、舒适性、跟车性等,使用 MPC 控制器根据不同的需求计算跟车加速度。

3.4.1 车辆纵向运动学模型

首先对车间纵向运动学进行数学建模,考虑到传统的二阶状态运动学模型的缺陷主要体现在忽略了本车加速度、加速度变化率的动态特性和前车的动态扰动,因此,在考虑相对距离、相对速度、本车车速、本车加速度和本车加速度变化率的基础上,综合前车的扰动量(即前车加速度),建立跟车工况下的行车状态方程。

跟车过程纵向运动学模型示意图如图 3.12 所示,d_{act} 为本车与跟车目标的实际间距,d_{des} 为期望间距,δ 为实际间距与期望间距的差,d_{ego} 为本车位置,d_{obj} 为前方目标车辆位置,v_{ego} 为本车车速,v_{obj} 为前方目标车辆车速。根据车间运动学关系,可以得到以下关系式:

$$\begin{cases} d_{act}(k) = d_{obj}(k) - d_{ego}(k) \\ \delta(k) = d_{act}(k) - d_{des}(k) \end{cases} \tag{3.9}$$

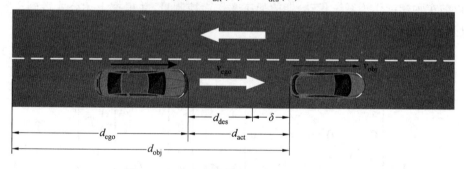

图 3.12 跟车过程纵向运动学模型示意图

同时,可以根据离散差分原理得到车辆的加速度和加速度变化率:

$$\begin{cases} a_{ego}(k) = \dfrac{v_{ego}(k) - v_{ego}(k-1)}{T_s} \\ j(k) = \dfrac{a_{ego}(k) - a_{ego}(k-1)}{T_s} \end{cases} \tag{3.10}$$

式中,$a_{ego}(k)$ 为 k 时刻的本车加速度;$j(k)$ 为 k 时刻的本车加速度变化率;T_s 为离散后的采样周期。

根据系统的上层控制器和下层控制器的关系,可以认为车辆实际加速度和期望加速度存在如下关系:

$$a_{ego}(k+1) = \left(1 - \frac{T_s}{\tau}\right) a_{ego}(k) + \frac{T_s}{\tau} u(k) \tag{3.11}$$

$$u_{min} \leq u(k) \leq u_{max} \tag{3.12}$$

式中，τ 为下层控制器的时间常数；$u(k)$ 为 k 时刻的上层控制器输出的期望加速度；u_{min} 为控制器输出参数的下限；u_{max} 为控制器输出参数的上限。

基于由上述相对距离、本车车速、相对车速、本车加速度、本车加速度变化率得到的车间运动学特性，可以得到

$$d_{act}(k+1) = d_{act}(k) + v_r(k) T_s + \frac{1}{2} a_{obj}(k) T_s^2 - \frac{1}{2} a_{ego}(k) T_s^2 \tag{3.13}$$

$$v_r(k+1) = v_r(k) + a_{obj}(k) T_s - a_{ego}(k) T_s \tag{3.14}$$

$$v_{ego}(k+1) = v_{ego}(k) + a_{ego}(k) T_s \tag{3.15}$$

$$a_{ego}(k+1) = \left(1 - \frac{T_s}{\tau}\right) a_{ego}(k) + \frac{T_s}{\tau} u(k) \tag{3.16}$$

$$j(k+1) = -\frac{1}{\tau} a_{ego}(k) + \frac{1}{\tau} u(k) \tag{3.17}$$

式中，$a_{obj}(k)$ 是 k 时刻目标车辆加速度。选取实际间距、本车车速、相对车速、本车加速度、本车加速度变化率作为跟车系统的状态变量：

$$\boldsymbol{x}(k) = [d_{act}(k) \quad v_{ego}(k) \quad v_r(k) \quad a_{ego}(k) \quad j(k)]^T \tag{3.18}$$

同时，以前车加速度作为系统扰动，期望加速度作为控制量，并根据上述公式得到车间纵向运动学状态方程为

$$\boldsymbol{x}(k+1) = \boldsymbol{A}\boldsymbol{x}(k) + \boldsymbol{B}u(k) + \boldsymbol{G}w(k) \tag{3.19}$$

式中

$$\boldsymbol{A} = \begin{bmatrix} 1 & 0 & T_s & -\frac{1}{2}T_s^2 & 0 \\ 0 & 1 & 0 & T_s & 0 \\ 0 & 0 & 1 & -T_s & 0 \\ 0 & 0 & 0 & 1-\frac{T_s}{\tau} & 0 \\ 0 & 0 & 0 & -\frac{1}{\tau} & 0 \end{bmatrix}, \quad \boldsymbol{B} = \begin{bmatrix} 0 \\ 0 \\ 0 \\ \frac{T_s}{\tau} \\ \frac{1}{\tau} \end{bmatrix}, \quad \boldsymbol{G} = \begin{bmatrix} \frac{1}{2}T_s^2 \\ 0 \\ T_s \\ 0 \\ 0 \end{bmatrix} \tag{3.20}$$

3.4.2 基于权重自调整 MPC 跟车控制算法设计

基于跟车状态空间方程对控制目标进行分析，通过构建全速系统的性能指标函数，设计 MPC 控制算法，分析系统各跟车状态，进而设定系统约束组和权重系数值，最后将 MPC 求解问题转化为带约束的二次规划问题，求解跟车期望加速度。

1. 控制性能指标需求分析

为了满足驾驶人的期望，控制器的设计需要满足跟车性、行车安全性、乘坐舒适性、燃

油经济性的需求,并以行车安全性为重中之重。因此,在纵向运动学模型的基础上,将4种控制需求转化为相应的系统约束和性能指标,对系统进行动态协调优化,进而得出综合性能指标函数。

(1) 跟车性能指标。

驾驶人对于系统的跟车需求,主要体现在车辆进入稳态时,本车车速可以趋近于前车车速,实际间距可以趋近于期望间距。因此,跟车性能指标主要通过相对车速 $v_r(k)$ 和相对间距误差 $\delta(k)$ 来评价,即当车辆进入稳态时,两车间的相对车速和相对间距误差都趋近于 0,两车处于相对静止状态,有

$$\begin{cases} \delta(k) \to 0 \\ v_r(k) \to 0 \end{cases} \tag{3.21}$$

(2) 行车安全性指标。

行车安全性是最基本、最重要的控制指标,依靠期望安全距离约束车辆间的距离,但在车辆行驶过程中,两车间的实际间距是不断变化的,为了保证车辆在行驶过程中的安全性,需对两车间的实际间距进行严格约束,如下式所示:

$$\delta(k) > d_0 \tag{3.22}$$

式中,d_0 为两车需要保证的最小安全距离。

(3) 乘坐舒适性指标。

自动驾驶汽车在行驶时还需要深入优化乘坐舒适性,以保证车内成员的乘坐感受。因此,车辆应尽量保持匀速行驶,加速度和加速度变化率不能太大,应限制在驾驶人可接受的范围内,避免大幅度加、减速现象,避免乘员产生不舒服和疲劳的感受,有

$$\begin{cases} \min |a_{ego}(k)| \\ \min |j(k)| \end{cases} \tag{3.23}$$

(4) 燃油经济性指标。

燃油经济性是以最小的燃油消耗量完成单位运输工作量的能力,其性能与车辆的车速相关,较小的加速度能保证良好的燃油经济性,且速度变化越平缓燃油经济性越高,因此约束加速度变化率指标可以提高燃油经济性,有

$$0 \leqslant j(k) \leqslant j_{max} \tag{3.24}$$

此外,考虑到车辆自身的能力限制,对本车车速、本车加速度、控制量进行约束:

$$v_{egomin} \leqslant v_{ego}(k) \leqslant v_{egomax} \tag{3.25}$$

$$a_{egomin} \leqslant a_{ego}(k) \leqslant a_{egomax} \tag{3.26}$$

$$u_{min} \leqslant u(k) \leqslant u_{max} \tag{3.27}$$

综上,选取间距误差、相对速度、加速度及加速度变化率组成优化性能指标向量,其表达式为

$$\boldsymbol{y}(k) = \boldsymbol{C}\boldsymbol{x}(k) - \boldsymbol{Z} \tag{3.28}$$

式中

$$\boldsymbol{y}(k) = [\delta(k) \quad v_r(k) \quad a_{ego}(k) \quad j(k)]^T \tag{3.29}$$

$$C = \begin{bmatrix} 1 & 0 & 0 & 0 & 0 \\ 0 & 0 & 1 & 0 & 0 \\ 0 & 0 & 0 & 1 & 0 \\ 0 & 0 & 0 & 0 & 1 \end{bmatrix}, \quad Z = \begin{bmatrix} d_{\text{des}}(k) \\ 0 \\ 0 \\ 0 \end{bmatrix} \quad (3.30)$$

2. 模型预测控制算法设计

模型预测控制算法作为一种新型的优化控制算法,在20世纪70年代首次被提出,最早被应用于工业、汽车领域。其运行主要包括3个过程:预测模型、滚动优化和在线校正。在某采样时刻内,系统首先根据预测模型通过当前时刻状态量等对未来输出进行预测,进而分析研究对象的性能指标,求解指标需求函数,分析当前时刻状态和过去时刻的偏差,基于预测模型和指标需求函数进行持续性的重复优化计算,得到最优控制序列,并将最优控制序列内第一位控制量应用于被控对象。滚动优化是每一时刻都重复进行的求解优化问题的过程,是一种在线滚动式的开环过程。最后,针对外部干扰、模型失配等原因导致的预测量和系统测量值的偏差,进行补偿反馈,为下一时刻的滚动优化提供补偿信息,将系统优化为闭环控制模型,提高系统的稳定性和抗干扰能力,实现模型预测控制算法对被控对象的精确控制。

根据上述优化性能指标向量公式和车间纵向运动学状态方程可以得到离散后的MPC预测方程的标准形式:

$$\begin{cases} \hat{X}_p(k+p\mid k) = \overline{A}x(k) + \overline{B}U(k+m) + \overline{G}W(k+p) + \overline{H}e_x(k) \\ \hat{Y}_p(k+p\mid k) = \overline{C}x(k) + \overline{D}U(k+m) + \overline{E}W(k+p) + \overline{F}e_x(k) - \overline{Z} \end{cases} \quad (3.31)$$

式中

$$\hat{X}_p(k+p\mid k) = \begin{bmatrix} \hat{x}_p(k+1\mid k) \\ \hat{x}_p(k+2\mid k) \\ \vdots \\ \hat{x}_p(k+p\mid k) \end{bmatrix}, \hat{Y}_p(k+p\mid k) = \begin{bmatrix} \hat{y}_p(k+1\mid k) \\ \hat{y}_p(k+2\mid k) \\ \vdots \\ \hat{y}_p(k+p\mid k) \end{bmatrix},$$

$$U(k+m) = \begin{bmatrix} u(k) \\ u(k+1) \\ \vdots \\ u(k+c-1) \end{bmatrix}, W(k+p) = \begin{bmatrix} w(k) \\ w(k+1) \\ \vdots \\ w(k+p-1) \end{bmatrix},$$

$$e_x(k) = x(k) - x(k-1) \quad (3.32)$$

式中,p 为预测时域;c 为控制时域;$\hat{x}_p(k+1\mid k), \hat{x}_p(k+2\mid k), \cdots, \hat{x}_p(k+p\mid k)$ 为基于 k 时刻预测模型迭代得到的关于状态变量连续 p 个时刻的预测值;$\hat{y}_p(k+1\mid k), \hat{y}_p(k+2\mid k), \cdots, \hat{y}_p(k+p\mid k)$ 为基于第 k 时刻预测模型迭代得到的关于输出变量连续 p 个时刻的预测值;$u(k)$ 为MPC输出变量,即跟车期望加速度的大小;$W(k+p)$ 为 p 时刻的系统误差系数矩阵;e_x 为某一时刻下实际状态向量与预测得到的状态变量的误差。

式(3.31)中的可变动态预测矩阵 $\overline{A}$、$\overline{B}$、$\overline{C}$、$\overline{D}$、$\overline{E}$、$\overline{F}$、$\overline{G}$、$\overline{H}$、$\overline{Z}$ 如下:

$$\overline{\boldsymbol{A}} = \begin{bmatrix} A \\ A^2 \\ \vdots \\ A^p \end{bmatrix}, \overline{\boldsymbol{B}} = \begin{bmatrix} B & 0 & \cdots & 0 \\ AB & B & \cdots & 0 \\ \vdots & \vdots & & \vdots \\ A^{p-1}B & A^{p-2}B & \cdots & \sum_{l=0}^{p-c} A^l B \end{bmatrix}, \overline{\boldsymbol{G}} = \begin{bmatrix} G & 0 & \cdots & 0 \\ AG & G & \cdots & 0 \\ \vdots & \vdots & & \vdots \\ A^{p-1}G & A^{p-2}G & \cdots & G \end{bmatrix}$$
(3.33)

$$\overline{\boldsymbol{H}} = \begin{bmatrix} H_1 \\ H_2 \\ \vdots \\ H_p \end{bmatrix}, \overline{\boldsymbol{C}} = \begin{bmatrix} CA \\ CA^2 \\ \vdots \\ CA^p \end{bmatrix}, \overline{\boldsymbol{D}} = \begin{bmatrix} CB & 0 & \cdots & 0 \\ CAB & CB & \cdots & 0 \\ \vdots & \vdots & & \vdots \\ CA^{p-1}B & CA^{p-2}B & \cdots & \sum_{l=0}^{p-c} CA^l B \end{bmatrix}$$
(3.34)

$$\overline{\boldsymbol{E}} = \begin{bmatrix} CG & 0 & \cdots & 0 \\ CAG & CG & \cdots & 0 \\ \vdots & \vdots & & \vdots \\ CA^{p-1}G & CA^{p-2}G & \cdots & CG \end{bmatrix}, \overline{\boldsymbol{F}} = \begin{bmatrix} CH_1 \\ CH_2 \\ \vdots \\ CH_p \end{bmatrix}, \overline{\boldsymbol{Z}} = \begin{bmatrix} Z \\ Z \\ \vdots \\ Z \end{bmatrix}$$
(3.35)

为了保证预测模型的完整性,还需要利用预测模型在 k 时刻对未来 p 个时刻的扰动向量进行预测,即需要持续预测 p 个时刻下前车加速度的值。但在实际应用中,无法直接得出 k 时刻下的前车加速度,然而 MPC 算法的步长很小,因此可以用上一时刻前车加速度进行替代,假设在 k 时刻的前车加速度与上一个时刻的值相等,即通过上一时刻的相对车速和本车的实际加速度进行计算。通过不断迭代计算,得到扰动向量的预测矩阵 $\boldsymbol{W}(k+p)$,其推导和表达式为

$$\begin{cases} \hat{w}(k-1 \mid k) = (v_r(k) - v_r(k-1))/T_s + a_x(k-1) \\ w(k) = \hat{w}(k-1 \mid k) \\ w(k+i) = w(k) \end{cases}$$
(3.36)

$$\boldsymbol{w}(k+p) = \begin{bmatrix} \hat{w}(k-1 \mid k) \\ \hat{w}(k-1 \mid k) \\ \vdots \\ \hat{w}(k-1 \mid k) \end{bmatrix}$$
(3.37)

采用线性加权法对性能指标函数进行综合表达,主要思路是对 4 个性能指标函数进行加权表达,从而将多目标优化问题转化为单目标的数学规划问题。在 MPC 框架下,将车辆行驶过程中的多个性能指标以加权的形式写成如下函数:

$$J = \sum_{i=1}^{p} [\hat{\boldsymbol{y}}_p(k+i \mid k) - \boldsymbol{y}_r(k+i)]^T \boldsymbol{Q} [\hat{\boldsymbol{y}}_p(k+i \mid k) - \boldsymbol{y}_r(k+i)] + \sum_{i=0}^{m-1} \boldsymbol{u}(k+i)^T \boldsymbol{R} \boldsymbol{u}(k+i)$$
(3.38)

式中,Q 和 R 为输出量和控制量的权系数,$Q = \mathrm{diag}(q_\delta, q_v, q_a, q_j)$。

由以上对指标性能的分析,输出量反映的是本车对于前车的跟随能力,控制量反映的是控制本车平稳行驶的能力。因此 Q 和 R 又分别代表跟车安全性权重系数和舒适经济性权重系数。

系统对应的约束整理如下:

$$\begin{cases} \delta(k) \geqslant d_0 \\ v_{\mathrm{egomin}} \leqslant v_{\mathrm{ego}}(k) \leqslant v_{\mathrm{egomax}} \\ a_{\mathrm{egomin}} \leqslant a_{\mathrm{ego}}(k) \leqslant a_{\mathrm{egomax}} \\ j_{\min} \leqslant j(k) \leqslant j_{\max} \\ u_{\min} \leqslant u(k) \leqslant u_{\max} \end{cases} \tag{3.39}$$

将预测模型的输出方程代入约束条件,整理得

$$\begin{cases} \overline{M} \leqslant \overline{L}\hat{X}_p(k+p) \leqslant \overline{N} \\ U(k+m) \leqslant U_{\max} \\ -U(k+m) \leqslant -U_{\min} \end{cases} \tag{3.40}$$

式中

$$M = \begin{bmatrix} d_0 \\ v_{\mathrm{egomin}} \\ a_{\mathrm{egomin}} \\ j_{\min} \end{bmatrix}, N = \begin{bmatrix} \mathrm{Inf} \\ v_{\mathrm{egomax}} \\ a_{\mathrm{egomax}} \\ j_{\max} \end{bmatrix}, L = \begin{bmatrix} 1 & 0 & 0 & 0 & 0 \\ 0 & 1 & 0 & 0 & 0 \\ 0 & 0 & 0 & 1 & 0 \\ 0 & 0 & 0 & 0 & 1 \end{bmatrix}, U_{\max} = \begin{bmatrix} u_{\max} \\ \vdots \\ u_{\max} \end{bmatrix},$$

$$U_{\min} = \begin{bmatrix} u_{\min} \\ \vdots \\ u_{\min} \end{bmatrix}, \overline{M} = \begin{bmatrix} M \\ M \\ \vdots \\ M \end{bmatrix}, \overline{N} = \begin{bmatrix} N \\ N \\ \vdots \\ N \end{bmatrix}, \overline{L} = \begin{bmatrix} L & & & \\ & L & & \\ & & \ddots & \\ & & & L \end{bmatrix} \tag{3.41}$$

式中,Inf 表示无穷大,说明车间距无上限。

由上述公式将多目标控制加权转化为单目标优化问题的代价函数和此约束条件,构建一个带约束的在线二次规划问题:

$$\begin{cases} \min\limits_{U(k+c)} \{U(k+c)^{\mathrm{T}} K_1 U(k+c) + 2K_2 U(k+c)\} \\ \mathrm{s.t.}\ \Omega U(k+c) \leqslant T \end{cases} \tag{3.42}$$

式中

$$K_1 = (\overline{R} + \overline{D}^{\mathrm{T}} \overline{Q} \overline{D})$$

$$K_2 = \{x^{\mathrm{T}}(k)[\overline{C}^{\mathrm{T}} - \overline{C}^{\mathrm{T}}\overline{\Phi}^{\mathrm{T}}]\overline{Q}\ \overline{D} + W(k+p)^{\mathrm{T}}\overline{E}^{\mathrm{T}}\overline{Q}\ \overline{D} - $$
$$(\overline{Z}^{\mathrm{T}} - \overline{Z}^{\mathrm{T}}\overline{\Phi}^{\mathrm{T}})\overline{Q}\ \overline{D} + e_x(k)^{\mathrm{T}}\overline{F}^{\mathrm{T}}\overline{Q}\ \overline{D}\}$$

$$\boldsymbol{\Omega} = \begin{bmatrix} \overline{LB} \\ -\overline{LB} \\ I \\ -I \end{bmatrix}, T = \begin{bmatrix} \overline{N} - \overline{LG}W(k+p) - \overline{LA}x(k) - \overline{LH}e_x(k) \\ -\overline{M} + \overline{LG}W(k+p) + \overline{LA}x(k) + \overline{LH}e_x(k) \\ U_{\max} \\ -U_{\min} \end{bmatrix} \quad (3.43)$$

综上,通过求解二次优化问题,得到 MPC 的最优解(即期望加速度)。

3. MPC 控制器的变权重模糊调节

由前可知,Q 和 R 分别代表跟车安全性权重系数和舒适经济性权重系数,并且在 MPC 控制器中约束了二次规划函数求解下的本车车速 $v_{\text{ego}}(k)$、实际加速度 $a_{\text{ego}}(k)$、加速度变化率 $j(k)$ 和期望加速度控制量 $u(k)$,由此可以限制 MPC 求解期望加速度的大小、变化率等。因此,为反映车辆在不同跟车模式下加、减速性能的差异,根据不同跟车模式设定 MPC 控制器中不同的系统约束组和权重系数值。根据对实际场景中不同跟车模式的驾驶经验分析可知,不同模式下的系统约束组见表 3.4。

表 3.4 不同模式下的系统约束组

跟车模式	$v_{\text{ego}}(k)$	$a_{\text{ego}}(k)$	$j(k)$	$u(k)$
加速跟车模式	(0,120)	(0,2)	(-5,5)	(0,2)
稳态跟车模式	(0,120)	(-1,1)	(-4,4)	(-1,1)
减速跟车模式	(0,120)	(-2,0)	(-6,6)	(-2,0)
强减速跟车模式	(0,120)	(-4,0)	(-8,8)	(-4,0)

MPC 控制器的加权求解函数兼顾乘坐舒适性(简称舒适性)、跟车性、安全性、燃油经济性(简称经济性),并用 Q 和 R 两个加权系数进行调整,通过调节加权系数可以控制期望加速度和速度等,进而控制本车与前车的相对距离和相对车速,最终反映不同跟车模式对舒适性、跟车性、安全性、经济性的需求。由于两个加权系数的性质相似,具有相对意义,并且跟车性、安全性优于舒适性、经济性,设加权系数 R 为 1,加权系数 Q 的大小则随着模式的变化进行自调整。

车辆加速跟车模式下,安全性较高,应更加注重舒适性和经济性,所以加权系数 $R > Q$;车辆稳态跟车模式下,应兼顾各项性能指标,两个加权系数大小应相差不大;车辆减速跟车模式下,安全性较低,应更加注重跟车性和安全性,所以加权系数 $R < Q$;强减速跟车模式同减速跟车模式一致。加权系数 Q 没有具体求解的数学模型,而跟车模式是通过状态安全因子 S_{factor} 求得的,因此采用求解状态安全因子 S_{factor} 同样框架的模糊控制算法实现加权系数 Q 的控制。

将加权系数 Q 作为模糊控制器的输出变量,输入变量与求解状态安全因子 S_{factor} 模糊控制器相同,即为本车与前车的间距误差和车速误差,输入变量的变化范围和隶属度函数不变。模糊控制器的输出变量加权系数 Q 的模糊等级同样设为 L(低)、NL(较低)、M(中)、B(高)4 个等级,其论域范围为 [0,3],论域的值越大即加权系数 Q 的值越大,对于跟车过程中的跟车性、安全性越重视,加权系数 Q 的隶属度函数如图 3.13 所示。根据跟车型、安全性、舒适性及经济性的需求,设计的模糊规则经验表见表 3.5。举例来说,如果速度误差为 NL,距离误差为 NL,则加权系数 Q 为 B;也就是说,如果自适应巡航控制(adaptive cruise control,ACC)车辆正在快速接近前车,并且两车非常接近,则 ACC 车辆的安全性是最重要的,因此加权系数 Q 很大。如果速度误差为 NS,距离误差为 PL,则加权系数 Q 为 NL;也就是说,如果 ACC 车辆正在接近前车,且两车间距较大,则 ACC 车辆没有危险,因此 ACC 车辆的乘坐舒适性比安全性更重要,于是加权系数 Q 为 NL。

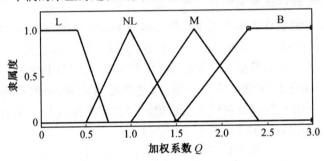

图 3.13 加权系数 Q 的隶属度函数

表 3.5 模糊规则经验表

模糊子集		间距误差				
		NL	NS	NO	PS	PL
车速误差	NL	B	B	B	M	NL
	NS	B	B	M	NL	NL
	NO	B	M	NL	NL	L
	PS	M	NL	L	L	L
	PL	NL	NL	L	L	L

3.5 下层控制器设计

下层控制器的目的是将上层控制器输出的期望加速度转化为期望的节气门开度或制动压力,进而控制驱动或制动执行系统。下层控制器主要由逆发动机模型、逆制动器模型、驱动/制动模式切换机制及期望驱动转矩/期望制动力矩计算模块组成,其中输入为期望加速度及车辆状态,输出为期望节气门开度、期望制动压力。而车辆逆纵向动力学模型(逆制动器模型和逆发动机模型)的功能是将期望加速度转化为对应的节气门开度和主缸制动压力,然后传送给动力学模型,控制车辆的实际行驶,实现有效的跟车行为。基于 CarSim 的车辆纵向动力学模型建立下层控制器,其架构如图 3.14 所示。

第 3 章 正常工况下自动驾驶汽车纵向跟车控制

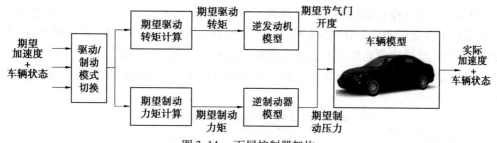

图 3.14 下层控制器架构

3.5.1 车辆模型

以 B 级燃油轿车为研究对象,主要对动力传动系统和制动系统的动力学模型进行介绍。动力传动系统主要由发动机、液力变矩器、自动变速器、主减速器组成,制动系统主要由液压制动系统组成。发动机是为车辆提供动力的装置,能够将其他形式的能量转化为机械能;液力变矩器是液力传动部件的一种,相当于离合器;自动变速器能够根据汽车车速和发动机转速来进行自动换挡操纵,实现挡位的升降;主减速器将来自变速器的转矩增大,降低转速并改变转矩传递方向;液压制动系统以液体为传动介质,将车辆的动能转化为热能,阻止车轮的转动。

以美国公司 Mechanical Simulation Corporation 推出的动力学仿真软件 CarSim 为平台,搭建车辆纵向动力学模型。CarSim 作为车辆动力学仿真软件,可以建立车辆、传感器等模型,通过建立道路工况来仿真汽车的响应,主要用于预测和仿真汽车的操作稳定性、制动性、平顺性、动力性、经济性及通过性。CarSim 模型主界面如图 3.15 所示,主要分为 4 个部分:车辆模型及摄像头/传感器参数,仿真工况/道路条件设置,联合仿真控制(在底层,图中省略)及结果后处理(即动画演示及曲线绘制)。

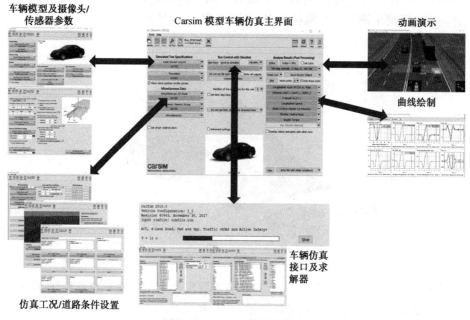

图 3.15 CarSim 模型主界面

在 CarSim 中选择自动挡的 B 级燃油轿车为实验车。考虑到动力学模型在满足仿真要求的基础上需要做相应简化,因此纵向动力学模型主要包括以下 4 种:发动机模型、液力变矩器模型、自动变速器模型和制动器模型。在纵向动力学模型设计过程中,不仅需要确定整车参数,还需要对当前行车工况的一些参数进行确定,纵向动力学模型参数设置见表 3.6。

表 3.6 纵向动力学模型参数设置

参数名称	符号	数值	单位
整车质量	m	1 529.98	kg
轴距	L	2 780	m
车轮滚动半径	r	0.36	m
空气密度	ρ	1.206	kg/m³
迎风面积	A	2.4	m²
主减速比	i_0	4.6	—
空气阻力系数	C_D	0.33	—
滚动阻力系数	f	0.013	—
传动系机械效率	η_T	0.85	—

在 CarSim 中选择怠速为 750 r/min,功率为 150 kW 的发动机。发动机的输出转矩 T_e 由车辆的节气门开度 α_{thr} 和发动机转速 n_e 共同决定,计算公式为

$$T_e = f(\alpha_{thr}, \omega_e) \tag{3.44}$$

通过 CarSim 的发动机数据,可以基于当前车辆状态信息,查出此时的发动机输出转矩大小,CarSim 实验车辆的发动机特性 MAP 图如图 3.16 所示。

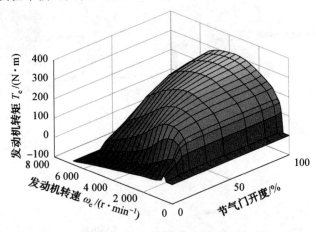

图 3.16 发动机特性 MAP 图

液力变矩器是液力传动部件的一种,其参数主要包括扭矩特性和容量特性,两种参数的呈现规律通过扭矩比系数 τ 和容量特性系数 k_{tc} 来反映:

$$K = \frac{T_t}{T_p} = \tau\left(\frac{\omega_t}{\omega_p}\right) \tag{3.45}$$

$$\frac{T_p}{\omega_p^2} = k_{tc}\left(\frac{\omega_t}{\omega_p}\right) \tag{3.46}$$

式中,K 为变矩比;T_p 为泵轮扭矩;ω_p 为泵轮转速;T_t 为涡轮扭矩;ω_t 为涡轮转速。

泵轮扭矩计算式可为

$$T_p = k_{tc}\left(\frac{\omega_t}{\omega_p}\right)\omega_p^2 \tag{3.47}$$

进而可以得到涡轮扭矩为

$$T_t = \tau k_{tc}\omega_t^2 \tag{3.48}$$

液力变矩器的扭矩特性曲线和容量特性曲线分别如图 3.17 和图 3.18 所示。

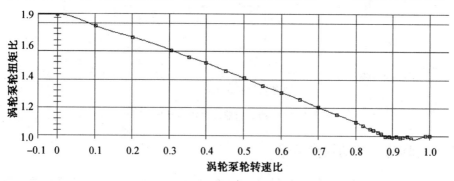

图 3.17 液力变矩器扭矩特性曲线

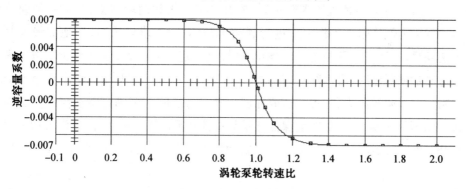

图 3.18 液力变矩器容量特性曲线

变速器前进挡的传动比为 0.69 ~ 4.6,如图 3.19 所示,4 条曲线代表 4 种不同节气门开度下的变速器传动比与变速器转速的关系。

在考虑轮胎垂直载荷和纵向滑移率的基础上将制动主缸压力分配输送至各个车轮,并且在 CarSim 中可以定义制动器的某些性能参数,主要包括车轮制动力矩、执行器时间常数、输送管路压力比、制动器的左右轴承摩擦力矩、防抱死制动系统(anti - lock breaking system,ABS)在运行过程中的最低车速等。

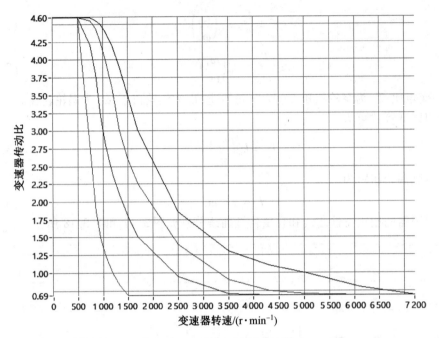

图 3.19 自动变速器前进挡传动比

3.5.2 驱动/制动切换策略

车辆在实际行驶过程中,驱动控制与制动控制无法同时进行。当车辆需要进行制动时,分两个阶段进行:① 减速度需求较小时,松开加速踏板和制动踏板,车辆在地面滚动阻力、风阻、发动力倒拖阻力等作用下进行制动;② 减速度需求较大时,即地面最大制动减速度无法满足需求时,再踩制动踏板,给车辆提供一定的制动力,使车减速。当车辆需要进行匀速或加速行驶时,可以踩加速踏板,加大节气门开度,使发动机输出扭矩大于或等于滚动阻力与风阻等阻力,实现匀速或加速行驶。为了防止车辆在驱动控制和制动控制两种状态间频繁切换,最大可能地保证驾乘舒适性和零部件完好性,需要设置切换缓冲区域,建立驱动/制动切换逻辑,以驱动与制动切换的临界状态为基础,进行切换规则制定。

首先在 CarSim 中建立无驱动、无制动的车辆滑行仿真环境,使车辆以不同初始车速进行滑行直至车速为 0(车速最大设置为 140 km/h),可以测出车辆最大滑行减速度在不同车速下的值,并每隔 10 km/h 取一组点,拟合并绘制车速-最大滑行减速度曲线作为切换曲线。为避免驱动与制动的状态频繁切换,在切换曲线上下设置缓冲区间 Δh,在此缓冲区间内,车辆保持进入缓冲区间前的控制状态,根据经验取 Δh 的值为 0.1 m/s²。

驱动/制动控制切换逻辑曲线如图 3.20 所示,根据期望加速度 a_{des} 与最大制动减速度的关系,可以得到以下逻辑:当期望加速度 a_{des} 大于上边界时,采用驱动控制;同理,当期望加速度 a_{des} 小于下边界时,采用制动控制;中间部分则保持原有的控制状态。

第 3 章 正常工况下自动驾驶汽车纵向跟车控制

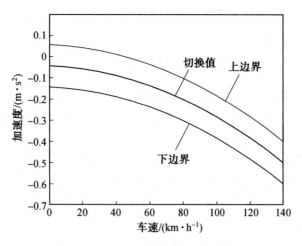

图 3.20 驱动／制动控制切换逻辑曲线

3.5.3 逆发动机模型

以期望加速度为输入,根据动力学模型对驱动转矩进行计算。考虑到扭矩控制时,如果只有动力学模型前馈开环控制,需要精确的车辆参数、道路环境参数等,易受到外部环境变化的影响,因此以车辆动力学模型作为前馈,结合 PID 反馈来求解扭矩控制量。

(1) 基于汽车纵向行驶动力的扭矩计算。

汽车驱动行驶方程式为

$$F_t = F_f + F_w + F_i + F_j \tag{3.49}$$

式中,F_t 为驱动力;F_f 为滚动阻力;F_w 为空气阻力;F_i 为坡度阻力;F_j 为加速阻力。

式(3.49)进一步整理可得

$$\delta m a = (F_t - F_f) - F_w - F_i = F_x - F_w - F_i \tag{3.50}$$

车轮运动方程可表示为

$$I_w \dot{\omega}_w = -F_{\bar{x}} r + T_{wp} - T_{wb} - T_r \tag{3.51}$$

式中,$F_{\bar{x}}$ 为纵向轮胎力;T_{wp} 为驱动力矩;T_{wb} 为制动力矩;T_r 为滚动阻力矩。

由式(3.51)可得

$$F_{\bar{x}} = \frac{T_{wp} - T_{wb} - T_r - I_w \dot{\omega}_w}{r} \tag{3.52}$$

从纵向行驶的角度,可认为 $F_{\bar{x}} = F_x$。

将式(3.52)代入式(3.50),可得

$$\delta m a = \frac{T_{wp} - T_{wb} - T_r - I_w \dot{\omega}_w}{r} - F_w - F_i \tag{3.53}$$

式中,T_{wp} 可根据传动系统动力学方程得到:

$$T_{wp} = [(T_e - I_e \dot{\omega}_e) K - I_t \dot{\omega}_t] i_g i_0 \eta_t \tag{3.54}$$

式中,K 为液力变矩器变矩比。假设车轮为纯滚动状态,则有

$$\dot{\omega}_w = \frac{\dot{v}_f}{r}, \quad \dot{\omega}_t = \frac{\dot{v}_f}{r} i_g i_0, \quad \dot{\omega}_e = \frac{\dot{v}_f}{r} \frac{i_g i_0}{i} \tag{3.55}$$

同时，车辆行驶过程（设定车辆在风速为 0、坡度为 0 的工况下行驶）中的滚动阻力、空气阻力、坡度阻力分别为

$$F_f = mgf, \quad F_w = \frac{1}{2}C_D A \rho v_x^2, \quad F_i = 0 \tag{3.56}$$

驱动时，制动力矩为 0。因此，根据车辆的期望加速度得到需要的期望发动机转矩为

$$T_{edes} = \left(\frac{\delta m r^2 i + I_e K i_g^2 i_0^2 \eta_t + I_t i_g^2 i_0^2 i \eta_t + I_w i}{K i_g i_0 i \eta_t r} \right) a_{des} + \frac{mgfr + 0.5 C_D A \rho v_x^2 r}{K i_g i_0 \eta_t} \tag{3.57}$$

式中，a_{des} 为期望加速度；C_D 为空气阻力系数；g 为重力加速度；m 为整车质量；A 为整车迎风面积；f 为滚动阻力系数；I_e 为曲轴和泵轮转动惯量；i 为液力变矩器速比；ρ 为空气密度；r 为车轮有效半径；I_t 为变速器的转动惯量；δ 为旋转质量换算系数，该系数与车轮的转动惯量 I_w、飞轮的转动惯量 I_f 等有关，并通过如下公式进行计算：

$$\delta = 1 + \frac{1}{m} \frac{\sum I_w}{r^2} + \frac{1}{m} \frac{I_f i_g^2 i_0^2 \eta_T}{r^2} \tag{3.58}$$

（2）基于 PID 反馈的转矩控制。

基于车辆动力学模型的转矩控制方法易受到行车环境的变化和整车参数精确度的影响，在行车环境突变的情况下，控制效果尤其差。因此针对以上问题，提出基于 PID 反馈的转矩控制方法，对前馈的误差做出补偿，期望转矩反馈计算如图 3.21 所示。

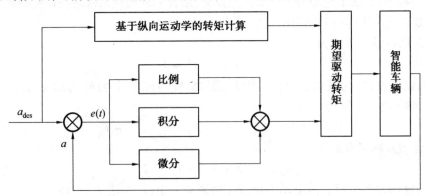

图 3.21 期望转矩反馈计算

通过多次修改调节 PID 参数，最终得到的 PID 的比例系数 K_P、积分系数 K_I 和微分系数 K_D 的值分别为 200、70 和 0.1。将 PID 反馈的期望转矩和前馈动力学模型得到的期望转矩作和得到最终的期望发动机转矩。

以期望发动机转矩和 CarSim 输出的发动机转速为发动机 MAP 图逆模型的输入，可以求得期望节气门开度。根据 CarSim 中发动机 MAP 图数据，对发动机转矩和发动机转速进行等间距划分，采用线性插值的方法得到节气门开度关于转速和转矩的三维图，并把获得的值以表格的形式保存下来，可表示为

$$\alpha_{des} = f^{-1}(T_e, \omega_e) \tag{3.59}$$

式中，α_{des} 为期望节气门开度；ω_e 为发动机转速。图 3.22 所示为逆发动机模型 MAP 图，通过查表得到期望的节气门开度。

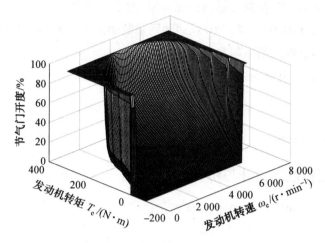

图 3.22 逆发动机模型 MAP 图

3.5.4 逆制动系模型

(1) 基于汽车纵向行驶动力的前馈制动力矩计算。

根据期望加速度和纵向动力学模型对所需期望制动力矩进行计算。当切换为制动工况时,在充分利用发动机制动阻力、空气阻力和滚动阻力的情况下,得到期望加速度所需要的制动力矩

$$T_{wdes} = -\left(\frac{\delta mr^2 i + I_e K i_g^2 i_0^2 \eta_t + I_t i_g^2 i_0^2 i \eta_t + I_w i}{K i_g i_0 i \eta_t r}\right) a_{des} - \frac{mgfr + 0.5 C_D A \rho v_x^2 r}{K i_g i_0 \eta_t} + T_e(b) K i_g i_0 \eta_t \quad (3.60)$$

式中,$T_e(b)$ 为汽车制动时发动机处于怠速状态产生的反拖力矩。

(2) 基于 PID 反馈的制动力矩控制。

同样,也采用基于 PID 反馈的制动力矩控制方法,对前馈的误差进行补偿,期望制动力矩反馈计算如图 3.23 所示。

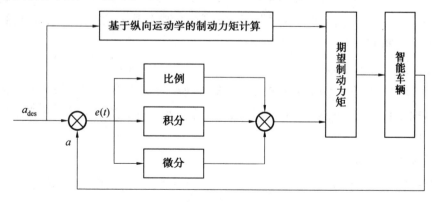

图 3.23 期望制动力矩反馈计算

通过多次修改调节 PID 参数,最终得到的 PID 的比例系数 K_p、积分系数 K_I 和微分系数 K_D 的值分别为 6、5 和 0.001。将 PID 反馈的期望制动力矩和前馈动力学模型得到的期望制动力矩作和得到最终的期望制动力矩。

根据期望制动力矩,由制动逆模型可以得到期望的制动压力

$$P_{\text{des}} = \frac{T_{\text{wdes}}}{K_b} \tag{3.61}$$

式中,K_b 为制动器增益系数。

3.5.5 下层控制器设计与仿真

设计的下层控制器策略模型如图 3.24 所示。

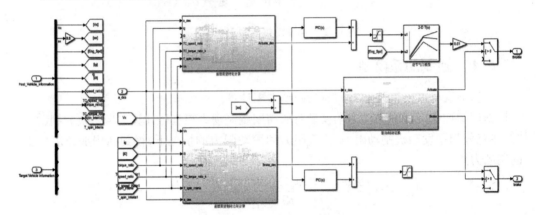

图 3.24 下层控制器策略模型

为验证该系统下层控制器的控制效果,分别选取阶跃、斜坡、正弦等典型工况的加速度输入信号,通过 CarSim/Simulink 的联合仿真对下层控制器算法进行仿真验证。

(1)阶跃期望加速度。

设定车辆初始车速为 70 km/h,初始的期望加速度为 0,在 10 s 时期望加速度阶跃变为 0.7 m/s² 并保持恒定,而在 15 s 时期望加速度阶跃减小至 0,直至仿真结束,仿真结果如图 3.25 ~ 3.28 所示。

(2)斜坡期望加速度。

设定车辆初始车速为 80 km/h,初始的期望加速度为 0,在 10 s 时以恒定的变化率增加,在 15 s 时增长到 0.5 m/s²,之后保持恒定,最后在 20 s 时阶跃减小至 0,仿真结果如图 3.29 ~ 3.32 所示。

(3)正弦期望加速度。

设定车辆初始车速 70 km/h,初始的期望加速度为 0,期望加速度以幅值为 1 m/s² 和频率为 1 rad/s 的正弦信号进行变化,仿真结果如图 3.33 ~ 3.36 所示。

第3章 正常工况下自动驾驶汽车纵向跟车控制

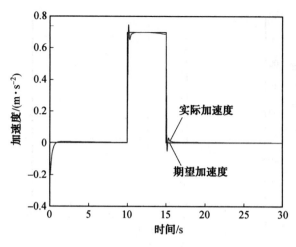

图 3.25 阶跃工况的加速度图

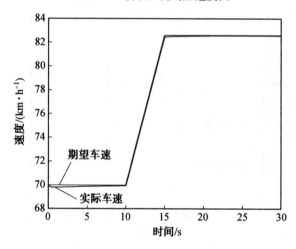

图 3.26 阶跃工况的速度图

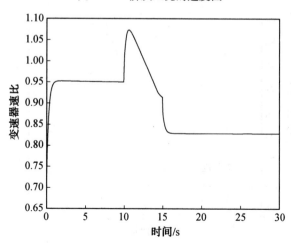

图 3.27 阶跃工况的变速器速比图

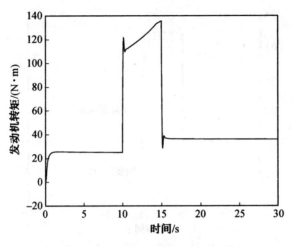

图 3.28　阶跃工况的发动机转矩图

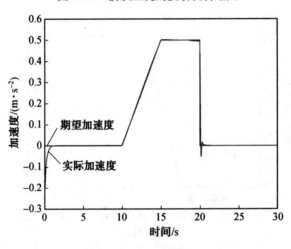

图 3.29　斜坡工况的加速度图

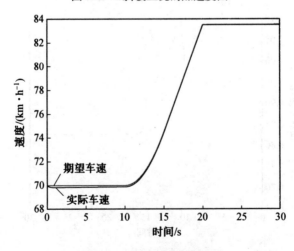

图 3.30　斜坡工况的速度图

第 3 章　正常工况下自动驾驶汽车纵向跟车控制

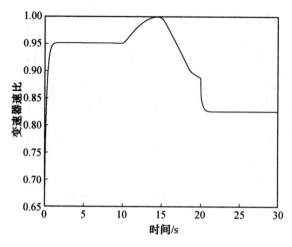

图 3.31　斜坡工况的变速器速比图

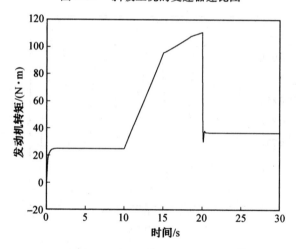

图 3.32　斜坡工况的发动机转矩图

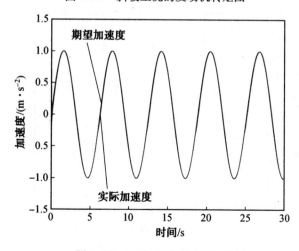

图 3.33　正弦工况的加速度图

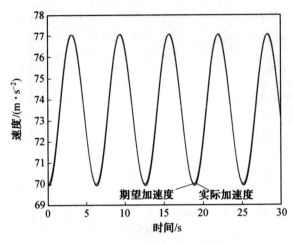

图 3.34　正弦工况的速度图

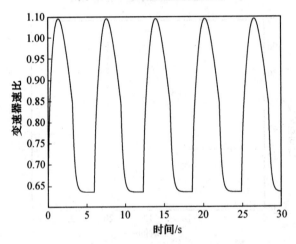

图 3.35　正弦工况的变速器速比图

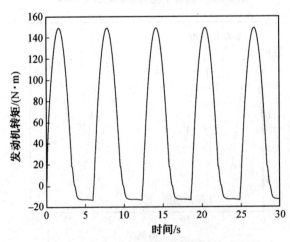

图 3.36　正弦工况的发动机转矩图

通过以上几组仿真结果曲线可以看出,在典型期望加速度信号参考输入的情况下,所设计的下层控制器可以较好地跟随期望加速度信号,在期望加速度恒定且较大的情况下虽然会受到变速器速比的影响无法持续精确跟踪,但可以控制本车车速稳定跟随期望车速行驶。同时在正弦期望加速度下,可以保持很小的误差稳态跟踪,并在驱动/制动切换处保持平滑切换。可以看出,所设计的下层动力学控制算法有良好的控制效果,能够满足下层控制算法的功能要求。

3.6 实验仿真分析

为了验证所提出的系统控制策略的可行性,基于在Simulink中搭建的系统模型,结合CarSim软件的动力学车辆模型、道路模型和场景模型,在CarSim和Simulink中分别搭建对应的输入、输出实时接口,实现仿真平台的搭建。针对不同的仿真工况进行联合仿真,并对仿真结果进行对比分析。

3.6.1 CarSim传感器模型及仿真场景设置

在复杂的交通场景下,为了获取车辆行驶过程中周围目标车辆的状态信息,基于CarSim中自带的传感器模型进行搭建,并将CarSim中的传感器信息进行处理后输出至间距计算模块。

CarSim摄像头传感器设置界面如图3.37所示,参考目前市面上的多数传感器参数配置,在CarSim中设置最大的检测距离为150 m,远距离水平探测范围为±10°,建立一条道路工况良好的双车道直道,通过CarSim指令设定前方有无车辆、车间距大小、旁车道的车辆运动状态等具体工况。

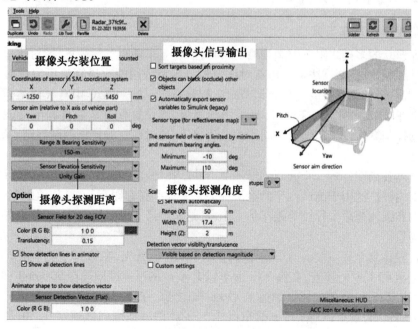

图 3.37 CarSim 摄像头传感器设置界面

CarSim 和 Simulink 的信号传输接口设置是联合仿真的重要工作之一,接口分为输入接口和输出接口,其中输出接口包括本车信息输出接口和传感器信息输出接口两种,CarSim 接口定义见表 3.7。

表 3.7 CarSim 接口定义

CarSim 接口	接口名称	单位
输入接口	节气门开度	—
	主缸制动压力	MPa
输出接口	本车车速	m/s
	本车加速度	m/s^2
	发动机转速	r/min
	变速器速比	—
	主减速器速比	—
	液力变矩器速比	—
	液力变矩器转矩比	—
	变速器转动惯量	kg·m^2
	横摆角速度	(°)/s
	驾驶人期望转矩	N·m
	驾驶人真实转矩	N·m
传感器输出接口	传感器数据组	—

3.6.2 场景仿真分析

1. 前车变速 – 跟车工况

为验证建立的多模式跟车控制策略的可行性,建立车辆跟车行驶场景,对比单一模式 MPC、模糊控制器等控制算法进行仿真对比分析。本节采用的改进算法可以针对不同跟车模式,随着目标车辆状态的变化自调节跟车权重系数。单一模式 MPC 算法是指在根据 MPC 跟车控制器求解期望加速度时,只采用约束组,不设置权重系数自调节功能的控制算法。模糊控制算法以车速误差和间距误差为输入,通过建立的模糊控制规则,求解跟车期望加速度。

新欧洲驾驶周期(new European driving cycle,NEDC)是欧洲的一个循环测试工况,在国际范围内被广泛用于测试汽车的经济性能。考虑到稳态跟车行驶、加速跟车行驶、减速跟车行驶和强减速跟车行驶等跟车仿真工况,这里参考 NEDC 循环工况,建立如下跟车行驶仿真场景。

跟车行驶仿真全程 100 s,前车初始车速为 40 km/h,首先,在第 10 s 前车以 2 m/s^2 的加速度加速至 60 km/h;接着,在第 30 s 前车以 1 m/s^2 的减速度减速至 50 km/h;然后,在第 40 s 前车以 1.5 m/s^2 的加速度加速至 70 km/h;之后,在第 55 s 前车以 1.5 m/s^2 的减速度减速至 40 km/h;最后,在第 75 s 前车以 3.5 m/s^2 的减速度强减速至 0。仿真结果如图 3.38 ~ 3.43 所示。

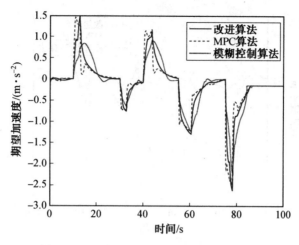

图 3.38 跟车工况期望加速度曲线变化对比

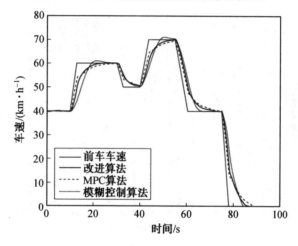

图 3.39 跟车工况车速曲线变化对比

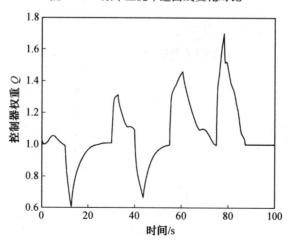

图 3.40 跟车工况控制器权重曲线变化

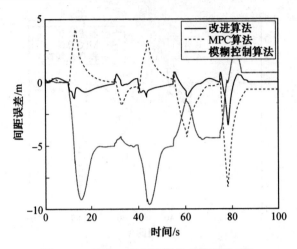

图 3.41　跟车工况间距误差曲线变化对比

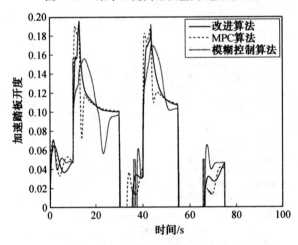

图 3.42　跟车工况加速踏板开度曲线变化对比

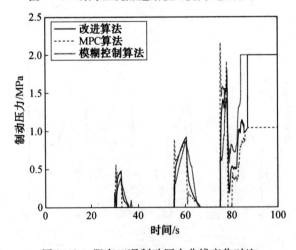

图 3.43　跟车工况制动压力曲线变化对比

仿真结果表明,整个跟车过程中本车能够随着前车状态的变化及时调整跟车模式,进而稳定跟随。开始时,本车与前车的间距误差和相对车速趋近于0,系统处在稳态跟车模式2,权重Q与权重R大小相近。前车在10 s时进行加速,随着间距误差和相对车速的逐渐增加,系统的工作模式由稳态跟车模式2变为加速跟车模式1,跟车安全性权重Q逐渐减小至0.6,突出舒适经济性指标,车辆逐步加大油门加速跟车。由图3.38可知,改进算法比单一MPC算法的平均加速度变化率小68.3%,可知改进算法的舒适性和经济性更好。在13 s时前车稳态行驶,系统工作模式也随之切换为稳态跟车模式2,改进算法的车速收敛到前车稳态车速的时间比MPC算法更短,间距误差更小,跟车性能也相对更好。模糊控制算法在加速跟车模式下的加速度变化虽然比改进算法更慢,但是其在稳态跟车下的间距误差大、车速收敛慢,具有较差的跟车性。

在第30 s时,前车以1 m/s²的减速度进行减速,系统的工作模式由稳态跟车模式2变为减速跟车模式3,跟车安全性权重Q由1逐渐增大至1.3,突出跟车安全性指标,车辆逐步制动减速跟车;之后前车稳态行驶,系统工作模式也随之切换为稳态跟车模式2。由图3.38可知,在30 s后减速跟车时,改进算法比单一MPC算法的最大减速度更大,减速度变化更加平滑,减速时的跟车误差远小于单一MPC算法和模糊控制算法,因此改进算法的跟车性能比其他两种算法更好。

在第40 s时,前车以1.5 m/s²的加速度进行加速,系统的工作模式由稳态跟车模式2变为加速跟车模式1,跟车安全性权重Q逐渐减小至0.6,突出舒适经济性指标,车辆逐步加大油门加速跟车。由图3.38可知,改进算法比单一MPC算法的平均加速度变化率小71.2%,相应提高了舒适性和经济性。在44 s时前车稳态行驶,系统工作模式也随之切换为稳态跟车模式2,改进算法的车速收敛到前车稳态车速的时间比MPC算法更短,间距误差更小,跟车性能也相对更好。

在第55 s时,前车以1.5 m/s²的减速度进行减速,系统的工作模式由稳态跟车模式2变为减速跟车模式3,跟车安全性权重Q由1逐渐增大至1.45,突出跟车安全性指标,车辆逐步制动减速跟车;之后前车稳态行驶,系统工作模式也随之切换为稳态跟车模式2。在第75 s时,前车以3.5 m/s²的减速度进行减速停车,系统的工作模式由稳态跟车模式2变为减速跟车模式3,之后变为强减速跟车模式4,跟车安全性权重Q由1逐渐增大至1.7,车辆进行强减速跟随前车制动,停车后为防止溜车给车辆加0.15 m/s²的停车减速度。

由图3.38可知,在前车加速时,改进算法的加速度变化率远小于普通MPC算法,相当于改进算法的舒适性、经济性优于MPC算法;而前车减速时,改进算法比MPC算法的最大减速度更大,减速度变化更加平滑,减速时的间距误差更小,稳态跟车时跟车误差和车速收敛也优于普通MPC算法,即改进算法跟车性能优于普通MPC算法。虽然模糊控制算法在加速跟车和减速跟车时,加、减速度的变化和速度跟随效果与改进算法相差不多,但是模糊控制算法在整体上的间距误差较大,跟车性能差,因此改进算法的跟车性、舒适性、安全性、经济性比另外两种算法更好。

2. 前车切入、切出工况

本工况主要考察车辆对于旁车道车辆突然插入本车道及跟随车辆切出本车道的应对情况。仿真工况设置如下:本车初始车速为70 km/h,当前方没有车辆时进行定速巡航行驶,巡航目标车速为80 km/h,跟随车辆在本车道前方45 m处以70 km/h的车速行驶;在第 10 s,旁车道车辆以 80 km/h 的车速切入本车与前车之间,此时本车与切入车辆间距 30 m,之后切入车辆以 1.5 m/s² 的减速度减速至 60 km/h;在第 30 s,前方两车先后切出本车道,本车开始按照设定的目标巡航车速进行巡航,前车切入、切出工况场景简图如图 3.44 所示,仿真结果如图 3.45~3.50 所示。

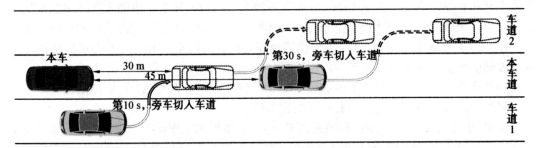

图 3.44　前车切入、切出工况场景简图

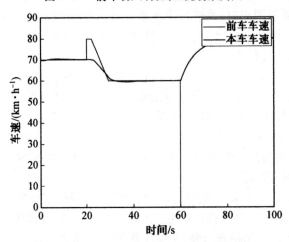

图 3.45　旁车并线工况车速变化曲线

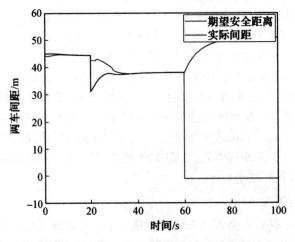

图 3.46　旁车并线工况两车间距变化曲线

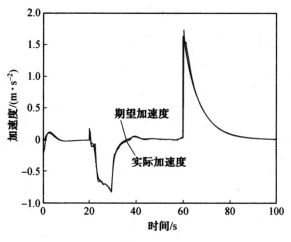

图 3.47　旁车并线工况加速度变化曲线

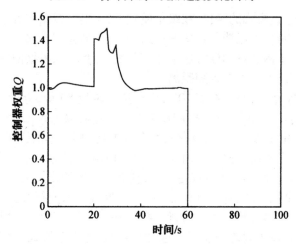

图 3.48　旁车并线工况控制器权重变化曲线

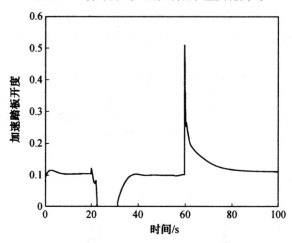

图 3.49　旁车并线工况加速踏板开度变化曲线

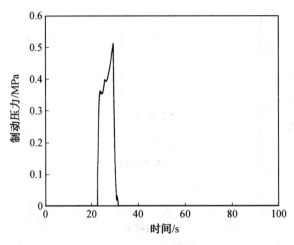

图 3.50 旁车并线工况制动压力变化曲线

针对跟车模式和巡航模式的解释:在跟车模式下,车辆会根据前方车辆的速度和间距自动调整速度和跟随距离,以保持一定的安全跟随距离,在巡航模式下,驾驶人可以设定一个期望的巡航速度,车辆会自动保持这个速度行驶,并且可以根据前方车辆的速度和间距自动调整巡航速度,以保持安全跟随距离。

本车初始跟随前车稳态行驶,在第 10 s,旁车道车辆以 80 km/h 的车速切入本车道,并位于本车和前车之间,因此本车更换跟踪目标,并随后以 1.5 m/s² 的减速度减速至 60 km/h。这段时间,由于跟随目标的更换,本车根据新的实际间距和前车车速进行车速间距的跟踪,虽然前车车速在一段时间内大于本车,但由于间距误差一直较大,因此本车一直处于稳态跟车模式;而权重 Q 一直在增大,代表由于间距误差太大,系统优先控制安全距离以保证跟车安全性。随后前车以 1.5 m/s² 的减速度减速行驶,系统切换为减速跟车模式,权重 Q 的值继续增大到 1.5 左右,代表系统优先注重安全性;之后逐渐减速,使实际间距和本车车速达到期望间距和前车车速,切换为稳态跟车模式,权重 Q 趋近于 1,代表跟车安全性和舒适经济性并重。从整个过程可以看出,在车辆切入本车道时,本车优先保证安全性,同时也不会立即进行减速度较大的减速行为,而是逐步减速之后趋于稳态跟车,对于车速和期望间距的跟踪较好,系统可以在前车切入情况下很好地保证行车安全性。

在第 30 s,前面两车均切出本车道,此时本车前面无任何车辆,因为系统给的实际间距为 −1 m,代表前方无车,满足条件 $d_{act} > \max(1.4 d_{des}, 10)$、$v_{obj} > v_{set}$ 且 $v_{ego} > 0.95 v_{set}$ 或 $d_{act} = -1$,因此本车由跟车模式切换为巡航模式,并根据巡航期望速度逐渐加速至目标巡航车速 80 km/h,最后控制本车在此车速附近匀速行驶。

由图 3.50 可知,针对前车切入、切出工况,车辆实际加速度与期望加速度的误差很小,同时在期望加速度发生变化时,实际加速度可以快速、精确地进行跟踪,因此证明所设计的下层控制器在该工况下有较好的跟踪性和适应性。

3.7 总　　结

以 B 级燃油轿车的跟车系统为研究对象,以分层模块化处理的理念构建系统整体控制框架，并对上、下层控制器进行了设计。针对前车状况提出考虑驾驶人特性的安全距离策略，综合考虑了驾驶特性、驾驶风格和道路附着系数等因素，使其更加人性化。根据本车与前车的相关运动信息，采用模糊控制算法获取不同跟车模式。采用模型预测控制算法作为跟车控制算法，建立综合指标约束函数，针对不同跟车状态设计了 MPC 目标函数中的权重实时更新策略，进而基于前馈动力学模型和 PID 反馈实现车辆纵向跟车控制，最后基于 Simulink 和 CarSim 搭建仿真平台，对控制策略进行实验验证。实验结果表明改进算法对于不同的行车环境具有自适应辨识能力，车辆可以针对前车减速、加速、稳态行驶等工况，约束加速度的变化，有效实现了不同性能指标权重间的权衡。

第4章 正常工况下自动驾驶汽车换道规划控制

本章主要对另一种常见的驾驶决策——转向换道进行分析研究。与纵向跟驰相比,转向换道行为更复杂,其包含纵、横向运动,对本车道和相邻车道都有影响。相关研究指出,驾驶人对周围环境感知不足而进行的不合理变道是引发交通事故的重要原因之一,因此良好的换道规划与控制是提高道路安全性的有效措施。转向换道主要由换道轨迹规划及轨迹跟踪控制组成。为体现不同驾驶风格的特点,本章以平直公路换道为研究对象,以下一代仿真(next generation simulation,NGSIM)数据集为例,对其进行筛选聚类归纳,以获取不同的换道风格,并将其应用到换道轨迹规划中,然后利用实时性较好的线性二次型调节器(linear quadratic regulator,LQR)建立轨迹跟踪控制器以跟踪换道轨迹,搭建仿真平台进行仿真实验,验证理论分析的有效性。

4.1 基于五次多项式的换道轨迹规划

为实现换道阶段的轨迹规划,首先选择理想的换道轨迹。由于换道大多是在平直公路上进行的,所以换道轨迹也称为横向轨迹。国内外学者在横向轨迹规划方面做了研究,直接从横向位移函数着手,提出利用螺旋曲线、贝塞尔样条曲线或高次多项式等拟合轨迹;也有的采用积分的方式,以正弦函数作为横向加速度函数模型,进而获取变道轨迹。通过对近些年的各种变道轨迹模型进行对比,对换道轨迹规划进行综合研究,本节选用被广泛应用的五次多项式轨迹函数作为换道轨迹规划,由该函数得到的换道轨迹不仅具有三阶连续可导和曲率连续不突变的优点,还能很好地模拟实际换道轨迹,并能纵、横向解耦,其对应的公式如下:

$$y = a_0 x^5 + a_1 x^4 + a_2 x^3 + a_3 x^2 + a_4 x + a_5 \tag{4.1}$$

式中,y 为横向位移;x 为纵向位移;$a_0, a_1, a_2, a_3, a_4, a_5$ 为系数。

为求解上述轨迹函数中的未知系数,考虑到换道过程的边界条件,换道轨迹起始状态的横、纵向位置、速度、加速度表示如下:

$$\begin{cases} x(t_0) = x(t_0), \dot{x}(t_0) = v_x(t_0), \ddot{x}(t_0) = a_x(t_0) \\ y(t_0) = y(t_0), \dot{y}(t_0) = 0, \ddot{y}(t_0) = 0 \end{cases} \tag{4.2}$$

式中,$x(t_0), v_x(t_0), a_x(t_0)$ 分别为起始点处的纵向位移、纵向速度和纵向加速度;$y(t_0)$ 为起始点处的横向位移。

结束状态的横、纵向位置、速度、加速度分别为

$$\begin{cases} x(t_e) = x(t_e), \dot{x}(t_e) = v_x(t_e), \ddot{x}(t_e) = a_x(t_e) \\ y(t_e) = y(t_e), \dot{y}(t_e) = 0, \ddot{y}(t_e) = 0 \end{cases} \tag{4.3}$$

式中,$x(t_e), v_x(t_e), a_x(t_e)$ 分别为结束点处的纵向位移、纵向速度和纵向加速度;$y(t_e)$ 为

第4章 正常工况下自动驾驶汽车换道规划控制

结束点处的横向位移。

曲率 κ 的计算公式如下:

$$\kappa = \frac{\dfrac{d^2 y}{dx^2}}{\left[1+\left(\dfrac{dy}{dx}\right)^2\right]^{\frac{3}{2}}} \quad (4.4)$$

换道过程中纵向速度变化较小,假设换道过程中车速不变,换道起点和终点处的导数和曲率为0,根据起始状态和结束状态确定五次多项式的6个系数如下:

$$a_0 = a_1 = a_2 = 0,$$
$$a_3 = \frac{10 y(t_e)}{x(t_e)^3}, a_4 = \frac{-15 y(t_e)}{x(t_e)^4}, a_5 = \frac{6 y(t_e)}{x(t_e)^5} \quad (4.5)$$

则可推导出五次多项式轨迹的表达式为

$$y(x) = 10 y(t_e) \left[\frac{x}{y(t_e)}\right]^3 - 15 y(t_e) \left[\frac{x}{x(t_e)}\right]^4 + 6 y(t_e) \left[\frac{x}{x(t_e)}\right]^5 \quad (4.6)$$

转向换道可行域示意图如图4.1所示,如果不加限制,车辆在换道时满足上述公式确定的换道轨迹有无数条,需要考虑相应的约束条件,在满足需求的基础上,求取最优换道轨迹。

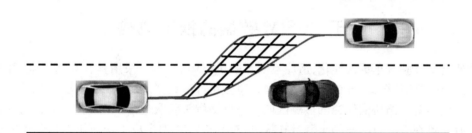

图4.1 转向换道可行域示意图

为确定最优换道轨迹,从以下多方面考虑建立成本函数进行评价。

(1) 安全性。

车辆自动换道首先需要保证与周边车辆保持安全距离以避免碰撞。要求安全性成本为本车与目标车辆之间的距离

$$\text{Safe} = \sqrt{k_x (x_{\text{ego}} - x_{\text{obj}})^2 + k_y (y_{\text{ego}} - y_{\text{obj}})^2} \quad (4.7)$$

式中,$(x_{\text{ego}}, y_{\text{ego}})$,$(x_{\text{obj}}, y_{\text{obj}})$ 分别为本车与目标车辆的坐标;k_x, k_y 分别为纵向、横向的权重。

(2) 舒适性。

换道过程中横向加速度、横向加加速度都会对乘员舒适性产生影响,为保证换道过程的舒适性,综合考虑两者建立舒适性成本函数如下:

$$\text{Comf} = \frac{\int_0^{t_e} \dddot{y}^2(t) dt}{j_{y,\max} a_{y,\max}} \quad (4.8)$$

式中,t_e 为换道时间;$\dddot{y}^2(t)$ 为轨迹函数横向时间函数的三次导数,即横向加加速度;$j_{y,\max}$

为最大横向加加速度;$a_{y,\max}$为最大横向加速度。

(3) 换道效率。

需要考虑换道行为对周边车辆的影响,换道时间越长意味着车辆压线行驶的距离越长,对周围车辆造成的压力越大,需要缩短换道时间,提高换道效率,其表达式如下:

$$\text{Eff} = \frac{x(t_e)}{w} \tag{4.9}$$

式中,w为车道宽度。

智能车辆在换道过程中应保证满足动力学要求。如果在轨迹规划阶段不满足动力学要求,将导致控制器不能有效跟踪轨迹,因此建立换道阶段的约束

$$a_y \leq a_{y,\max} \tag{4.10}$$

式中,a_y为横向加速度;$a_{y,\max}$为最大横向加速度。

综上所述,为本车的换道轨迹建立了综合评价安全性、舒适性和换道效率的成本函数。此外,对成本函数的各部分加入权重系数以满足不同驾驶风格的需要,表达式如下:

$$\text{Cost}_{LC} = w_1^{LC} \cdot \text{Safe} + w_2^{LC} \cdot \text{Comf} + w_3^{LC} \cdot \text{Eff} \tag{4.11}$$

式中,w_1^{LC},w_2^{LC},w_3^{LC}分别为评价安全性、舒适性和换道效率的权重系数。

如果对某一指标需求更高,可适当增大对应的权重系数,在计算换道成本时会更加偏向于选择该项指标较好的换道轨迹。

4.2 基于NGSIM数据的换道风格分析

为使自动驾驶汽车更人性化,适应不同驾驶风格体验,本节采用具有数据齐全、开放等特点的NGSIM数据集,该数据集是美国高速公路行车数据,覆盖了结构化道路的路口、高速上下闸道等车路协同研究的热点区域。通过摄像头获取包括US101、I-80在内的道路的所有车辆在某个时间段的车辆行驶状况,对其进行处理生成了交通流中每辆车的行驶轨迹数据。

基于NGSIM数据集,对车辆的换道轨迹数据进行分析,以获取不同换道风格特点,换道风格分析流程如图4.2所示。首先对驾驶数据集进行预处理,包括换道数据的排序、筛选和对不良数据的剔除;其次结合换道的特点提取车辆换道数据片段,使用小波降噪对车辆换道片段进行平滑处理;然后从横向运动和纵向运动两方面选择合适的数据特征参数,通过自组织特征映射网络(self-organizing feature map,SOM)完成对换道风格的聚类,最终总结出不同换道风格的特点。

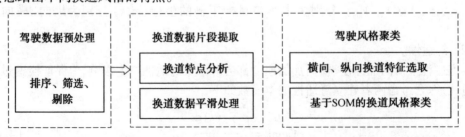

图4.2 换道风格分析流程

4.2.1 数据预处理

NGSIM 数据集是通过摄像头采集车辆轨迹数据的,该数据集每 0.1 s 采集一次研究区域内每辆车的行驶信息,数据集中各变量名称及解释见表 4.1(表中,ft 为英尺, 1 ft = 0.304 8 m)。

表 4.1 NGSIM 变量名称及解释

变量名称	单位	解释
Vehicle_ID	—	车辆编号(根据进入研究区域的时间升序排列)
Frame_ID	—	帧编号(按开始时间升序排列)
Local_X	ft	车辆前部中心的横坐标
Local_Y	ft	车辆前部中心的纵坐标
v_Class	—	车辆类型
v_Vel	ft/s	瞬时速度
v_Acc	ft/s^2	瞬时加速度
Lane_ID	—	当前车道编号
Preceding	—	同车道前方车辆编号
Following	—	同车道后方车辆编号
Space_Headway	ft	车头间距
Time_Headway	s	车头时距

本节以公路上换道为例,选择 US - 101 数据集对其进行数据分析。数据采集区域长度约为 640 m,由该部分中的 5 个干线通道组成,如图 4.3 所示。图中,1 ~ 8 为公路的车道,其中 1 ~ 5 为干线通道,6 为辅助车道,7 为入口匝道,8 为出口匝道。8 个同步的数码摄像头记录在高速公路附近通过研究区域的车辆。

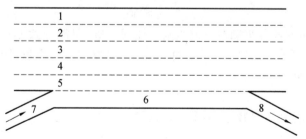

图 4.3 数据采集区域

NGSIM 数据集数据量庞大,直接提取换道数据较为困难。首先要排序和筛选有效的数据。需要注意的是,在 NGSIM 数据集中一个车辆编号不一定只对应一辆车,不能直接作为依据进行分析。考虑到在同一时间点不会出现不同车辆有相同编号的情况,可以先按照车辆编号进行排序,再按照帧编号升序进行排序,接着利用帧编号是否跳跃判断同一车辆编号对应的车辆情况,将数据集整理成所有车辆在数据收集路段上连续行驶信息的片段。

从车辆行驶数据、道路参数等信息可知,数据集中包含大量的换道样本。由于存在较多的冗余,为了得到准确的样本数据,首先剔除特殊车道数据、特殊车辆数据等不属于研究范围的数据。根据车辆换道在原始数据中的表现形式,按照如下标准进行数据筛选:

(1) 数据集记录的车辆类型有摩托车、汽车和卡车,见表4.2。摩托车和卡车在外形上与汽车有较大差距,研究方法不同,因此将后两者数据进行剔除,即

$$v\_Class = 2 \qquad (4.12)$$

表4.2 v_Class 的含义

v_Class	1	2	3
含义	摩托车	汽车	卡车

(2) 数据集当中代表车辆所在车道编号的为Lane_ID,具体信息见表4.3。其中7和8代表高速公路匝道,Lane_ID由7变到6或者由6变到8都不代表车辆完成换道,需剔除这部分数据,即

$$Lane\_ID \in [1,6] \qquad (4.13)$$

表4.3 Lane_ID 的含义

Lane_ID	1	2、3、4	5	6	7、8
含义	最左侧车道	中间车道	最右侧车道	辅助车道	匝道

(3) 经排序形成的每个单独行驶片段中至少存在一次换道,反映到数据集当中为Lane_ID 至少变化一次,即

$$Vel_{Lane\_ID} \equiv A, \quad A \in [1,6] \qquad (4.14)$$

(4) 由于本章研究高速公路平直路段上的车辆换道,因此挑选换道过程中车辆速度保持在 60 km/h 以上的换道数据。但如果直接对车速小于 60 km/h 的数据进行剔除,则会造成数据的不连续,因此在筛选时只对行驶片段中的车道编号变化处的车速进行检验,即

$$v_{LC-point} \geqslant 60 \qquad (4.15)$$

(5) 由于数据误差或者车辆在车道线附近压线行驶,可能导致 Lane_ID 在短时间内来回变化,而且车辆可能连续进行换道操作,为保证提取片段的质量,剔除同一辆车 10 s 内多次换道的数据,即

$$T_{LC-point}(i+1) - T_{LC-point}(i) \geqslant 10 \qquad (4.16)$$

另外,数据集中存在重复数据,需要进行剔除。

4.2.2 换道数据片段提取

(1) 换道特点分析。

对数据进行初步筛选和排序后,得到 177 519 条数据。其中不仅包含换道轨迹的数据,还包含换道前后的换道轨迹数据,范围较大,在不同的换道阶段运动特征不同。因此,为精确提取换道片段,先对换道过程进行分析,划分换道运动过程。典型换道运动过程如图 4.4 所示。

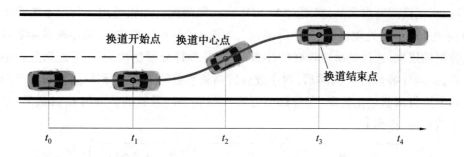

图 4.4 典型换道运动过程

① $t_0 \sim t_1$ 代表车辆换道准备阶段,此阶段车辆只做纵向运动。

② $t_1 \sim t_2$ 代表车辆前半段换道过程。其中,t_1 代表换道开始点;t_2 代表车辆到达车道中心线,Lane_ID 在此处发生变化。此阶段车辆做纵向运动和横向运动,其中横向运动为连续向左或向右行驶,车辆航向角持续增大。

③ $t_2 \sim t_3$ 代表车辆后半段换道过程,t_3 代表换道结束点。此阶段车辆做纵向运动和横向运动,其中横向运动继续,但车辆航向角持续减小,直至在 t_3 处减小到 0。

④ $t_3 \sim t_4$ 代表后续的调整过程,此阶段车辆只做纵向运动。

经过分析可知,需要提取的换道片段为 $t_1 \sim t_3$ 的两个过程,以 t_2 点作为分界。这两个过程的数据的特点是存在横向运动,而且向换道方向连续运动。依据 Lane_ID 数据对换道编号发生变化的换道点进行标注,对应换道过程分析中的 t_2 点。

以此换道点为中心,向前、向后提取数据,直至换道开始点和换道结束点。考虑到所提取数据应只反映车辆换道,设置条件以寻找换道开始和换道结束位置。结合换道过程分析,换道时车辆横向位置向一个方向连续变化,以该换道车辆横向速度越过 ±0.15 m/s 作为阈值,初步确定换道起始点和换道结束点。另外,提取过程应保证换道片段是连续的。

通过上述方式,先确定换道点,再确定开始点和结束点过程,将中间的驾驶数据提取出来即可得到车辆换道片段,共提取到 541 条换道片段。换道片段的位置分布如图 4.5 所示。

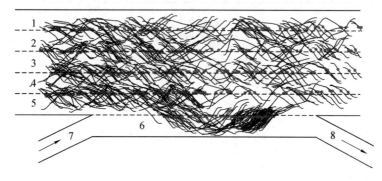

图 4.5 换道片段的位置分布

(2) 换道数据平滑处理。

由于系统误差和随机误差产生了数据噪声,具体到数据曲线上表现为毛刺和尖峰现象,在分析车辆换道特点之前,需要对 NGSIM 轨迹数据进行降噪处理。利用小波降噪对 NGSIM 换道数据进行处理,换道数据降噪过程如图 4.6 所示。首先,选择小波基函数并选定小波分解的层次,选择光滑性较好的样条曲线,并选择分解层次为 4,对数据进行小波分解计算,得到分解系数 $\omega_{j,k}$;然后,对小波分解高频系数的阈值进行量化,对每层高频系数选择阈值进行阈值量化处理(简称阈值处理),得到小波系数的估计值 $\hat{\omega}_{j,k}$;最后,进行数据的小波重构,得到 $\hat{y}_n$。

图 4.6 换道数据降噪过程

其中,阈值处理过程对降噪效果有较大影响。阈值处理有硬阈值处理与软阈值处理两种。根据上述小波降噪的步骤,选取 V31 号车辆的一段实际换道轨迹,分别使用这两种阈值量化小波降噪方法进行处理,结果如图 4.7 所示。

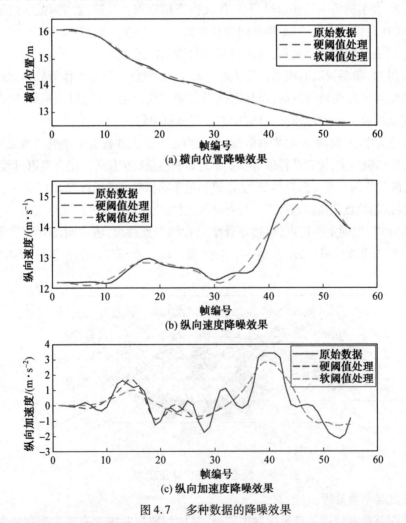

图 4.7 多种数据的降噪效果

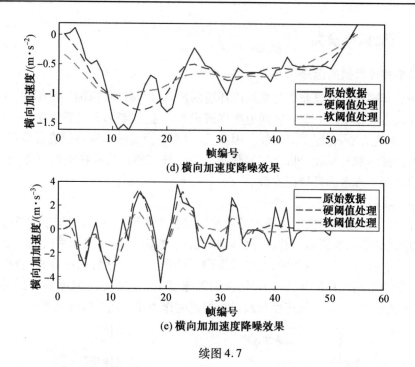

(d) 横向加速度降噪效果

(e) 横向加加速度降噪效果

续图 4.7

由图 4.7 可知,采用两种阈值处理方法的小波降噪都能起到平滑数据的作用,但是不能明显地比较出两种方法的优劣。为客观评价不同阈值处理方法对换道数据降噪的影响,引入评价指标对降噪效果进行量化。评价体现在两个方面:是否有效降低了噪声干扰;是否保证了降噪后数据的真实性。评价指标包括:

① 信噪比,定义为真实值功率与噪声功率之比,即

$$\text{SNR}(f) = 10\lg \frac{\sum_{n=1}^{N} f_n^2}{\sum_{n=1}^{N} (f_n - y_n)^2} \tag{4.17}$$

式中,f_n 为真值;y_n 为观测值。

② 均方根误差,定义为观测值与真值偏差的平方和观测次数 N 的比值的平方根,即

$$\text{RMSE}(f) = \sqrt{\frac{1}{N}\sum_{n=1}^{N}(f_n - y_n)^2} \tag{4.18}$$

其中,观测值越接近真值,信噪比越大,均方根误差越小。评价结果见表 4.4,可知硬阈值处理在信噪比方面具有优势,软阈值处理在均方根误差方面表现更好。但从降噪结果上分析,软阈值处理在平滑数据上表现更好,数据变化更缓和,更接近真实换道的过程。故采用软阈值处理对提取的所有换道轨迹数据进行降噪处理。

表 4.4 降噪效果评价结果

降噪效果评价指标	硬阈值处理	软阈值处理
SNR	6.713 8	5.759 0
RMSE	0.688 0	0.616 4

4.2.3 驾驶风格聚类

1. 换道风格特征参数的选择

驾驶人操纵车辆进行换道操作时受周围环境的影响,但是即使周围环境相同,在换道时不同的驾驶人表现也不同。如一些换道数据表现为迅速完成换道,注重效率;一些换道数据则相反,换道轨迹平顺,注重舒适性。因此,要对车辆换道的运动过程进行分析,找出已提取轨迹的特征参数与驾驶风格之间的联系。为保证完整地反映换道的特点,从横向运动和纵向运动两个方面选择特征参数。

(1) 横向运动特征参数选择。

理想情况下,车辆在平稳换道过程中横向速度符合正弦波特性,横向加速度符合余弦波特性,对应曲线如图4.8所示。通过分析可知,横向位移、换道时间和横向最大加速度三者密切相关,只需确定其中两个量,就可求得剩下的量。在选择特征参数时,将换道时间和横向最大加速度纳入特征参数。另外,横向加速度变化过快是导致乘客不适的重要原因,因此选择换道时间、横向加速度和横向加加速度作为横向运动特征参数。

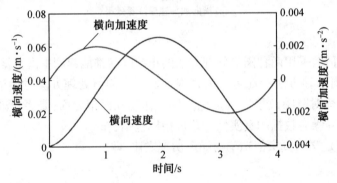

图4.8 换道横向速度和横向加速度曲线

(2) 纵向运动特征参数选择。

驾驶人换道时的最低要求是避免与周围车辆发生碰撞,为此需要与周围车辆保持纵向安全距离(longitudinal safety distance,LSD)。在NGSIM数据集中使用本车与周围车辆的车头间距和车头时距对安全距离进行衡量。根据已提取的换道轨迹数据可知在这部分不同驾驶人的区别较大,说明不同驾驶人对在换道过程中与周围车辆位置关系的考量上有较大的不同。具体表现为两个方面:一是目标车道上前后两车的车头时距(即可接受的换道间隙)大小;二是与前车的车头时距大小。

但是进一步分析数据发现,存在部分车辆在换道时前方和目标车道上没有车辆或者距离过远的现象。为此,使用换道车辆与周围车辆车头时距的平均值作为纵向运动的特征参数,以衡量驾驶人的安全认知程度。车头时距可以从数据集中获得。

2. 基于自组织映射网络的换道风格聚类

目前很多研究分析不同驾驶人的换道风格,先利用问卷调查的方法确定换道风格,再以换道风格为基础划分其他车辆。但在NGSIM数据中并不能预先知道某一部分车辆的换道风格,即便人工标定一部分车辆的换道风格,也可能由于挑选训练样本范围的不同,对最终结果产生较大的影响。因此使用 SOM 的无监督学习算法对换道数据进行聚类。采用 SOM 聚类方法不需要预先知道部分车辆的驾驶风格,而是利用相似性原则对换道风格进行划分。

SOM 是一种竞争性神经网络,其网络结构如图 4.9 所示,包含输入层和竞争层。其中,输入层接受外界信息,将输入模式传递给竞争层,为单层神经元排列;竞争层进行分析比较,寻找规律并归类,神经元之间侧向连接。输入层和竞争层通过权向量相连。

利用竞争型神经网络完成聚类的原理是竞争层中各神经元竞争对输入数据的响应。竞争的过程是计算神经元与输入数据的距离的过程,距离最短的神经元获胜,获胜神经元代表了对该输入数据的分类,然后调整权向量使神经元向输入数据靠

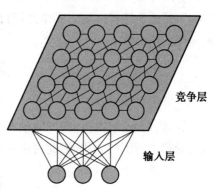

图 4.9 SOM 网络结构

拢,接着对下一输入数据进行分类,直至达成收敛条件,完成对所有输入数据的分类。

与"赢者通吃"算法的不同之处在于 SOM 神经网络算法调整权向量的方式,不仅获胜神经元需要调整权向量,其周围的神经元同样需要调整权向量。以获胜神经元为中心设定一个邻域半径,在该范围内称为优胜邻域,如图 4.10 所示。图 4.10 中,假设 13 号神经元获胜,其邻域内其他神经元根据与 13 号神经元的距离更新权向量,其中图 4.10(a) 代表邻域半径为 1 的范围,图 4.10(b) 代表邻域半径为 2 的范围。邻域半径开始时设定较大,但随训练次数的增加而减小,直至变为 0。

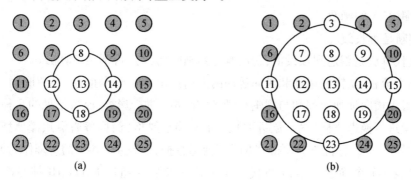

图 4.10 优胜邻域

根据上述实现原理,SOM 聚类算法流程如下:

(1) 初始化。

使用较小的随机数为输出层各权向量进行赋值和归一化处理,得到 $\hat{w}_j(j=1,2,\cdots,m)$。其中 m 为输出层神经元数量,即设定换道风格聚类的数量。设置初始优胜邻域 $N_j^*(0)$ 和学习率 α 初值。

$$\hat{w}_j = \frac{w_j}{\|w_j\|} \tag{4.19}$$

式中,w_j 为权向量;$\|w_j\|$ 为权向量欧几里得范数。

(2) 接受输入。

抽取换道轨迹样本输入网络并进行归一化处理,得到 $\hat{X}^p(p=1,2,\cdots,n)$,其中 n 为输入层神经元的个数。

$$\hat{X}^p = \frac{X^p}{\|X^p\|} \tag{4.20}$$

(3) 寻找获胜节点。

计算 X^p 与 w_j 的内积,内积值最大的输出神经元作为获胜神经元 j^*。由于输入样本与权向量都进行了归一化,因此可由求内积转化到求欧氏距离 d_j

$$d_j = \hat{X} - \hat{w}_j = \sqrt{\sum_{j=1}^{m}[\hat{X} - \hat{w}_j]^2} \tag{4.21}$$

(4) 定义优胜邻域。

以 j^* 为中心确定 t 时刻优胜邻域 $N_j^*(t)$,初始的 $N_j^*(0)$ 范围较大,后续范围逐渐缩小。

(5) 更新权值。

更新获胜神经元 j^* 及其邻域内其他神经元的权值。与获胜神经元 j^* 的拓扑距离越近,权值调整力度越大

$$w_{ij}(t+1) = w_{ij}(t) + \alpha(t,N)[x_i^p - w_{ij}(t)], \quad i=1,2,\cdots,n, \quad j \in N_j^*(t) \tag{4.22}$$

式中,$w_{ij}(t)$ 为输入神经元 i 和输出神经元 j 在 t 时刻的权值;$\alpha(t,N)$ 为学习率,是训练时间 t 和拓扑距离 N 的函数。

(6) 判断是否收敛。

判断迭代算法是否达到预设值,若没有达到则回到(2),否则结束算法。

根据以上流程,从横向运动和纵向运动两方面选出 4 个样本指标(换道时间、最大横向加速度、最大横向加加速度和与周围车辆平均时距)进行聚类,反映常见的 3 种驾驶换道风格,即激进型换道风格(简称激进型)、普通型换道风格(简称普通型)、谨慎型换道风格(简称谨慎型)。通过轨迹提取得到 541 组换道数据,生成 4×541 的矩阵作为输入,其中 541 列代表 541 个换道样本,4 行代表 4 个特征参数。通过 MATLAB 神经网络函数 selfrogmap 进行神经网络结构的创建。将以上数据划分成 3 类时,设置竞争层为 1×3 的六边形拓扑结构,网络的输入层包含 3 个神经元节点。通过 SOM 聚类算法对输入样本进行训练后,得到聚类结果如图 4.11 所示。换道风格分为 3 类,分别有 272 个、196 个和 73 个换道样本。

聚类完成后通过将向量表示的类别转化为标量,得到所有样本对应的分类标签。对具有相同标签的样本进行换道时间、横向加速度、横向加加速度和平均时距方面的分析。各类型结果参数见表 4.5。

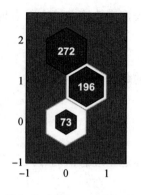

(a) 划分到不同神经元的样本数量

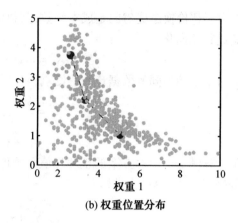

(b) 权重位置分布

图 4.11　聚类结果

表 4.5　各类型结果参数

类型	数量/个	换道时间/s	最大横向加速度/(m·s⁻²)	最大横向加加速度/(m·s⁻³)	平均时距/s
激进型	73	2.55	3.68	5.85	1.61
普通型	272	3.31	2.22	3.62	1.62
谨慎型	196	5.05	1.05	1.17	1.77

其中被划分到激进型的样本数量最少,换道时间最短,说明该类型注重换道效率;最大横向加速度和最大横向加加速度最大,说明该类型不注重换道过程的舒适性;平均时距在 3 种类型中最小,说明对驾驶安全性不敏感。谨慎型则相反,换道时间长,最大横向加速度和最大横向加加速度最小,平均时距最大,说明该类型注重驾驶安全性和舒适性,对换道效率不敏感。普通型则位于两者之间,各项指标均不突出。

由于美国和我国的国情、行驶环境、法律法规等有一定的差别,以上换道时间、横向加速度等数据可作为我国换道轨迹规划的参考,在制定换道规划时,为了保证换道的安全性,提高换道舒适性,应对换道时间和最大横向加速度进行适当的调整。

4.2.4　考虑换道风格的横向轨迹

上述换道轨迹规划的 3 个成本指标不属于同一类型,不能直接计算出换道轨迹的评价得分。针对此问题,运用 TOPSIS 算法将换道中的多目标优化问题转化为一个多属性决策问题,算法流程如图 4.12 所示。通过决策得到最优参数 t_e,对应为换道的最优轨迹。

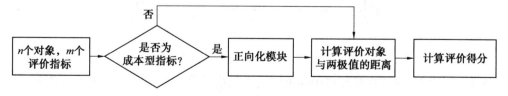

图 4.12　TOPSIS 算法流程

(1) 由于评价换道优劣的是成本函数,其数值越大代表换道轨迹在该方面表现越差,因此对其进行正向化

$$X_i = \max - x_i \tag{4.23}$$

(2) 为了消除不同的数据量纲的影响,对已经正向化的数据进行标准化

$$z_{ij} = \frac{x_{ij}}{\sqrt{\sum_{i=1}^{n} x_{ij}^2}} \tag{4.24}$$

(3) 计算满足约束的方案的正理想值和负理想值,越靠近正理想值的方案得分越高,根据得分确定最优方案,公式如下:

$$S_i = \frac{\sqrt{\sum_{j=1}^{m}(z_j^- - z_{ij})^2}}{\sqrt{\sum_{j=1}^{m}(z_j^+ - z_{ij})^2} + \sqrt{\sum_{j=1}^{m}(z_j^- - z_{ij})^2}} \tag{4.25}$$

根据换道风格分为激进型、普通型和谨慎型,通过改变3个成本函数对应的权重系数可实现个性化的换道轨迹,依据上面分析的不同换道风格对应的换道时间、横向加速度等参数,分析不同风格对应的偏好,结合相关文献,各类换道风格权重设置见表4.6。

表4.6 各类换道风格权重设置

换道风格	w_1^{LC}	w_2^{LC}	w_3^{LC}
谨慎型	0.45	0.45	0.1
普通型	0.4	0.4	0.2
激进型	0.3	0.3	0.4

以车速为30 m/s(108 km/h)为例进行说明,横向位移设置为高速公路车道宽3.75 m。由于换道时间绝大多数集中在2~10 s,因此每隔0.1 s对2~10 s内所有换道轨迹进行评价,不同驾驶风格的换道轨迹评分如图4.13所示。

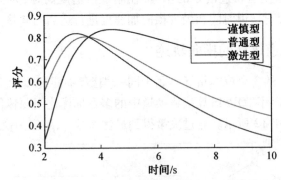

图4.13 不同换道风格换道轨迹评分

图4.13表明了在该驾驶环境中谨慎型换道风格的最佳换道时间为4.5 s,普通型换道风格的最佳换道时间为3.6 s,激进型换道风格的最佳换道时间为3.2 s。由最佳换道时间可计算出对应的换道轨迹,如图4.14所示。

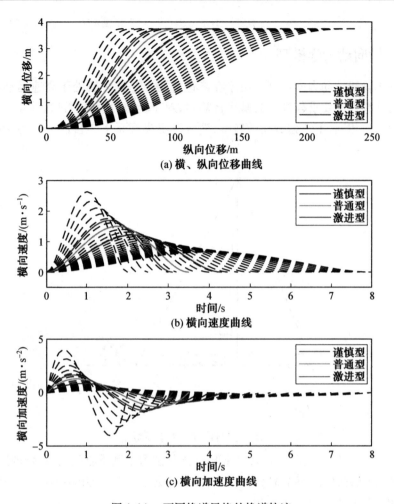

图 4.14 不同换道风格的换道轨迹

由图 4.14(a)可知,激进型、普通型和谨慎型的纵向位移依次增大,分别为 96 m、108 m 和 135 m。

由图 4.14(b)可知,换道过程中横向速度先增大后减小,其中激进型在 1.5 s 达到最大速度,为 1.6 m/s;普通型在 1.85 s 达到最大速度,为 1.45 m/s;谨慎型在 2.1 s 达到最大速度,为 1.2 m/s。

由图 4.14(c)可知横向加速度曲线先增大到最大值,然后逐渐下降到最小值,最后回落到 0,其中激进型在 0.8 s 达到最大横向加速度,为 1.7 m/s²;普通型在 0.9 s 达到最大横向加速度,为 1.3 m/s²;谨慎型在 1 s 达到最大横向加速度,为 0.87 m/s²。

4.3 基于 LQR 的横向控制算法

对于换道轨迹的跟踪控制算法,基于最优控制理论的方法在求解实时性方面更有优势,其中 LQR 控制器应用较广。本节采用带前馈的 LQR 方法,以保证智能车辆在换道阶段轨迹跟踪的精度和稳定性,主要分为横向动力学模型、误差分析、反馈控制、前馈控制四个部分。

4.3.1 横向动力学模型

首先建立车辆线性动力学模型。由于在高速公路上车辆一般处于高速运动状态,因此对控制器的计算效率要求较高。为减少计算量,对车辆动力学模型进行简化,假设车辆两侧转向轮的转角相同,不考虑载荷的转移,建立车身坐标系下二自由度动力学模型,如图 4.15 所示。

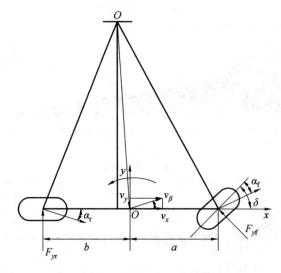

图 4.15 二自由度动力学模型

图 4.15 中,v_y 为横向速度;v_x 为纵向速度;a、b 分别为车辆质心到前、后轴的距离;F_{yf}、F_{yr} 分别为前轮和后轮所受的侧向力;α_f、α_r 分别为前轮和后轮的侧偏角;δ 为车轮转角。

根据达朗贝尔原理建立平衡方程

$$\begin{cases} ma_y = F_{yf}\cos\delta + F_{yr} \\ I\ddot{\varphi} = aF_{yf}\cos\delta - bF_{yr} \end{cases} \tag{4.26}$$

式中,a_y 为横向加速度;m 为车辆质量;I 为车辆转动惯量;$\ddot{\varphi}$ 为车身纵轴线和大地坐标系 x 轴夹角。

由于为正常工况下的换道,前轮转角较小,轮胎处于线性状态,侧偏力和侧偏角之间关系可用下式表示:

$$F_y = C\alpha \tag{4.27}$$

式中,F_y 为轮胎所受侧偏力;α 为轮胎的侧偏角;C 为侧偏刚度。由于侧偏力与侧偏角方向相反,因此侧偏刚度为负值。

车辆在高速行驶过程中进行换道时为保证行驶稳定,前轮转角较小。因此,结合式(4.27) 对式(4.26) 进行简化

$$\begin{cases} ma_y = C_{\alpha f}\alpha_f + C_{\alpha r}\alpha_r \\ I\ddot{\varphi} = aC_{\alpha f}\alpha_f - bC_{\alpha r}\alpha_r \end{cases} \tag{4.28}$$

式中,$C_{\alpha f}$,$C_{\alpha r}$ 分别为前轮、后轮的侧偏刚度。

车身坐标系下,满足

$$\begin{cases} v_y = \dot{y} \\ a_y = \ddot{y} + v_x \dot{\varphi} \end{cases} \quad (4.29)$$

结合运动学分析可得

$$\begin{cases} \alpha_r = \dfrac{v_y - \dot{\varphi} b}{v_x} \\ \alpha_f = \dfrac{\dot{\varphi} a + v_y}{v_x} - \delta \end{cases} \quad (4.30)$$

将式(4.29)和式(4.30)代入式(4.28)中,可得车辆二自由度动力学模型的微分方程

$$\begin{pmatrix} \ddot{y} \\ \ddot{\varphi} \end{pmatrix} = \begin{pmatrix} \dfrac{C_{\alpha f} + C_{\alpha r}}{m v_x} & \dfrac{a C_{\alpha f} - b C_{\alpha r}}{m v_x} - v_x \\ \dfrac{a C_{\alpha f} - b C_{\alpha r}}{I v_x} & \dfrac{a^2 C_{\alpha f} + b^2 C_{\alpha r}}{I v_x} \end{pmatrix} \begin{pmatrix} \dot{y} \\ \dot{\varphi} \end{pmatrix} + \begin{pmatrix} -\dfrac{C_{\alpha f}}{m} \\ -\dfrac{a C_{\alpha f}}{I} \end{pmatrix} \delta \quad (4.31)$$

4.3.2 横向轨迹跟踪误差分析

智能车辆在跟踪换道轨迹时存在平面移动和平面转动两种运动,其真实位置不可避免地与期望轨迹之间存在误差,轨迹跟踪误差示意图如图 4.16 所示。误差表现在两方面:一是位移偏差 e_d,即车辆质心到轨迹的投影点上的位移偏差;二是航向角偏差 e_φ,即车辆实际航向角与轨迹规划的航向角之间的偏差。

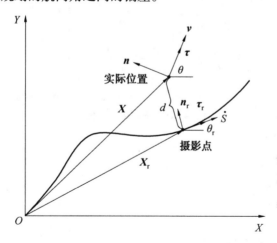

图 4.16 轨迹跟踪误差示意图

图中,d 为位置误差;v 为实际速度;τ,n 为实际轨迹的单位切向量和法向量;θ 为实际航向角;$\dot{S}$ 为投影的速度;τ_r,n_r 为投影点处的单位切向量和法向量;θ_r 为规划轨迹在投影点处的航向角;X 为车辆的真实位置矢量;X_r 为投影点的位置矢量。

由图可知,位移误差为

$$e_d = (X - X_r) n_r \tag{4.32}$$

对式(4.32)进行求导,并结合两位置矢量及投影点处法向量求导结果有

$$\dot{e}_d = |v| \sin(\theta - \theta_r) \tag{4.33}$$

由 $\theta = \varphi + \beta$,进一步简化

$$\dot{e}_d = v_y + v_x \varphi - \theta_r \tag{4.34}$$

令 $e_\varphi = \varphi - \theta_r$,因此

$$\begin{cases} v_y = \dot{e}_d - v_x e_\varphi \\ \dot{v}_y = \ddot{e}_d - v_x \dot{e}_\varphi \\ \dot{\varphi} = \dot{e}_\varphi + \dot{\theta}_r \\ \ddot{\varphi} = \ddot{e}_\varphi \end{cases} \tag{4.35}$$

将式(4.34)、式(4.35)代入二自由度动力学模型中,可得

$$\begin{pmatrix} \dot{e}_d \\ \ddot{e}_d \\ \dot{e}_\varphi \\ \ddot{e}_\varphi \end{pmatrix} = \begin{pmatrix} 0 & 1 & 0 & 0 \\ 0 & \dfrac{C_{\alpha f} + C_{\alpha r}}{m v_x} & -\dfrac{C_{\alpha f} + C_{\alpha r}}{m} & \dfrac{aC_{\alpha f} - bC_{\alpha r}}{m v_x} \\ 0 & 0 & 0 & 1 \\ 0 & \dfrac{aC_{\alpha f} - bC_{\alpha r}}{I v_x} & -\dfrac{aC_{\alpha f} - bC_{\alpha r}}{I} & \dfrac{a^2 C_{\alpha f} + b^2 C_{\alpha r}}{I v_x} \end{pmatrix} \begin{pmatrix} e_d \\ \dot{e}_d \\ e_\varphi \\ \dot{e}_\varphi \end{pmatrix} +$$

$$\begin{pmatrix} 0 \\ -\dfrac{C_{\alpha f}}{m} \\ 0 \\ -\dfrac{aC_{\alpha f}}{I} \end{pmatrix} \delta + \begin{pmatrix} 0 \\ \dfrac{aC_{\alpha f} - bC_{\alpha r}}{m v_x} - v_x \\ 0 \\ \dfrac{a^2 C_{\alpha f} + b^2 C_{\alpha r}}{I v_x} \end{pmatrix} \dot{\theta}_r \tag{4.36}$$

式(4.36)可表示为

$$\dot{e}_{rr} = A e_{rr} + B u + C \dot{\theta}_r \tag{4.37}$$

式中,$e_{rr} = \begin{pmatrix} e_d \\ \dot{e}_d \\ e_\varphi \\ \dot{e}_\varphi \end{pmatrix}$;$\dot{e}_{rr} = \begin{pmatrix} \dot{e}_d \\ \ddot{e}_d \\ \dot{e}_\varphi \\ \ddot{e}_\varphi \end{pmatrix}$。

4.3.3 反馈控制计算

公式(4.37)为控制算法的基础,实际应用中车辆通过控制前轮转角对跟踪误差进行控制,进而控制车辆沿着规划的轨迹行驶。而建立的微分方程中只有 u 是能控制的,为解决控制问题,将微分方程的 $C\dot{\theta}_r$ 忽略,先建立反馈控制器。产生的稳定误差利用前馈控制

进行补充,则线性微分方程

$$\dot{e}_{rr} = Ae_{rr} + Bu \tag{4.38}$$

对式(4.38)进行离散化处理,在 t 到 $t + \mathrm{d}t$ 上积分,$\mathrm{d}t$ 为控制周期,因此

$$\int_{t}^{t+\mathrm{d}t} \dot{e}_{rr} \mathrm{d}t = \int_{t}^{t+\mathrm{d}t} (Ae_{rr} + Bu) \mathrm{d}t \tag{4.39}$$

由积分中值定理,式(4.39)化为

$$e_{rr}(t + \mathrm{d}t) - e_{rr}(t) = Ae_{rr}(\xi)\mathrm{d}t + Bu(\xi)\mathrm{d}t \tag{4.40}$$

式中,ξ 为 $(t, t + \mathrm{d}t)$ 区间内某一值。

然后用欧拉法对 ξ 近似。因为 $\mathrm{d}t$ 在实际中较小,在此取 0.01,产生的误差很小,采用近似的方法不会对跟踪效果产生很大影响,公式如下:

$$e_{rr}(t + \mathrm{d}t) = A\left(\frac{e_{rr}(t + \mathrm{d}t) + e_{rr}(t)}{2}\right)\mathrm{d}t + Bu(t)\mathrm{d}t + e_{rr}(t) \tag{4.41}$$

进一步化简得到

$$e_{rr}(t + \mathrm{d}t) = \left(I - \frac{A\mathrm{d}t}{2}\right)^{-1} \left(I + \frac{A\mathrm{d}t}{2}\right) e_{rr}(t) + Bu(t)\mathrm{d}t \tag{4.42}$$

令 $t = k, t + \mathrm{d}t = k + 1$,式(4.42)可化为

$$X(k+1) = \overline{A}X(k) + \overline{B}u(k) \tag{4.43}$$

式中,$\overline{A} = \left(I - \frac{A\mathrm{d}t}{2}\right)^{-1} \left(I + \frac{A\mathrm{d}t}{2}\right)$;$\overline{B} = B\mathrm{d}t$。

LQR 横向控制就是寻找最优控制律使得如下性能函数取得最小值:

$$J = \frac{1}{2}\int_{0}^{\infty} \left[e^{\mathrm{T}}(t)Qe(t) + U^{\mathrm{T}}(t)Ru(t) \right] \mathrm{d}t \tag{4.44}$$

式中,Q, R 为控制器的加权矩阵。

经过多次仿真验证确定 Q、R 的取值为

$$Q = \begin{bmatrix} 20 & 0 & 0 & 0 \\ 0 & 1 & 0 & 0 \\ 0 & 0 & 4 & 0 \\ 0 & 0 & 0 & 1 \end{bmatrix}, \quad R = 5 \tag{4.45}$$

最优反馈控制律中的状态反馈量为

$$K = R + (B^{\mathrm{T}}P_{k+1}B)^{-1}B^{\mathrm{T}}P_{k+1}A \tag{4.46}$$

式中,P_{k+1} 为 Riccati 方程 $P = Q + A^{\mathrm{T}}P(I + BR^{-1}B^{\mathrm{T}}P)^{-1}A$ 的解。

因此,基于反馈控制的控制量为

$$u(k) = -Ke_{rr}(k) \tag{4.47}$$

4.3.4 前馈控制计算

需要引入前馈控制消除误差控制微分方程最后一项带来的误差,则为

$$u = -Ke_{rr} + \delta_{f} \tag{4.48}$$

代入控制微分方程,达到稳定后误差导数为 0,可得稳定误差为

$$e_{rr} = -(A - BK)^{-1}(B\delta_{f} + C\dot{\theta}_{r}) \tag{4.49}$$

将 A、B、C、K 展开进一步化为

$$e_{rr} = \begin{pmatrix} \dfrac{1}{K_1}\left\{\delta_f - \dfrac{\dot{\theta}_r}{v_x}\left[a + b - bK_3 - \dfrac{mv_x^2}{a+b}\left(\dfrac{b}{C_f} + \dfrac{a}{C_r}K_3 - \dfrac{a}{C_r}\right)\right]\right\} \\ 0 \\ -\dfrac{\dot{\theta}_r}{v_x}\left(b + \dfrac{a}{a+b}\dfrac{mv_x^2}{C_{\alpha r}}\right) \\ 0 \end{pmatrix} \quad (4.50)$$

为使稳态误差尽可能为零,δ_f 为

$$\delta_f = \dfrac{\dot{\theta}_r}{v_x}\left[a + b - bK_3 - \dfrac{mv_x^2}{a+b}\left(\dfrac{b}{C_{\alpha f}} + \dfrac{a}{C_{\alpha r}}K_3 - \dfrac{a}{C_{\alpha r}}\right)\right] \quad (4.51)$$

式中,K_3 为状态反馈量中的第三项。

4.4 换道轨迹规划与跟踪控制仿真分析

为实现个性化换道,结合车辆换道的运动过程提取轨迹数据,通过自组织特征映射网络对轨迹数据进行聚类,在分析聚类结果的基础上得到不同类型换道风格的特点。针对不同换道风格规划出横向轨迹并基于LQR实现横向跟踪控制,搭建Simulink和CarSim的联合仿真平台对换道场景进行仿真分析。

在CarSim中设置车辆参数,并调整仿真环境,通过设置输入、输出通道,将CarSim车辆的实时参数输出到Simulink中;基于控制算法在Simulink搭建的控制模型,根据车辆实时参数与规划轨迹的信息计算控制量,并输出到CarSim中,实现对车辆的控制。仿真时道路设置为双车道平直道路,附着系数为0.85。

4.4.1 换道场景设置

由于不同的场景换道大同小异,本节以一高速公路的平直路段作为实例进行说明。高速公路换道场景参数设置如图4.17所示,换道车辆行驶在右侧车道,由于在左侧车道有速度优势而产生换道意图,而且有充足的换道空间。先进行轨迹规划,然后进行轨迹跟踪控制。

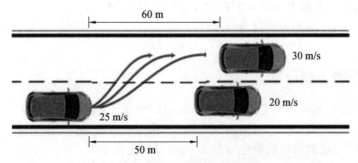

图4.17 高速公路换道场景参数设置

4.4.2 换道轨迹规划仿真

每隔 0.1 s 对所有 0~10 s 范围内的换道轨迹进行评价,部分得分见表 4.7。

表 4.7 换道场中不同换道时间对应的评价得分

换道时间 t_e/s	换道车辆指标			评分		
	安全性	舒适性	换道效率	谨慎型	普通型	激进型
2	0.121	0	0.191	0.554	0.521	0.576
3	0.119	0.083	0.167	0.605	0.603	0.632
4	0.115	0.106	0.143	0.642	0.641	0.650
4.5	0.115	0.111	0.131	0.656	0.646	0.651
5	0.112	0.115	0.119	0.667	0.654	0.644
5.1	0.112	0.115	0.117	0.674	0.655	0.641
5.6	0.111	0.118	0.105	0.678	0.651	0.629
6	0.110	0.119	0.095	0.676	0.638	0.604
7	0.108	0.121	0.071	0.674	0.602	0.552
8	0.106	0.123	0.047	0.672	0.558	0.499
9	0.104	0.123	0.023	0.667	0.515	0.454
10	0.101	0.124	0	0.659	0.478	0.423

表 4.7 显示,换道场景下谨慎型、普通型和激进型的最优换道时间分别为 5.6 s、5.1 s 和 4.5 s,对应的换道轨迹如图 4.18 所示。

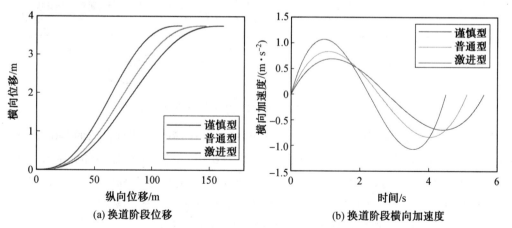

(a) 换道阶段位移　　(b) 换道阶段横向加速度

图 4.18　换道场景下的换道轨迹

由图 4.18(a)可知,谨慎型、普通型和激进型在换道阶段的位移分别为 140 m、127.5 m 和 112.5 m;图 4.18(b)显示了三种换道风格的横向加速度变化,谨慎型最大加速度为 0.69 m/s²,普通型最大加速度为 0.82 m/s²,激进型最大加速度为 1.0 m/s²。

4.4.3 换道跟踪控制仿真

1. 谨慎型换道风格的换道跟踪仿真

对谨慎型换道风格的换道轨迹进行轨迹跟踪仿真,横向轨迹跟踪结果如图 4.19 所示。

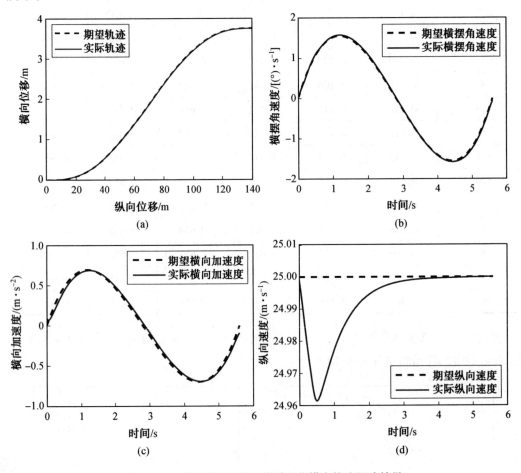

图 4.19 道场景中谨慎型换道风格横向轨迹跟踪结果

图 4.19(a) 显示,实际轨迹纵向位移为 139.38 m,与期望轨迹纵向位移的 140 m 之间差距较小;横向位移误差在换道即将结束时最大,为 0.01 m 左右;图 4.19(b) 显示,实际横摆角速度与期望横摆角速度变化基本一致;图 4.19(c) 显示,实际横向加速度与期望横向加速度变化基本一致;图 4.19(d) 显示,换道过程中车速在开始时刻存在一定误差,在 0.038 m/s 左右,但总体保持良好,车速始终保持在 25 m/s 左右。

2. 普通型换道风格的换道跟踪仿真

对普通型换道风格的换道轨迹进行轨迹跟踪仿真,横向轨迹跟踪结果如图 4.20 所示。

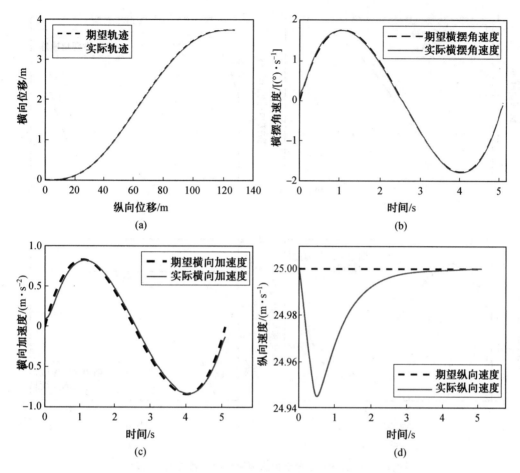

图 4.20 换道场景中普通型换道风格横向轨迹跟踪结果

图 4.20(a)显示,实际轨迹纵向位移为 127.36 m,与期望轨迹纵向位移的 127.5 m 之间差距较小;横向位移误差在换道结束时最大,为 0.02 m 左右;图 4.20(b)显示,实际横摆角速度与期望横摆角速度变化基本一致;图 4.20(c)显示,实际横向加速度与期望横向加速度变化基本一致;图 4.20(d)显示,换道过程中车速始终保持在 25 m/s 左右。

3. 激进型换道风格的换道跟踪仿真

对激进型换道风格的换道轨迹进行轨迹跟踪仿真,横向轨迹跟踪结果如图 4.21 所示。

图 4.21(a)显示,实际轨迹纵向位移为 112.35 m,与期望轨迹纵向位移的 112.5 m 之间差距较小;横向位移误差在换道即将结束时最大,为 0.03 m 左右;图 4.21(b)显示,实际横摆角速度与期望横摆角速度变化基本一致;图 4.21(c)显示,实际横向加速度与期望横向加速度变化基本一致;图 4.21(d)显示,换道过程中速度误差在 0.08 m/s 左右,但整体保持效果较好,速度始终保持在 25 m/s 左右。

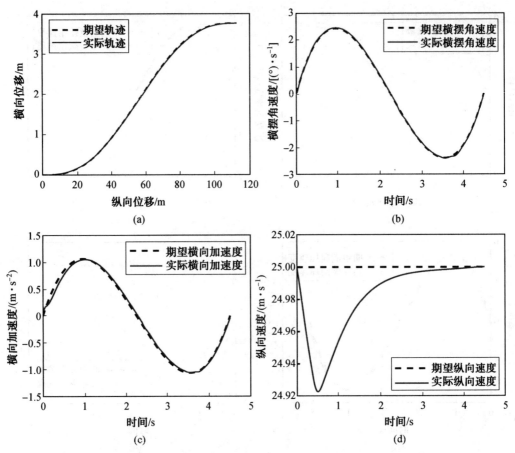

图 4.21　换道场景中激进型换道风格横向轨迹跟踪结果

不同驾驶风格轨迹跟踪仿真结果对比见表 4.8。从表 4.8 可以看出：激进型换道风格产生的换道轨迹，加速度与横摆角速度最大，舒适性差，同时仿真时轨迹误差最大，但轨迹的换道效率高；保守型换道风格产生的换道轨迹，换道时间长，加速度与横摆角速度小，舒适性好，仿真时轨迹误差小，但换道效率低；普通型换道风格产生的换道轨迹介于两者之间，兼顾了舒适性与换道效率。

综上所述，设计的横向轨迹跟踪算法对不同换道风格的换道轨迹跟踪效果良好，实现了精准、平稳的轨迹跟踪。

表 4.8　不同驾驶风格轨迹跟踪仿真结果对比

参数	谨慎型	普通型	激进型
期望纵向位移 /m	140	127.5	112.5
纵向位移误差 /m	0.12	0.14	0.15
横向位移误差 /m	0.01	0.02	0.03
换道时间 /s	5.6	5.1	4.5
最大期望横向加速度 /(m·s^{-2})	0.69	0.82	1.06

续表 4.8

参数	谨慎型	普通型	激进型
横向加速度误差/(m·s^{-2})	0.09	0.11	0.12
最大期望横摆角速度/[(°)·s^{-1}]	1.55	1.87	2.40
横摆角速度误差/[(°)·s^{-1}]	0.07	0.09	0.28
纵向速度误差/(m·s^{-1})	0.038	0.056	0.08

4.5 总　　结

本章以平直公路上的转向换道为研究对象,针对考虑乘员个性化的驾驶需求,从换道轨迹规划、换道风格分析、轨迹跟踪几个方面进行研究。建立基于五次多项式规划的横向轨迹规划模型,建立横向轨迹的成本函数和约束。对 NGSIM 数据集进行排序、筛选、降噪等处理,从横向运动和纵向运动两方面选择换道特征参数,最后通过自组织特征映射网络对换道风格进行聚类,获取不同换道风格的特点,将其应用到轨迹规划中。利用实时性较好的 LQR 控制器建立轨迹跟踪控制器以跟踪换道轨迹,通过 Simulink 和 CarSim 的联合仿真平台对换道场景的轨迹进行跟踪仿真,由仿真结果可知,建立的轨迹跟踪控制器能有效实现换道轨迹的跟踪。

第5章　紧急工况下自动驾驶汽车决策

紧急工况是指由于道路交通状况错综复杂，行车过程中突变的交通条件致使车辆避障空间不足，无法通过制动、转向等操作规避，交通事故不可避免的情况。紧急工况下的自动驾驶决策与正常工况下的决策方法类似，也是根据传感器获取周边环境信息，通过采取某种行为决策，尽可能地降低损失。本章主要从两个方面进行分析：首先针对不涉及法律、道德的工况，以最小碰撞损失为目标进行决策，根据驾驶事故数据，建立碰撞损失预测模型，比较不同决策下的碰撞损失，进而选出最优决策；然后对道德困境下的决策进行初探，以一典型"鬼探头"场景，分析讨论法律、道德因素对驾驶决策的影响。

5.1　紧急工况下自动驾驶汽车决策分析

在紧急工况下，由于受时间、空间及驾驶人自身因素（驾驶经验、技巧、环境认知等）的影响，除非是经验丰富的驾驶人，否则很难做出最优决策。经验丰富的驾驶人通常需要先观察和判断当前的场景特征，根据自身积累的经验知识，权衡碰撞目标的风险程度或事故严重程度，进而做出碰撞损失最小、规避动作简单、符合道德准则的驾驶决策，如制动、转向或者制动+转向。为使自动驾驶汽车决策符合人的需求，需要学习经验丰富的驾驶人决策知识。

5.1.1　碰撞损失最小决策原则

在决策不违反法律、道德的情况下，自动驾驶汽车以碰撞损失最小为目标进行决策，其决策分析流程如图5.1所示。当自动驾驶汽车遭遇紧急工况时，首先对通过环境感知系统（高清地图、摄像头、激光雷达、毫米波雷达、差分全球定位系统等设备）采集的自车、周围车辆、道路环境、行人、交通控制系统等数据进行提取、筛选、融合等处理，以获取碰撞损失分析模块所需的输入变量；调用不同碰撞决策方式对应的碰撞损失严重性分析模块，进而输出不同决策方式对应的碰撞损失程度，以供车辆碰撞决策模型进行对比分析，从而输出碰撞损失严重性最小的最优应急决策，控制系统接收到决策模型的决策指令后，根据周围环境信息进行避险路径规划，进而控制车辆的决策执行系统（包括线程制动和驱动、线性转向、自动变速器及底盘一体化控制等）对规划的运动（速度、轨迹等）进行精准跟踪，完成避险。

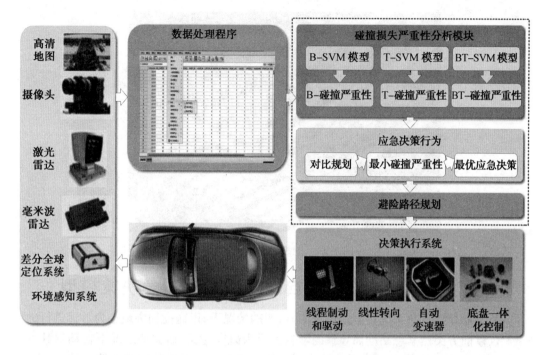

图 5.1　自动驾驶汽车紧急工况下碰撞损失最小的决策分析流程

5.1.2　道德困境决策探讨

如果碰撞损失最小的决策算法和法律、道德等因素冲突,驾驶决策可能陷入无所适从的道德困境。因为自动驾驶汽车的决策系统是事先设定好的,类比著名的"电车难题",当汽车一定会撞人时,左边是一个遵守规则的人,前面是五个不遵守规则的人,这种情况下该如何抉择?目前自动驾驶最大的障碍不是技术问题,而是法律、道德问题,其可能导致自动驾驶汽车无法大规模推广使用。

目前道德困境下的决策原则主要有义务论和后果论。义务论从行为出发,主张行为的正当性来自行为本身是否符合道德标准;后果论则从决策的后果出发,根据后果的不同分为利己主义、利他主义、功利主义,由于功利主义的主要思想是提倡多数人获得最大幸福,因此相较于义务论,功利主义原则被越来越多地用于解决道德困境;但功利主义原则忽视了个体是否遵守法律,如为保护数量多的参与者而牺牲无辜且遵守法律的个体,可能会对社会造成不良影响。

由于道德困境下的驾驶决策没有定论,因此本章为探讨道德困境下的决策问题,以一典型"鬼探头"场景为例(图 5.2),通过设置不同的道德、法律影响因素,建立不同场景,在驾驶模拟器上进行实验,对采集的数据进行分析处理,讨论驾驶决策的优劣,为建立道德困境下的决策模型奠定基础。

图 5.2　道德困境决策探讨

5.2　基于优化 SVM 的自动驾驶汽车紧急决策模型

本节主要介绍紧急工况在不违反法律、道德的情况下,以碰撞损失最小为目标进行的决策。仅以前方突然紧急制动而导致的紧急工况为研究对象,研究该工况下自动驾驶汽车如何采取合理措施使得碰撞严重性降到最低。紧急工况下在的应急决策主要包括制动、转向及制动 + 转向三种,如图 5.3 所示。针对每种紧急决策(制动、转向及制动 + 转向)为自动驾驶汽车建立碰撞严重性预测模型,使得车辆通过预测并对比每种紧急决策对应的碰撞严重性,进而做出碰撞严重性最低的驾驶决策。这里仍使用前面介绍的 SVM 算法建立碰撞严重性预测模型。

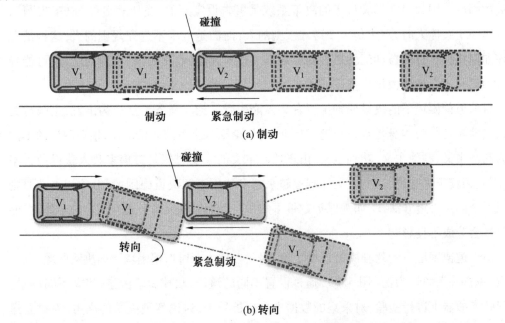

图 5.3　紧急工况下三种紧急决策的碰撞场景(V_1 指自动驾驶汽车;V_2 指紧急制动车辆)

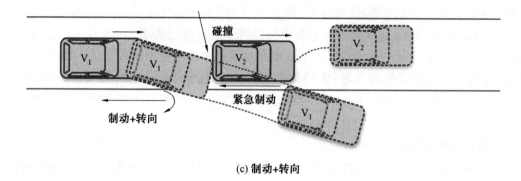

(c) 制动+转向

续图 5.3

结合国内外事故严重程度分类标准及采集到的碰撞事故数据,本章将碰撞严重性分为轻微、严重和恶性。其中轻微碰撞是指仅造成财产损失的事故;严重碰撞是指事故中人员受伤、致残或者其他器官受到重大伤害的事故;恶性碰撞是指有人员死亡的事故。在模型训练时将碰撞严重性分别分为三组,即轻微和严重、轻微和恶性、严重和恶性,自动驾驶汽车碰撞严重性预测 SVM 二分类器如图 5.4 所示。对模型进行训练后,每种应急决策对应的碰撞严重性预测模型会得到三个 SVM 二分类训练模型。测试时使用三个 SVM 二分类训练模型对每个样本进行分类,然后选取分类结果中数量最多的那一类作为该样本的类别。

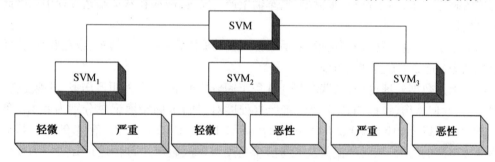

图 5.4 自动驾驶汽车碰撞严重性预测 SVM 二分类器

5.2.1 碰撞事故数据获取及处理分析

1. 车辆碰撞事故数据描述

在本研究中,车辆碰撞数据来自美国交通部建立的国家机动车事故抽样系统(national automotive sampling system, NASS)数据库系统中的一般事故估计系统(general estimates system, GES)数据集,该系统具有一定的权威性及代表性,包括警方记录的从轻微到恶性的所有类型的机动车碰撞事故样本,主要包括事故发生时的交通场景,涉及车辆、驾驶人、道路、天气等相关信息,数据非常全面。该系统创建的目的是研究交通安全问题,许多汽车主动安全领域的专家将其用于汽车碰撞分析和预测。

GES 数据集主要由 3 个子数据集组成,即事故、车辆和碰撞参与者数据集。事故数据集包括道路状况、环境状况和其他与事故有关的特征变量;车辆数据集包括所涉及车辆的大量特征变量,如碰撞前的车速、车辆试图避免碰撞的决策、车型、车辆生产厂家等;而碰撞参与者数据集包括参与成员(驾驶人、乘客、行人等)的大量特征变量,如碰撞伤害的严重程度、年龄和性别等。这3个子数据集中包含的每条碰撞记录都由一个统一的编号进行匹配。事故中所涉及的最大伤害严重程度是本研究中预测模型的因变量。在GES数据集中,伤害严重程度分为5种:无明显伤害(no apparent injury)、可能受伤(possible injury)、疑似轻伤(suspected minor injury)、疑似重伤(suspected serious injury)和致命伤亡(fatal)。

2. 碰撞事故数据筛选过程

为了保证碰撞严重性预测模型的精确性和可靠性,对碰撞事故数据进行进一步的筛选处理,过程如下所示。

(1) GES数据集中包含了多种碰撞类型的事故记录,如单车碰撞、两车碰撞及多车碰撞等,且在两车碰撞中包含多种车辆类型的事故记录。本章仅研究城市道路环境下同车道前后相邻两车碰撞的碰撞机理,且该自动驾驶汽车为标准小客车,故仅从GES数据集中提取城市道路环境下前方紧急制动造成的同车道前后两车碰撞工况的碰撞事故记录。

(2) 为了保证模型的准确性,在数据处理过程中需要剔除碰撞特征记录缺失或者错误的碰撞记录,以获取完整、准确的模型学习数据集。

(3) 虽然GES数据集中记录的碰撞特征变量较齐全,但其中存在许多与碰撞严重程度无关的碰撞记录,如车牌号、车辆型号、车辆生产厂家等,故应在数据筛选过程中剔除此类无关变量。

(4) 此外,从碰撞数据集中剔除新手驾驶人及其他因素(如醉酒驾车、吸毒驾车、违反交通规则等)造成的碰撞事故记录。

经过上述数据处理过程,共获取15 164条车辆碰撞记录,其中无明显伤害、可能受伤、疑似轻伤、疑似重伤、致命伤亡5种伤害严重程度对应的车辆碰撞记录分别为8 218条(54.2%)、2 517条(16.6%)、2 547条(16.8%)、1 137条(7.5%)、743条(4.9%)。根据车辆碰撞事故的后果,从财产损失及人身安全角度对事故碰撞严重性进行分类。为强调碰撞后的人身安全,将碰撞严重程度归为3类:轻微碰撞(无明显伤害,54.2%)、严重碰撞(可能受伤、疑似轻伤,33.4%)、恶性碰撞(疑似重伤、致命伤亡,12.4%)。车辆碰撞严重性相关变量定义和解释表见表5.1。

表5.1　车辆碰撞严重性相关变量定义和解释表

变量编码	符号	描述	数据类型	描述性统计*
MAXSEV_IM	y	最大碰撞程度	Nominal	轻微碰撞:-1/54.2%;严重碰撞:0/33.4%;恶性碰撞:1/12.4%
AVOI_MAN	z	车辆紧急决策	Nominal	制动:0/58.7%;转向:1/18.4%;制动+转向:2/22.9%
REL_SPEED	x_1	两车相对车速/(m·h^{-1})	Numeric	36.72(15.55)
GVWR	x_2	前车总质量	Nominal	≤10 000 lbs(磅,1 lb = 0.454 kg):0/64.0%;10 001~26 000 lbs:1/22.3%;≥26 001 lbs:2/13.7%

续表 5.1

变量编码	符号	描述	数据类型	描述性统计*
BODY_TYP	x_3	前车类型	Nominal	标准小汽车:0/77.9%;公交车:1/14.6%;摩托车:2/5%;中、重型卡车:3/2.5%;
SPEEDREL	x_4	前车超速情况	Binary	无:0/73.4%;有:1/26.6%
DAY_WEEK	x_5	碰撞发生日期	Nominal	工作日:0/75.3%;休息日:1/24.7%
HOUR_IM	x_6	碰撞时间点	Nominal	6:00AM—9:59AM:0/12.7%;10:00AM—2:59PM:1/22.1%;3:00PM—5:59PM:2/19.8%;6:00PM—8:59PM:3/20.9%;9:00PM—5:59AM:4/24.5%
LGTCON_IM	x_7	光照条件	Nominal	白天:0/53.8%;黎明或黄昏:1/3.8%;夜晚(有灯光):2/23.1%;夜晚(无灯光):3/19.3%
WEATHR_IM	x_8	天气条件	Nominal	晴天或多云:0/73.2%;雾天:1/8.7%;雨天:2/17.0%;雪天:3/0.8%;有风:4/0.3%
VTRAFWAY	x_9	车道类型	Nominal	单车道:0/7.0%;双车道无隔离带:1/76.6%;双车道有隔离带:2/16.4%
VNUM_LAN	x_{10}	车道数量	Numeric	3.07(1.32)
VALIGN	x_{11}	车道曲率	Nominal	直路:0/81.7%;弯曲:1/18.3%
VPROFILE	x_{12}	车道坡度	Nominal	水平:1/93.1%;坡路:2/3.7%;山路:3/2.2%
VSURCOND	x_{13}	道路表面条件	Nominal	路面干燥:0/81.4%;路面潮湿:1/15.4%;积水、雪路:2/1.7%;路面冰冻:3/1.5%
VTRAFCON	x_{14}	交通控制设备	Nominal	管制标志:0/10%;交通信号:1/42.5%;无信号控制:2/46.4%;警告标志:3/1.1%

注:Numeric:平均值(方差);Binary 和 Nominal:赋值/所占比例(%)。

5.2.2 基于 SVM 算法的碰撞严重性预测模型建立

1. 输入指标

每组样本的影响指标值有 14 个,过多的指标会影响规律的总结,且有时几个影响指标仅能反映数据某一方面的特征,容易造成指标特征间的高度重叠,从而造成数据分析障碍。为了降低数据计算复杂度、提高碰撞严重性模型的预测效率,采用主成分分析法对上述影响指标进行降维分析,在尽可能保证原有信息完整性的基础上,获取少量不相关的新指标作为模型的输入变量。

对随机筛选出的1 000组样本进行主成分分析,得到各主成分的特征值、方差贡献率及累积方差贡献率,见表5.2。表中,前6个主成分的累积方差贡献率已经达到了0.897 5(>0.85),故将每个样本的影响指标数据用前6个主成分代替。各影响指标在各主成分上的载荷矩阵见表5.3。

表5.2 指标特征值、方差贡献率及累积方差贡献率表

主成分	特征值	方差贡献率	累积方差贡献率
1	6.797 1	0.493 5	0.493 5
2	4.101 7	0.134 2	0.627 7
3	2.132 3	0.097 4	0.725 1
4	1.873 3	0.066 0	0.791 1
5	1.592 1	0.057 1	0.848 2
6	1.081 2	0.049 3	0.897 5
7	0.672 4	0.039 7	0.937 2
8	0.415 2	0.013 4	0.950 6
9	0.171 7	0.010 4	0.961 0
10	0.092 2	0.009 7	0.970 7
11	0.038 3	0.008 4	0.979 1
12	0.017 6	0.007 9	0.987 0
13	0.007 1	0.006 8	0.993 8
14	0.000 1	0.006 2	1.000 0

表5.3 各影响指标在各主成分上的载荷矩阵

影响指标	1	2	3	4	5	6
x_1	0.497	-0.037	0.149	0.262	-0.190	-0.107
x_2	0.397	-0.334	0.035	-0.074	0.155	0.057
x_3	0.394	-0.347	-0.015	-0.057	0.137	0.057
x_4	0.449	-0.016	-0.029	0.051	-0.025	0.249
x_5	0.026	-0.211	-0.183	-0.042	0.113	-0.451
x_6	0.038	0.130	0.361	0.141	-0.336	0.002
x_7	0.136	0.182	0.439	0.312	0.302	-0.048

续表 5.3

影响指标	1	2	3	4	5	6
x_8	0.303	0.412	-0.193	-0.078	-0.047	0.119
x_9	0.001	0.022	-0.311	-0.343	0.021	-0.126
x_{10}	-0.060	-0.049	0.195	-0.326	0.347	-0.147
x_{11}	-0.015	0.059	0.277	0.381	0.087	0.024
x_{12}	0.059	0.063	0.215	0.249	-0.093	-0.167
x_{13}	0.321	0.489	-0.214	-0.10	0.006	0.204
x_{14}	0.097	-0.061	0.080	0.258	0.495	-0.205

2. 输出指标

将上述 3 种碰撞严重性作为碰撞严重性预测模型的输出变量。每种碰撞严重性的赋值及所占比例见表 5.4。

表 5.4 碰撞严重性的赋值及所占比例

碰撞严重性	赋值	所占比例
轻微	-1	54.2%
严重	0	33.4%
恶性	1	12.4%

3. 基于 SVM 的碰撞严重性预测模型

分析自动驾驶汽车碰撞严重性的目的是在紧急情况下做出碰撞损失最小的决策(制动、转向、制动 + 转向),基于 SVM 建立 3 种不同决策对应的碰撞严重性分析模型(将 3 种模型分别简称为 B - SVM、T - SVM 及 BT - SVM),以在紧急工况下为自动驾驶汽车提供对比依据。

从上述碰撞事故记录中分别筛选出每种碰撞决策对应的样本集,在每组决策样本集中分别随机筛选出 70% 的样本作为训练样本,剩余的 30% 作为测试样本。为了获取与每种决策对应的最优碰撞严重性分析模型,利用各决策样本集分别对带不同核函数的 SVM 模型进行参数训练及对比分析。

(1)紧急决策下的 SVM 碰撞严重性预测模型训练。

将上述各紧急决策下的训练样本输入优化后的 SVM 模型中,采用粒子群算法进行参数寻优,以分类准确率为适应度函数,其中最大训练迭代次数设置为 500 次。

经过多次迭代训练后,得到 B - SVM、T - SVM 及 BT - SVM 模型的最优惩罚因子分别为 $c_B = 3.7413$、$c_T = 19.3211$ 及 $c_{BT} = 6.7322$,3 个模型的加权混合核函数的表达式如下:

$$K_B(x,x_i) = 0.174K_{Poly}(x,x_i) + 0.429K_{Rbf}(x,x_i) + 0.397[K_{Sig}(x,x_i)]^{0.577} \quad (5.1)$$

$$K_T(x,x_i) = 0.152K_{Poly}(x,x_i) + 0.637K_{Rbf}(x,x_i) + 0.211[K_{Sig}(x,x_i)]^{0.874} \quad (5.2)$$

$$K_{BT}(x,x_i) = 0.256[K_{Poly}(x,x_i)]^{1.07} + 0.552K_{Rbf}(x,x_i) + 0.192K_{Sig}(x,x_i) \quad (5.3)$$

3个模型训练得到的加权混合核函数中的每个基本核函数的最优参数见表5.5 ~ 5.7,从而获取各紧急决策所对应的SVM碰撞严重性预测模型。

表5.5 B – SVM模型每个基本核函数的最优参数

基本核函数	最优参数					
	a	b	d	σ	τ	δ
多项式核函数	2.089	0.621	1.327	—	—	—
径向基核函数	—	—	—	59.436	—	—
Sigmoid核函数	—	—	—	—	9.135	1.138

表5.6 T – SVM模型每个基本核函数的最优参数

基本核函数	最优参数					
	a	b	d	σ	τ	δ
多项式核函数	2.391	0.738	1.915	—	—	—
径向基核函数	—	—	—	40.030	—	—
Sigmoid核函数	—	—	—	—	4.856	4.610

表5.7 BT – SVM模型每个基本核函数的最优参数

基本核函数	最优参数					
	a	b	d	σ	τ	δ
多项式核函数	1.117	0.109	2.114	—	—	—
径向基核函数	—	—	—	52.335	—	—
Sigmoid核函数	—	—	—	—	7.323	2.601

(2)SVM模型在碰撞严重性预测方面的优化性能评价。

为了评价加权混合核函数的性能,将相同的75%样本输入带有RBF核函数的SVM模型,利用PSO算法进行参数优化,得到相应的最优参数,见表5.8。2种SVM模型对不同碰撞决策样本的适应度值迭代对比结果如图5.5所示。

表5.8 带有RBF核函数的SVM模型的最优参数

模型	c	σ
B – SVM	3.741 3	0.485 7
T – SVM	21.074 4	0.027 7
BT – SVM	8.112 1	0.185 4

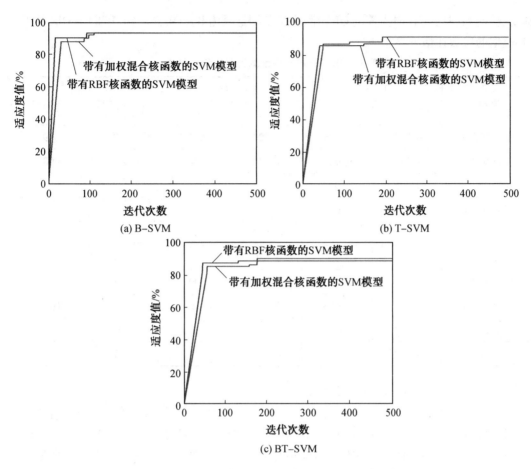

图 5.5 两种 SVM 模型对不同碰撞决策样本的适应度值迭代对比结果

由图 5.5 可知,在 B-SVM、T-SVM 和 BT-SVM 三种碰撞严重性模型中使用加权混合核函数得到的分类准确率均高于使用 RBF 核函数,分别为 93.296%、90.275 4% 和 89.894 1%,说明采用加权混合核函数的 SVM 模型分类精确度最优,因此选取加权混合核函数作为 B-SVM、T-SVM 和 BT-SVM 三种碰撞严重性模型的核函数。

5.2.3 基于 SVM 算法的碰撞严重性预测性能评估

为验证 SVM 算法的有效性,采用应用广泛的统计算法 OL 和机器学习算法 BPNN 进行对比分析,将相同的 70% 训练样本分别输入 OL 算法和 BPNN 中,构建 OL 和 BPNN 碰撞严重性预测模型,并将其预测精度与优化 SVM 进行了对比分析。

(1) 构建 OL 碰撞严重性预测模型。

OL 模型为扩展型的二进制 Logit 模型,其为分析既离散又有序的因变量数据提供了一个通用、方便的框架。而 OL 模型只对有意义的变量进行回归分析,采用组合逐步回归方法,对影响 OL 碰撞严重性预测模型的重要变量进行了研究。在所有候选变量的基础上,组合逐步回归逐步去除不满足显著性水平的自变量,然后输出 OL 模型所需的重要变量。在本研究中,应使显著性水平 P 达到 0.05,当 $P < 0.05$ 时,自变量会被保留。对应于

制动、转向和制动+转向决策的OL预测模型分别记录为B-OL、T-OL和BT-OL,基于OL模型的参数评估见表5.9。

表5.9 OL碰撞严重性预测模型的参数评估

变量	B-OL		T-OL		BT-OL	
	评估系数	P	评估系数	P	评估系数	P
REL_SPEED	0.032	0.016	0.029	0.02	0.017	0.019
GVWR	1.215	0.007	1.141	0.017	1.472	0.008
LGTCON_IM	0.175	0	—	—	0.277	0
WEATHR_IM	0.407	0	—	—	—	—
VNUM_LAN	—	—	-0.07	0	-0.251	0.001
VALIGN	—	—	0.286	0	0.332	0.003
VPROFILE	—	—	1.132	0.001	1.241	0
VSURCOND	0.139	0.007	0.802	0.003	0.998	0.015
Cutoff point 1	2.944	—	3.872	—	5.405	—
Cutoff point 2	4.503	—	6.743	—	9.277	—

(2) 构建BPNN碰撞严重性预测模型。

BPNN是应用最广泛的一种机器学习算法,它是根据误差反向传播算法训练出的多层前馈神经网络。为了充分验证SVM的预测性能,建立BPNN模型,与SVM模型进行碰撞严重性预测性能的对比。与制动、转向和制动+转向决策相对应的3个BPNN模型分别被记录为B-BPNN、T-BPNN和BT-BPNN,每个模型均由1个输入层、5个隐藏层和1个输出层组成,如图5.5所示。前面得到的6个主成分是输入层的参数,其相应的碰撞严重性作为输出层的参数。通过检验带有不同数目隐含节点的BPNN的预测精度,确定最佳隐层节点数。

设置好相关参数后,将上述75%的训练样本分别输入3个BPNN模型进行迭代训练。当B-BPNN、T-BPNN和BT-BPNN模型的迭代次数分别达到84、152、111时,3种神经网络的误差均收敛于目标值。

(3) SVM、OL和BPNN模型的预测性能对比。

将剩余的25%的测试样本分别输入带有RBF核函数的SVM模型、OL模型和BPNN模型,以验证SVM模型在碰撞严重性上的预测准确性。这里的预测准确性是指样本中获得准确分类的样本在总样本中所占的比例。

SVM模型、OL模型和BPNN模型的预测准确性见表5.10~5.12。

从表5.10~5.12可以看出,SVM模型的分类性能最好,B-SVM、T-SVM和BT-SVM的分类准确率分别为93.296%、90.275%和89.894%,测试准确率分别为88.001%、84.712%和85.229%。这是因为SVM模型能够使用RBF核函数映射高维数据,而传统的统计模型对高维数据的预测准确性较差。

表 5.10 SVM 模型的训练和测试预测准确性

碰撞严重性	训练预测准确性/%			测试预测准确性/%		
	B-SVM	T-SVM	BT-SVM	B-SVM	T-SVM	BT-SVM
轻微	94.126	92.107	92.573	91.514	88.903	89.323
严重	91.355	86.642	86.339	89.039	82.871	84.680
恶性	87.417	84.408	85.015	85.977	81.072	82.983
整体	93.296	90.275	89.894	88.001	84.712	85.229

表 5.11 OL 模型的训练和测试预测准确性

碰撞严重性	训练预测准确性/%			测试预测准确性/%		
	B-SVM	T-SVM	BT-SVM	B-SVM	T-SVM	BT-SVM
轻微	81.787	79.475	82.127	76.522	73.442	74.627
严重	77.086	71.618	73.503	71.553	62.785	69.320
恶性	65.296	59.692	61.551	59.352	57.632	59.468
整体	76.883	69.261	71.727	71.424	65.384	68.488

表 5.12 BPNN 模型的训练和测试预测准确性

碰撞严重性	训练预测准确性/%			测试预测准确性/%		
	B-SVM	T-SVM	BT-SVM	B-SVM	T-SVM	BT-SVM
轻微	87.252	85.972	86.022	80.532	76.740	78.338
严重	84.421	78.883	80.554	73.101	67.263	71.679
恶性	79.334	71.053	79.899	66.711	59.579	63.578
整体	82.769	76.637	81.269	72.559	66.750	70.086

在训练和测试中,SVM 模型、OL 模型和 BPNN 模型对轻微碰撞的分类精度最高,原因是碰撞事故造成轻微碰撞的概率要高于严重碰撞和恶性碰撞。

对于制动、转向和制动+转向这 3 种应急决策,与转向决策相对应的碰撞严重性预测模型的预测效果要比其他决策差。该结果表明,使车辆做出转向避险动作的碰撞显著性低于制动和制动+转向。

5.2.4 碰撞严重性预测模型的敏感性分析

已有文献表明,相对速度 REL_SPEED 和 GVWR 是反映碰撞损伤严重性的重要指标,且在 OL 模型的参数评估中它们被选为 OL 模型参数估计的重要变量。那么 REL_SPEED 和 GVWR 是如何影响碰撞损伤的严重性的呢?通过分析 B-SVM、T-SVM 和 BT-SVM 对 REL_SPEED 和 GVWR 变化的敏感性表现,定量地评价了 REL_SPEED 和 GVWR 对碰撞损伤严重性的影响,分析方法如下:

(1) 对于所有 GVWR 处于低范围及 REL_SPEED 处于 0 ~ 20 m/h 范围的碰撞样本，将其他影响指标重设为标准值，即

$$(l_3, l_4, \cdots, l_{14}) = (0, 0, \cdots, 0, 1, 0, \cdots, 0)$$

这些指标为道路环境条件影响因素，设此时的取值代表标准道路环境条件，然后将这些标准道路环境条件下的碰撞样本分别输入 B – SVM、T – SVM 和 BT – SVM 模型，计算每个 SVM 模型中输出的每种碰撞严重性在不同 REL_SPEED 取值下的比例。

(2) 在控制其他影响指标不变的情况下，基于 REL_SPEED 为 20 m/h 的碰撞样本，以 2.5 m/h 为增加单位，75 m/h 为最大值，逐步增加这些基础样本的 REL_SPEED 值。每次 REL_SPEED 发生变化时，都会得到一组新的碰撞样本并分别输入 3 个 SVM 模型。从每个 SVM 模型的输出中，计算出该 REL_STEED 值所对应的每种碰撞严重性所占的比例。通过这种方式，最终可以得到当 GVWR 处于低范围时，每种碰撞严重性的比例随 REL_STEED 变化的趋势。

(3) 最后，基于上述获得的 GVWR 处于低范围(≤10 000 lbs)且 REL_SPEED 在 0 ~ 75 m/h 范围内的碰撞样本，将 GVWR 由低范围变为中范围(10 001 ~ 26 000 lbs)、高范围(≥26 001 lbs)。通过分别计算 B – SVM、T – SVM 和 BT – SVM 模型输出各种碰撞严重性的比例，得出 GVWR 分别处于低、中、高范围时，各碰撞严重性的比例随 GVWR 变化的趋势。

经过上述步骤的操作和数据统计后，基于 B – SVM、T – SVM 和 BT – SVM 模型分别获得的各碰撞严重性的比例在不同条件下的变化趋势如图 5.6 所示。

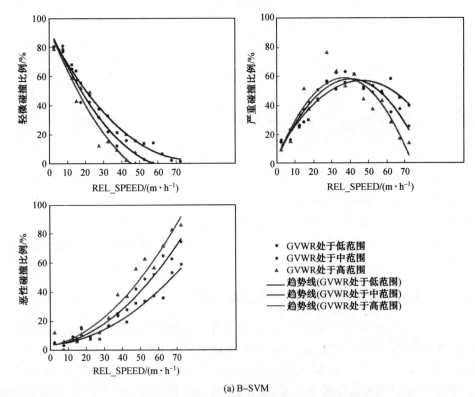

(a) B–SVM

图 5.6　各碰撞严重性的比例在不同条件下的变化趋势

第5章 紧急工况下自动驾驶汽车决策

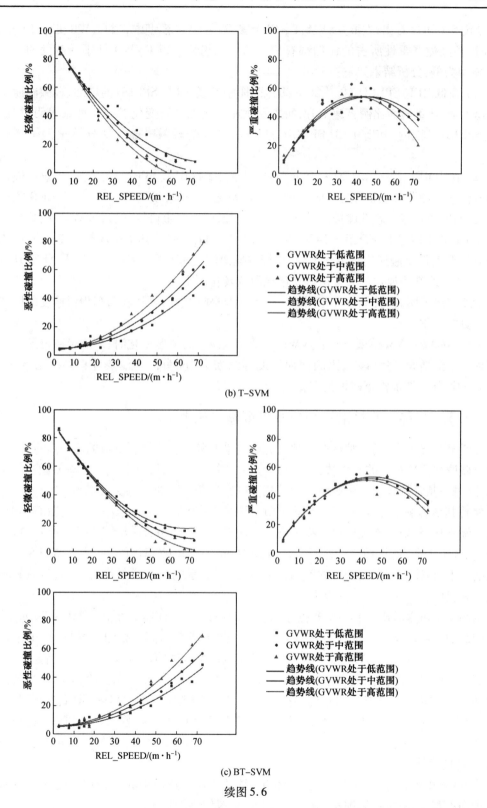

(b) T-SVM

(c) BT-SVM

续图5.6

从图 5.6 可以看出,在 B-SVM、T-SVM 和 BT-SVM 模型中,当 GVWR 处于不同的范围时,各碰撞严重性所占的比例都有相似的变化趋势。以 GVWR 处于低范围的 B-SVM 模型为例,分析结果如下:

(1) 在低 REL_SPEED (0~20 m/h) 范围内,随着 REL_SPEED 的增加,轻微碰撞比例迅速下降,严重碰撞比例迅速上升,而恶性碰撞比例无显著变化。这一现象表明,在低 REL_SPEED 范围内,随着 REL_SPEED 的增加,减少的轻微碰撞大部分转化为了严重碰撞。

(2) 在中 REL_SPEED (20~45 m/h) 范围内,随着 REL_SPEED 的增加,严重碰撞比例的增长率逐渐降低,而恶性碰撞比例的增长率逐渐增加,说明在中 REL_SPEED 范围内,减少的轻微碰撞向恶性碰撞的转化率逐渐增加,而向严重碰撞的转化率则逐渐减少。

(3) 在高 REL_SPEED 范围 (45~75 m/h) 内,随着 REL_SPEED 的增加,轻微碰撞比例逐渐趋于0,严重碰撞比例迅速下降,恶性碰撞比例迅速上升,表明在高 REL_SPEED 范围内,增加的恶性碰撞比例大多由严重碰撞事故转化而来。

上述结果表明,在其他条件相同的情况下,车辆碰撞的后果随着两车相对速度的增加而变得更加严重。

另外,在3种 SVM 模型下,当 GVWR 由低值区向中高值区变化时,车辆轻微碰撞比例下降幅度逐渐增大,恶性碰撞比例增加幅度逐渐增大,说明在其他条件相同的情况下,GVWR 的增加会增加汽车碰撞的严重性。

5.2.5　碰撞严重性对比分析及决策输出规则

在紧急工况下,自动驾驶汽车必须首先对比采取各紧急决策所造成的碰撞严重性,然后做出碰撞严重性最小的紧急决策,因此在建立碰撞严重性预测模型后,就需要做进一步的对比分析,从常规车辆的驾驶数据中挖掘不同紧急条件下的应急决策规则。

保持其他影响指标为标准值,使得 REL_SPEED 从0到75 m/h、GVWR 从低值区到高值区逐渐变化,将每一次改变所获得的样本同时输入 B-SVM、T-SVM 和 BT-SVM 模型中,对比分析3个模型输出结果随 REL_SPEED 和 GVWR 的变化趋势,结果如图5.7所示。实际上,该图的结果与图5.6类似,但是图片所展示的拟合线条组合不同,且具有不同的探索目的。

从图 5.7 可以看出,当 GVWR 处于低值区时,在 REL_SPEED 低范围 (0~20 m/h) 内,在紧急情况下做出3种应急决策的碰撞严重性基本相同;在 REL_SPEED 中范围 (20~45 m/h) 内,T-SVM 和 BT-SVM 模型输出的各碰撞严重性比例没有明显差别,但它们输出的轻微碰撞比例高于 B-SVM 模型,这意味着与制动应急决策相比,采取转向和制动+转向措施能够减轻事故的碰撞严重性,且作用效应基本相同;在 REL_SPEED 高范围 (45~75 m/h) 内,BT-SVM 模型输出的轻微碰撞事故比例最高,严重和恶性碰撞事故比例最低,这表明在这种情形下,为了降低事故的碰撞严重性,自动驾驶汽车需要采取制动+转向决策。

当 GVWR 从低值区向中、高值区变化时,能够实现上述结果的低、中 REL_SPEED 范围逐渐向前移动,范围逐渐缩小,高 REL_SPEED 范围逐渐扩大。

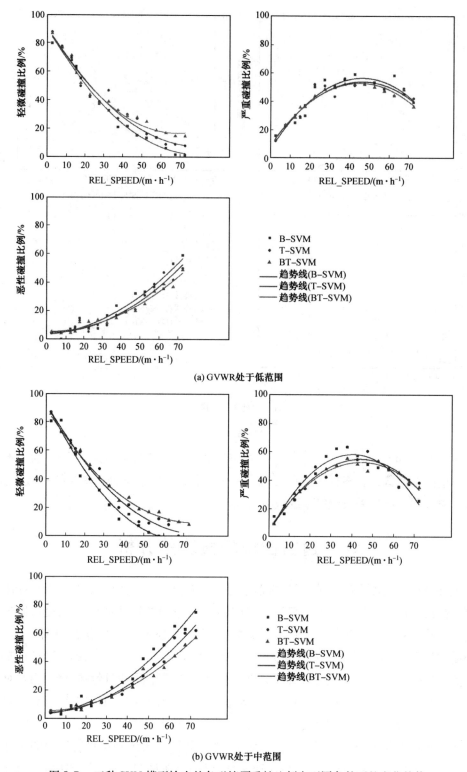

图 5.7 三种 SVM 模型输出的各碰撞严重性比例在不同条件下的变化趋势

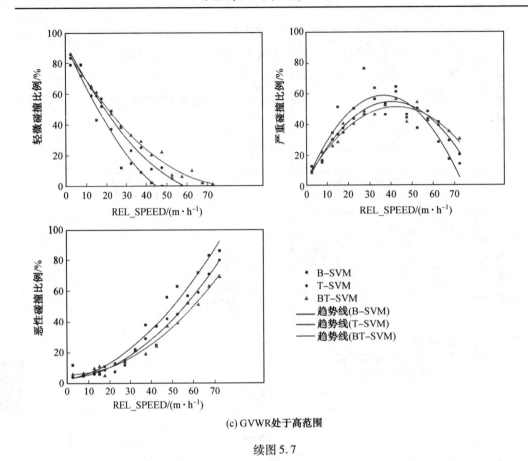

(c) GVWR处于高范围

续图 5.7

通过上述分析,还可以得出以下结论:对于同一输入,当各紧急决策结果一致时,为了不影响其他车道的交通运行状态且使得自动驾驶汽车与常规车辆的驾驶习惯保持一致,自动驾驶汽车应该尽可能地采取最简单的应急措施。

5.3 道德困境场景决策分析

以上部分根据驾驶事故数据,采用机器学习算法对碰撞后果做出预测,进而选择碰撞严重性小的决策即可。从前面内容可知,只要有了可以学习的驾驶决策数据,就可以建立对应的模型获取相应的决策。但是在实际决策中,当碰撞损失最小与道德、法律有冲突,进入道德困境时,就会陷入两难的决策困境,没有一个统一标准确定决策的正确性。本节以一个典型"鬼探头"场景为主题,对其中的场景设置进行调整,通过驾驶模拟实验,对道德困境下的每种决策进行道德、法律后果分析评判。一旦确认了决策标准,即可获取建立驾驶决策模型的训练数据集,用前面介绍的算法获取驾驶决策模型。

参考道德机器相关研究中设立的典型场景,考虑我国城市道路中可能出现的实际道德困境,结合交通事故责任认定方面的法律文件,以一个典型"鬼探头"场景为主题进行设计,如图 5.8 所示。该场景图 5.8(a) 中有明显的法律要素(如人行横道、信号灯、道路标线)、道德要素(行人与障碍物的抉择、车内乘客生命与车外行人生命的抉择)。实验车(中间车)视线被旁边车辆(左侧公交车)或障碍物完全挡住,这时突然从障碍物后面冲出闯红灯的行人,使得正常行驶的实验车措手不及。这种情况下,实验车有3种碰撞预案:第一种,制动撞上左前方冲出的目标;第二种,左转制动撞上左车道公交车;第三种,右转制动撞上右车道机动车。3种碰撞预案如图5.8(b)所示。

图5.8 典型"鬼探头"场景

5.3.1 典型道德困境场景的相关因素分析

1. 道德困境下的道德因素分析

对各场景进行归纳总结后,场景中的道德因素主要表现在以下4个方面:

① 目标类型。指危险工况发生时车辆前方目标的类型,分为人类、动物、交通设施;同时,人类按照年龄、性别、身体状况等又可以进一步细分。

② 目标数量。指危险工况发生时车辆前方目标的数量,能否拯救更多的生命是危险工况下决策的重要影响因素,随着目标数量的改变,决策会产生显著变化。

③ 目标特殊状态。指前方目标与普通人的显著区别,如目标为小偷、孕妇、流浪汉等,又如目标正违反法律闯红灯或逆向行驶等。

④ 保护优先级。指驾驶决策的优先保护原则,可分为优先保护车内人员、优先保护车外人员、优先降低碰撞总损失等。

参考德国自动驾驶汽车伦理道德准则,确定危险工况下伦理因素选取原则,具体如下:区分行人、非机动车、宠物;不区分行人的年龄、性别、附加状态;不区分车辆的品牌、价值;不区分宠物的品种。

2. 道德困境下的法律因素分析

法律因素在场景中主要体现为通行权,而车辆与前方目标通行权的冲突会直接影响到驾驶决策。以现有的机动车事故责任认定相关法律文件为基础,对场景中的法律因素进行分析。

① 道路标线。包括道路中心线和人行横道线。道路中心线是分割同一条道路两个行车方向的重要标线,当道路中心线为虚线时,车辆可以在确保行车安全的情况下短暂地驶入对向车道实施超车等操作;当道路中心线为实线时,原则上不允许车辆驶入对向车道。人行横道线是行人横向穿越马路的通道,法律文件对于行人在人行横道处的规范进行了详细解释。行人是否按交通信号行驶、信号灯灯色改变时是否已通过道路中心线又继续通行、行人是否在有人行横道线的地方沿人行横道行驶等,都会对交通事故责任判定产生重要影响。

② 交通信号。主要指道德困境发生时,各目标所在位置对应的交通信号,即信号灯灯色。交通信号象征着法律意义上的通行权,法律对通行权的保护有助于保证整个路网中的交通状态平稳有序。而信号灯灯色又分为绿色、黄色、红色,灯色会成为判定交通事故责任的重要依据。

③ 碰撞目标所处状态。作为车辆,其状态可分为受控制和失去控制(如正常行驶和制动失灵);作为人行横道上的行人或非机动车驾驶人,其状态可分为行走(或奔跑)、骑行、推行。不同状态下发生事故,事故责任认定标准也有所不同。

3. 典型道德困境场景拓展及各决策法律责任分析

结合现实生活中常见的"鬼探头"场景和麻省理工学院设计的道德机器,衍生出场景A、B、C,每个场景又可分为4个小场景,共12个典型道德困境场景,如图5.9所示。方案A设置了4种不同类型的碰撞目标:儿童、成人、佩戴防护设备的摩托车驾驶人和机动车。方案B与方案A相比增加了人行横道和交通灯,而方案C与方案B相比改变了碰撞目标的数量。驾驶人需要在左转制动和制动之间进行选择。在每个场景中,护栏都是为了保护人行道上的行人而设置的,因此本研究不考虑司机选择撞击护栏(右转制动)的情况。

场景A的基础场景A(a)设置在一段双向车道的道路上,受测人驾驶深色轿车行驶,前方视野盲区内有1名儿童横穿马路,此时对向车道有1辆摩托车,摩托车驾驶人佩戴防护设备正常驾驶;子场景A(b),将对向车道目标换为一辆合法行驶的轿车;子场景A(c),将儿童替换为1名成年人;子场景A(d),既将前方目标替换为成年人,又将对向车道目标替换为合法行驶的轿车。场景A属于没有人行横道的路段,相关法律文件规定,在没有人行横道的一般路段,驾驶人需要观察道路两侧的情况,在有行人横穿马路时,需要在确保行人安全的前提下通行。当道路中心线为虚线时,可以在不影响对向车辆行驶的前提下短暂地驶入对向车道。而从行人的角度讲,横穿马路的行人属于借道通行,仍然受到法律保护。

场景B的基础场景B(a)是在一个信号交叉口处,交叉口连接的道路为双向车道。与场景A相比,场景B增加了人行横道与信号灯,道路中心线为实线,禁止驶入对向车道,行人沿人行横道行走。场景B属于有信号控制的交叉口,而且设置有人行横道线。相关法律文件规定,在有人行横道线的地方,行人如果沿人行横道行走,将受到法律保护,但在此场景下人行横道信号灯为红灯,行人不具有通行权,而摩托车及轿车都拥有通行权。但是

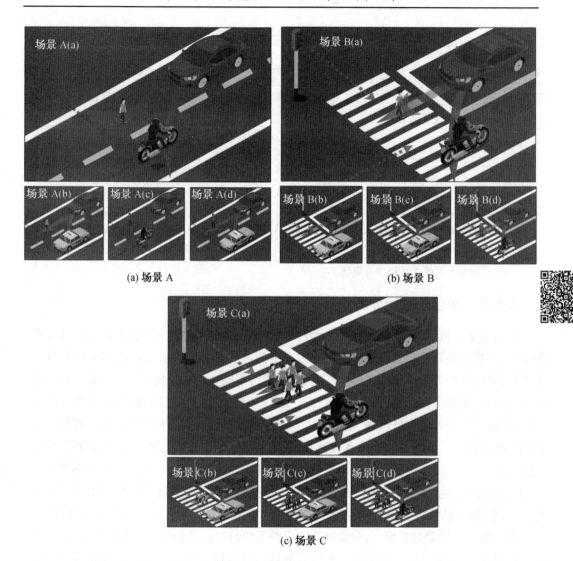

图 5.9 典型道德困境场景

即便人行横道信号灯为红灯,行人违法借道通行,机动车在行至路口或行至人行横道时仍需要减速慢行,在确保行人安全的前提下行驶。此外,当道路中心线为实线时,机动车不得穿越中心线驶入对向车道。

场景 C 在场景 B 的基础上将闯红灯的行人人数从 1 人增加到了 5 人,以探究碰撞目标数量对决策的影响。场景 C 的责任分析与场景 B 一致。由于我国事故责任认定过程的复杂性,交警部门通常会综合考虑上述分析,根据《中华人民共和国道路交通安全法》(以下简称《安全法》)等有关法律文件和事故现场具体情况作出判决。因此,为了直观地审视法律在决策中的作用,事故责任按主要责任、同等责任、次要责任、无责任的顺序进行了排序。本研究中事故责任认定主要是指与现场相似的真实案件,可以对各场景内各决策对应的法律责任进行分析,具体见表 5.13。

表 5.13　各场景各决策法律责任分析

场景	决策	事故责任			主要法律依据
		轿车承担的责任	行人承担的责任	摩托车承担的责任	
A	直行	主要责任	次要责任	无责任	《安全法》第47条
	左转	主要责任	次要责任		特殊交通事故责任认定(＊)
B	直行	次要责任	主要责任		《安全法》第38条、第47条、第62条
	左转	同等责任	同等责任		
C		同场景 B			

＊《北京市道路交通事故当事人责任确定标准(试行)》(GJB 1—2005) 中规定,当事人驾驶机动车越过施划有禁止穿越的道路中心线或者隔离设施,与道路上的其他车辆或行人发生交通事故的,则机动车驾驶人承担全部责任。

5.3.2　灰色关联熵分析法

影响道德困境下决策的因素很多,为避免多变量共线性造成的信息重叠对仿真过程的干扰,分析和提取影响驾驶决策的主要因素至关重要。由于指标的量纲不同,物理意义也不同,因此影响驾驶决策的各因素不具有共线性,不能直接进行比较。多因素分析涉及回归分析、判别分析、方差分析、主成分分析、通径分析法,这些方法虽然能解决许多实际问题,但也存在计算量大且烦琐、定性分析与定量计算结果有时不相符等缺点。而灰色关联熵分析法弥补了上述方法的缺点,特别是在数据量有限、样本灰度大、没有典型分布规律的条件下,该方法具有很高的应用价值。目前确定权重的方法较多,但它们大都带有较强的主观色彩。利用灰色关联熵分析指标的权重,可以最大限度地剔除人为因素,更具客观性。因此选用灰色关联熵分析法对道德困境下驾驶决策影响因素进行分析、提取和排序。

要分析一个抽象的系统,首先应选择能反映系统特征的数据序列,即找准系统特征的映射量,用映射量间接地反映系统。映射量的选取应遵循功能性、整体性、可获取性和不重叠性原则。

设 $X_0^* = X_0^*(1), X_0^*(2), \cdots, X_0^*(n)$ 为参考列,即驾驶决策行为时间序列;$X_j^* = X_j^*(1), X_j^*(2), \cdots, X_j^*(n)(j = 1, 2, \cdots, m)$ 为比较列,即各驾驶决策影响因素的行为时间序列。对原始序列进行无量纲处理:

$$X_0(k) = \frac{X_0^*(k)}{X_0^*(1)} \tag{5.4}$$

$$X_j(k) = \frac{X_j^*(k)}{X_j^*(1)} \tag{5.5}$$

式中,$k = 1, 2, \cdots, n; j = 1, 2, \cdots, m$。得无量纲参考列 $X_0 = X_0(1), X_0(2), \cdots, X_0(n)$,比较列 $X_j = X_j^*(1), X_j(2), \cdots, X_j(n)$。

数据 k 中参考列和比较列之间的绝对差表示为 $D_{jk} = |x_0(k) - x_j(k)|$,用其表示所有

差的和,如下:

$$D = \frac{\sum_{j=1}^{m}\sum_{k=1}^{n}|x_0(k)-x_j(k)|}{mn} \quad (5.6)$$

选取最大值和最小值

$$D_{\min} = \min_{j}\min_{i}|x_0(k)-x_j(k)|$$
$$D_{\max} = \max_{j}\max_{i}|x_0(k)-x_j(k)| \quad (5.7)$$

在分析各驾驶决策影响因素对决策影响之前,为消除列与列之间不同量纲的影响,设 ξ_{jk} 为参考列与比较列的灰色关联系数,表示在一定时间序列内比较列与参考列之间的吻合程度。ξ_{jk} 取值如下:

$$\xi_{jk} = \frac{D_{\min}+\rho D_{\min}}{|x_0(k)-x_j(k)|\rho D_{\min}} \quad (5.8)$$

式中,ρ 为分辨系数,取值范围为 $0<\rho<1$,为方便计算,ρ 一般取 0.5。但在实际操作中,应根据各时间序列间的关联程度对 ρ 进行估计、试算和调整,以获得更好的分辨能力。ρ 的取值原则如下:

$$\rho = \begin{cases} \varepsilon < \rho < 1.5\varepsilon, & \Delta_{\max} > 3\Delta \\ 1.5\varepsilon < \rho < 2\varepsilon, & \Delta_{\max} < 3\Delta \end{cases} \quad (5.9)$$

式中,Δ 为所有差值绝对值的均值;ε 为均值与最大差之比,$\varepsilon = D/D_{\max}$。

灰色关联熵 H_{jh} 的计算如下:

$$H_{jh} = -\sum_{h=1}^{n} P_{jh}\ln P_{jh} \quad (5.10)$$

式中,P_{jh} 为灰色关联系数分布映射。

各比较列的熵关联度定义为

$$E_{jh} = \frac{H_{jh}}{H_m} \quad (5.11)$$

式中,$H_m = \ln n$,其中 n 为属性元素的个数。

由式(5.11)可知灰色关联序列的排序准则:比较列的熵关联度越大,表明该比较列与参考列的关联性越强,对参考列的影响越大,因而该比较列代表的影响因素排序也会越靠前。

5.3.3 实验设计

采用 UC-win/Road 13.0.1 软件对 12 个典型场景进行虚拟场景建模,将建立的虚拟场景接入驾驶模拟器进行驾驶决策实验。共招募了 60 名具有丰富驾驶经验的驾驶人参与实验,其中包括 42 名男性驾驶人和 18 名女性驾驶人。在进行驾驶模拟实验之前,所有参与者需填写调查问卷,问卷内容主要包括个人驾驶习惯、驾驶经验、交通事故经历、生理和心理状况等。参与者的平均年龄是 37.7 岁(标准差为 3.91 岁),年龄范围是 28～53 岁;

所有参与者均有合格的驾驶执照,以及 5 年以上的驾驶经验;所有参与者没有任何视觉和心理问题。在 60 名参与者中,2 名参与者(1 名男性,1 名女性)在过去 5 年内曾遭遇过轻微车祸,其他参与者近 5 年内无交通事故。

实验人员可以控制异常目标和相邻车道的车辆,特别是制造紧急情况,具体避撞实验由 UC-win/Road 13.0.1 软件设计。当参与者即将到达交叉口时,2 名实验人员分别在另外 2 台计算机上通过局域网联入场景中,控制场景内右侧车道内正常行驶的摩托车(或轿车)和突然出现的行人,确保其在合适的时间出现在预定的位置并确保碰撞的发生。本实验场景中设计行人过街跑步速度为 15 km/h,场景 C 将 5 名行人以 0.5 s 的时间差,按照场景 A 的轨迹依次出现。驾驶模拟器仿真驾驶画面(节选)如图 5.10 所示。

图 5.10　驾驶模拟器仿真驾驶画面(节选)

(1)实验过程。

为了让驾驶人能够熟悉驾驶模拟器的各项操作,与操作舱的加速踏板、制动踏板、方向盘等运动反馈逐步同步,首先安排驾驶人在一条宽阔的高速公路上进行适应性训练,驾驶人需要躲避 3 个障碍物,以训练转向和制动的操作。在实验过程中,发现极少部分人会表现出对驾驶模拟器的不适感,甚至还会出现晕车症状。对于这类不太适应驾驶模拟器的参与者,一般会暂停实验,保证其健康,同时也保证数据更真实可靠。

在不被告知即将发生的"鬼探头"突发状况的前提下,让驾驶人开始驾驶。当驾驶人行驶到符合触发条件的位置时,路边的行人开始奔跑着横穿马路,对向的轿车(或摩托车)开始行驶。在这一碰撞不可避免的情况下,驾驶人会采取紧急制动与转向等措施选择碰撞目标。

(2)实验数据采集。

对实验的所有参与者进行编号,并收集性别、年龄等人口统计信息;采集的数据包括由 UC-win/Road 13.0.1 软件数据输出模块获得的实验车驾驶绩效数据。从碰撞发生前 5 s 开始采集时间序列数据集,采集数据的时间间隔为 0.1 s,保存相关驾驶行为数据,并且由工作人员记录每个驾驶人选择的碰撞目标。

5.3.4 驾驶模拟实验结果与分析

每名受测者随机分配 6 个不重复的场景进行决策,驾驶实验决策结果由工作人员记录,共收集 360 组样本数据。影响驾驶决策的因素很多,其中驾驶工况的变化是影响驾驶决策的重要因素,因此在研究驾驶人行为决策时必须基于场景进行分析。由于讨论的是道德困境下的决策影响因素,因此驾驶人所处的场景中的道德、法律因素是研究的重点。为了使研究更有针对性,本研究进行了一定程度的假设来简化实验,将驾驶人和车辆视为一个人 – 车单元来考虑。假设人 – 车单元的整体可靠性基本恒定,不考虑驾驶人倾向性及城市交通环境等相关因素。在以上假设的前提下,结合 12 种道德困境场景,对场景内的决策影响因素进行量化,具体见表 5.14、表 5.15。

表 5.14 驾驶决策影响因素量化结果

映射量	映射量名称及含义	取值
X	直行决策和左转决策分别标记为 X_1、X_2	用 X_1、X_2 各自对应的记录条数占总记录条数的比例分别给 X_1、X_2 赋初值
Y_1	驾驶人性别:实验人员中的男、女人数	将参与实验的驾驶人中男、女各自的比例作为初值
Y_2	驾驶人年龄:实验中驾驶人的实际年龄,25 ~ 35 岁定义为青年,35 ~ 50 岁定义为中年	将青年、中年各自的比例作为初值
Y_3	前方目标类型:指实验车所在车道正前方的目标类型	用驾驶人选择撞向儿童或成人的比例分别给 Y_3 赋初值
Y_4	左侧目标类型:指实验车左侧车道目标类型	用驾驶人选择撞向摩托车或轿车的比例分别给 Y_4 赋初值
Y_5	前方目标数量:指实验车所在车道正前方目标数量	用驾驶人选择撞向一人或五人的比例分别给 Y_5 赋初值
Y_6	前方目标通行权:指实验车所在车道正前方的目标是否享有合法通行权	统计所有场景中前方目标有、无通行权的数量,用数量的比例作为初值
$Y_7/(\text{km} \cdot \text{h}^{-1})$	实验车速度:指驾驶人做出决策前车辆的运行速度	取制动踏板刚出现数值时的瞬时值
Y_8/m	实验车与左侧目标之间的距离:指驾驶人做出决策时实验车车头到左侧碰撞目标的距离	—
Y_9/m	实验车与前方目标之间的距离:指驾驶人做出决策时实验车车头到前方碰撞目标的距离	

表 5.15 驾驶决策及各影响因素的部分数据

编号	X	Y_1	Y_2	Y_3	Y_4	Y_5	Y_6	$Y_7/(\text{km} \cdot \text{h}^{-1})$	Y_8/m	Y_9/m
1	0.386	0.700	0.750	0.210	0.290	0.883	0.670	38.723	23.727	11.454
2	0.614	0.300	0.750	0.180	0.320	0.883	0.330	22.105	15.020	6.676
3	0.386	0.700	0.250	0.210	0.290	0.117	0.670	58.656	17.480	10.357
4	0.386	0.700	0.750	0.210	0.290	0.883	0.670	46.377	20.611	6.968
5	0.614	0.700	0.750	0.210	0.290	0.883	0.670	43.721	20.036	10.853
6	0.386	0.700	0.750	0.210	0.320	0.883	0.330	34.042	26.846	6.719
7	0.614	0.700	0.750	0.180	0.290	0.117	0.670	33.999	26.250	9.607
8	0.614	0.700	0.750	0.210	0.320	0.883	0.670	24.582	23.337	7.620
9	0.614	0.700	0.250	0.180	0.320	0.883	0.670	62.973	26.035	10.570
10	0.386	0.700	0.250	0.210	0.320	0.883	0.330	44.826	21.517	11.478
...	...	...	...	...	...	...	...	...	...	...
357	0.614	0.700	0.750	0.180	0.320	0.883	0.330	61.973	26.963	8.214
358	0.386	0.300	0.750	0.180	0.290	0.883	0.670	63.413	18.849	9.823
359	0.386	0.300	0.250	0.210	0.320	0.883	0.330	28.785	19.403	10.703
360	0.386	0.700	0.750	0.210	0.290	0.883	0.670	56.851	20.729	8.125

1. 定性分析

灰色关联熵分析的主要思想是根据各因素变化趋势的曲线几何形状相似程度来判断参考列与比较列的联系是否密切。曲线几何形状越相似,相应指标的关联度就越大,反之就越小。根据各条序列曲线的几何相似程度进行定性分析,判断各因素之间的关系。曲线越相似,对应序列的相关性越大。为了更直观地显示结果,将实验数据以无量纲化的形式加入,并将所有驱动因素倾向的序列曲线与各因素的序列曲线进行比较,将场景A与场景B的数据作为第一组进行处理,将场景B和场景C的数据作为第二组进行处理,样本定性分析结果如图 5.11 所示,横坐标代表样本编号,纵坐标代表无量纲累计数据。

在第一组数据中,Y_6 的取值会有变化,但 Y_5 的取值不变,因此在数据分析时舍弃 Y_5;同理,在第二组数据中,Y_5 的取值会有变化,但 Y_6 的取值不变,因此在数据分析时舍弃 Y_6。

根据数学关系将实验数据以无量纲化的形式加入,通过对比驾驶决策列与各影响因素列变化趋势曲线几何形状的相似程度,初步确定了各因素对驾驶决策的影响程度。

场景A和场景B样本的结果为 $Y_6 > Y_3 > Y_4 > Y_7 > Y_9 > Y_8 > Y_1 > Y_2$,即前方目标通行权 > 前方目标类型 > 左侧目标类型 > 速度 > 实验车与前方目标之间的距离 > 实验车与左侧目标之间的距离 > 性别 > 年龄。

场景B和场景C样本的结果为 $Y_5 > Y_3 > Y_7 > Y_4 > Y_9 > Y_8 > Y_2 > Y_1$,即目标数量 > 前方目标类型 > 速度 > 左侧目标类型 > 实验车与前方目标之间的距离 > 实验车与左侧目标之间的距离 > 年龄 > 性别。

第5章 紧急工况下自动驾驶汽车决策

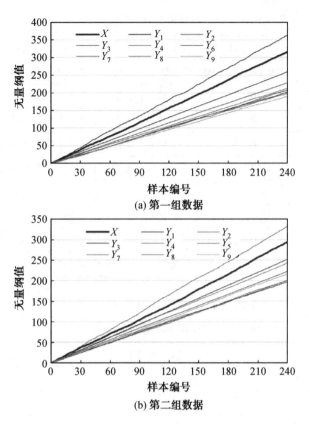

图 5.11 样本定性分析结果

2. 定量计算

对表 5.15 中的数据进行无量纲处理后,按照公式计算了第一组数据和第二组数据的绝对差,见表 5.16。

表 5.16 两组数据的绝对差

	编号	$|X-Y_1|$	$|X-Y_2|$	$|X-Y_3|$	$|X-Y_4|$	$|X-Y_6|$	$|X-Y_7|$	$|X-Y_8|$	$|X-Y_9|$
第一组数据	1	0.000	0.000	0.000	0.000	0.000	0.000	0.000	0.000
	2	0.571	0.000	0.000	0.000	1.030	0.368	0.034	0.045
	3	0.571	0.000	0.167	0.094	1.030	0.310	0.065	0.222
	4	1.162	0.591	0.424	0.684	0.591	0.677	0.737	0.787
	5	0.591	0.591	0.424	0.591	0.591	0.962	0.783	0.888
	...	...	...	...	...	...	...	...	...
	240	0.571	0.000	0.167	0.094	0.000	0.140	0.223	0.017
	Δ_{min}	0.000	0.000	0.000	0.000	0.000	0.000	0.000	0.000
	Δ_{max}	1.162	1.257	0.591	0.684	1.030	1.151	0.966	1.021

续表 5.16

	编号	$|X-Y_1|$	$|X-Y_2|$	$|X-Y_3|$	$|X-Y_4|$	$|X-Y_5|$	$|X-Y_7|$	$|X-Y_8|$	$|X-Y_9|$
	121	0.000	0.000	0.000	0.000	0.000	0.000	0.000	0.000
	122	1.705	2.371	0.538	0.371	0.371	0.268	0.437	0.613
	123	1.705	2.371	0.371	0.371	0.371	0.217	0.526	0.791
第二组数据	124	1.705	2.371	0.538	0.278	0.371	0.149	0.420	0.283
	125	0.371	2.371	0.371	0.278	0.371	0.314	0.617	0.763
	…	…	…	…	…	…	…	…	…
	360	0.000	2.000	0.167	0.094	0.000	0.361	0.174	0.459
	$\Delta_{\min}$	0.000	0.000	0.000	0.000	0.000	0.000	0.000	0.000
	$\Delta_{\max}$	1.705	2.371	0.538	0.371	0.867	0.626	0.781	0.872

对两组数据定量计算结果进行对比,见表 5.17。

表 5.17 两组数据定量计算结果对比

比较值	第一组数据	第二组数据
$\Delta_{\min}$	0	0
$\Delta_{\max}$	1.257	2.371
Δ	0.464 4	0.361 5
ε	0.369	0.227
ρ 的取值范围	0.554 ~ 0.739	0.227 ~ 0.341
ρ 的取值	0.720	0.330

分别取和计算各比较列的灰色关联熵,结果见表 5.18。

表 5.18 两组数据各比较列的灰色关联熵

	灰色关联熵	$H(Y_1)$	$H(Y_2)$	$H(Y_3)$	$H(Y_4)$
第一组数据	数值	5.352 495	5.324 073	5.420 554	5.397 229
	灰色关联熵	$H(Y_6)$	$H(Y_7)$	$H(Y_8)$	$H(Y_9)$
	数值	5.449 798	5.386 016	5.357 703	5.379 590
第二组数据	灰色关联熵	$H(Y_1)$	$H(Y_2)$	$H(Y_3)$	$H(Y_4)$
	数值	5.323 865	5.338 420	5.412 235	5.380 623
	灰色关联熵	$H(Y_5)$	$H(Y_7)$	$H(Y_8)$	$H(Y_9)$
	数值	5.466 828	5.395 590	5.355 423	5.366 954

按公式可得出各影响因素的熵关联度,如图 5.12 所示。根据熵关联度可知,结果与

定性分析一致。在两个方案中,Y_6 和 Y_5 分别是最重要的影响因素,说明道德和法律因素对驾驶决策有重要影响。Y_1、Y_2、Y_8、Y_9 对决策影响不大。

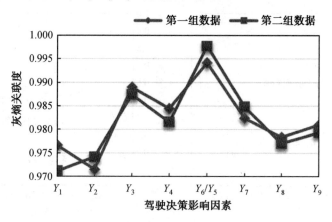

图 5.12　各影响因素的熵关联度

3. 道德及法律因素对驾驶决策的敏感性分析

为了进一步探究道德、法律因素对驾驶决策的具体影响程度,对其敏感性进行分析,定量地评估各参数对驾驶决策的影响。以 Y_6 前方目标通行权为例,首先按照目标通行权的不同值将样本分为两类,然后以距离(Y_9 车辆与前方目标的距离)为依据,对所有决策样本进行排序,最后依次计算左转决策样本和直行决策样本在各自类别里面所占的比例,通过研究样本趋势线的变化规律探究各因素对驾驶决策的敏感性。同理得到 Y_3 前方目标类型和 Y_5 前方目标数量对决策的影响程度。驾驶决策预测模型对道德及法律因素的敏感性分析结果如图 5.13 所示。

从图 5.13 中所有趋势线的 R^2 均在 0.84～0.99 之间近似于 1,可以认为趋势线是可靠的。从图 5.13(a) 中可以看出,车辆行驶在普通路段时,由于法律规定在当前路段驾驶人必须在保证穿行行人安全的前提下行车,此时车辆拥有的通行权受限,因此这种情况下如果突然有行人横穿马路造成道德困境,驾驶人普遍倾向于采取左转决策,避让拥有更高通行权的行人。当道德困境场景位于人行横道处时,由于人行横道信号为红灯,车辆具备高度通行权,因此对此时形成的道德困境场景,更多驾驶人倾向于采取直行决策,不让其他守法目标遭受无妄之灾。

从图 5.13(b) 中可以看出,当前方目标为儿童时,更容易使驾驶人采取左转决策。考虑个体生理强度上的差异,与成年人相比儿童在事故中遭遇重创的概率更大,更容易成为驾驶人的躲避目标。但随着样本数量增加,儿童和成年人之间的差距逐渐缩小,说明在紧急情况下驾驶人的决策并不是绝对理想化的,同时也证明了人类个体作为碰撞目标,不应该被差异化对待。

从图 5.13(c) 中可以看出,当前方目标个数激增时,驾驶人的决策明显倾向于保护更多的生命,采取左转决策的比例远远超出采取直行决策的比例,并且随着样本数量的增加还有进一步拉开差距的趋势。

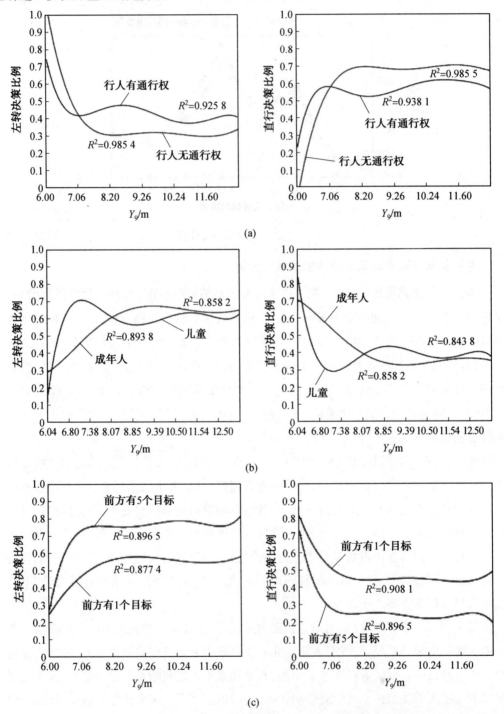

图 5.13 驾驶决策预测模型对道德及法律因素的敏感性分析结果

4. 实验中驾驶人决策分析讨论

场景决策结果统计如图 5.14 所示（柱形图代表同一场景下驾驶人选择的碰撞目标）。

(a) 场景 A

(b) 场景 B

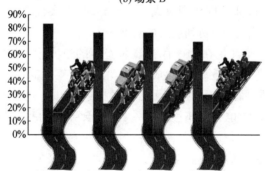

(c) 场景 C

图 5.14 场景决策结果统计

（1）碰撞目标类型与情景归责。

场景 A 中将碰撞目标分为儿童、成人、摩托车和轿车。总的来说，67.5% 的驾驶人选择保护儿童和成人，32.5% 的驾驶人选择碰撞摩托车和轿车。其中同样面对正常行驶的摩托车，选择保护儿童的人数相较于选择保护成人的人数更多。但同样面对正常行驶的轿车，选择保护儿童的人数和选择保护成人的人数无显著差异。

场景 A 与场景 B 对比，场景 B 深化了场景中表征法律的元素。场景 A 测试的结果是人们倾向于选择保护儿童和成人，碰撞对向车道目标。相较于场景 A，场景 B 中强调了儿童和成人闯红灯的行为，因此选择保护儿童和成人的驾驶人数量减少，保护无辜骑行人员的人数增加，如图 5.14(b) 所示。

通过对不同场景中决策的责任判定进行分析，场景 A 中无论是直行还是左转，实验车都是承担主要责任，因此这时是在儿童、成人、保护措施良好的摩托车及轿车形成的组合中选择，很明显选择保护儿童和成人的驾驶人居多。通过场景 A 与场景 B 的实验对比，当违法目标群体与遵守法律并且无辜的群体数量一致时，驾驶人明确碰撞违法群体会比碰撞守法群体承担相对较少的责任，因此多数人会选择保护遵守法律且无辜的群体。

总之，无论是作为驾驶人还是作为旁观者，都倾向于在事故中保护容易受到损伤的儿童；但是加入法律因素后，更多的人会考虑决策背后的法律责任。于是，一部分人改变了之前的决策，寄希望于将自己所需承担的法律责任降到最低，并且不连累无辜者。

自动驾驶汽车作为机动车的一种，必然需要遵循交通法规。然而，目前针对自动驾驶汽车的相关法律文件还不够完善，各国多处于摸索阶段，主要问题表现为事故责任主体不明确。

(2) 碰撞目标数量与情景归责。

场景 B 与场景 C 进行对比，场景 C 强调了目标数量对决策的影响。场景 B 中，更多驾驶人选择碰撞闯红灯的儿童；但是在场景 C 中，当违法的人数增加到 5 人时，多数驾驶人选择躲避前方目标，碰撞无辜的摩托车或轿车。

通过对道德困境下的驾驶决策进行分析，可知碰撞目标的数量仍然是研究的重点。事实上，以功利主义为核心的自动驾驶汽车道德算法是当今社会认可度最高的算法。通过场景 B 与场景 C 的实验对比，当事故责任方变为 5 人时，绝大部分驾驶人会选择牺牲无辜，保护数量较多的违法群体。即出现较大数量差异时，大多数驾驶人会忽略承担责任的多少，选择拯救更多的生命，这与功利主义的思想相符。

随着问题的复杂化，尤其是在个体存在显著差异的情况下，功利主义往往会陷入困境。例如在一场不可避免的交通事故中，成年人、儿童、老年人的易损程度显然是不同的，随之造成的损伤也会不同，而且损伤往往无法定量描述；同时，在车内有安全措施保护的乘客与毫无防备的行人之间也有损伤程度的差异，这会导致功利主义在计算碰撞损失最小化时产生分歧。

另一个显著的困难在于功利主义与利己主义的冲突。汽车的制造厂商和消费者自然希望自动驾驶汽车奋不顾身地保护车内乘客，但这往往与功利主义冲突。在功利主义看来，如果车内乘客受一定程度的伤能使车外生命免于致命伤害，是可以接受的；但当车内的乘客变成自己和亲属的时候，相信大多数人会选择自我保护。

单纯的功利主义与利己主义并不能代表决策困境中的最佳决策，即使做出的决策能够让大多数人信服，但在实际执行过程中往往不能代表人类真实的感受。因此在道德算法的制定过程中，需要情景归责对其进行修正，利用法律保护无辜群体。

5.4 总　　结

本章先针对不触及法律、道德的工况,以前车紧急制动造成的追尾事故为研究场景,基于交通事故数据处理分析和优化的 SVM 算法,为自动驾驶汽车建立了各种紧急决策(制动、转向及制动 + 转向)下的碰撞严重性预测模型。将同一个紧急场景样本输入 3 个紧急决策对应的碰撞严重性预测模型进行对比,获取决策结果,并总结了不同速度下的驾驶决策规律。然后对道德困境下的决策进行初探,利用虚拟驾驶实验还原"鬼探头"的典型道德困境场景进行实验,通过设置碰撞目标数量和类型等条件,采集不同场景下的驾驶决策结果,重点分析道德、法律因素对驾驶决策的影响,为紧急工况下的驾驶决策奠定基础。

第 6 章　自动驾驶汽车避撞决策与控制

本章从车辆行驶避撞的微观角度来分析紧急工况下的避撞决策与控制。在紧急工况下,可以通过控制车辆避免碰撞。常见情况下车辆避撞方式主要分为紧急制动(纵向避撞)、紧急转向换道(横向避撞)、紧急制动+转向(横纵向避撞)。如果前两种单一操作的避撞不成功,则采用两种操作结合的方式避撞。本章只讨论前两种单一操作的避撞决策与控制,主要提供一种思路和方法,分析什么情况下紧急制动更有效,什么情况下紧急转向换道更有效。

6.1　紧急避撞评价指标

紧急制动与紧急转向换道的临界避撞效果如图 6.1 所示。车辆紧急制动是通过紧急制动来降低车辆的速度,使自动驾驶汽车与前车保持安全距离以脱离危险;紧急转向换道则是通过改变车辆行驶方向,改换车道以脱离危险。针对不同的紧急工况,智能驾驶汽车应如何选择有效的避撞决策控制? 由于交通环境复杂多变,本章做了以下假设:

(1) 障碍物为前方静止的车辆或行人,或者为正在匀速行驶的车辆;
(2) 制动减速度最大,且制动为匀减速运动;
(3) 有换道空间。

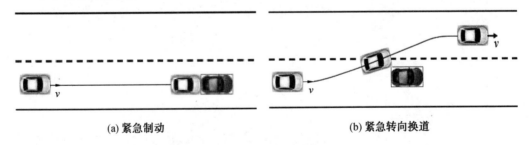

(a) 紧急制动　　　　　　　　　　(b) 紧急转向换道

图 6.1　车辆临界避撞示意图

对于自动驾驶汽车前方突然出现障碍物的情况,紧急制动与紧急转向换道是躲避障碍物的有效措施。判断两种方案的有效性,只需分析一下临界避撞的状态,并与之进行对比即可。以前方出现障碍车辆为例进行说明,紧急制动临界碰撞指该车辆采取制动接近前车尾端时,该车辆的最前端与障碍车的末端相邻的情况。紧急转向换道临界碰撞指该车辆采取转向换道时,其前右角点与障碍车辆的后左角点相邻的情况(以向左变道为例)。

目前,车辆避撞控制策略的设计主要采用安全距离算法和碰撞时间模型。安全距离算法的基本设计思想为:保持避免车辆与目标车辆发生碰撞所需的安全距离,并以两者实时距离衡量碰撞风险。碰撞时间模型的基本设计思想为:从时间角度评判车辆碰撞风险,以本车保持当前行驶状态与目标发生碰撞的时间作为衡量碰撞风险的指标。

1. 碰撞时间(time to collision, TTC)

同一路径上的两车,在采取制动或转向换道措施的前提下保持当前状态不发生改变至即将发生碰撞时所需要的时间,其中紧急制动碰撞时间计算公式如下:

$$\text{TTC} = \begin{cases} -\dfrac{d_{\text{rel}}}{v_{\text{obj}} - v_{\text{ego}}}, & a_{\text{obj}} = 0 \text{ (一阶)} \\ \dfrac{-(v_{\text{obj}} - v_{\text{ego}}) - \sqrt{(v_{\text{obj}} - v_{\text{ego}})^2 - 2(a_{\text{obj}} - a_{\text{ego}})d_{\text{rel}}}}{a_{\text{obj}} - a_{\text{ego}}}, & a_{\text{obj}} \neq 0 \text{ (二阶)} \end{cases} \tag{6.1}$$

式中,d_{rel} 为两车间距;v_{obj} 为目标车速度;v_{ego} 为本车速度;a_{obj} 为目标车加速度;a_{ego} 为本车加速度;d_{rel}、$v_{\text{obj}} - v_{\text{ego}}$ 及 $a_{\text{obj}} - a_{\text{ego}}$ 由雷达传感器获得。根据前方目标车辆行驶状态选取一阶或二阶碰撞时间 TTC 模型,前方目标加速度为 0 则采用一阶 TTC,前方目标加速度不为 0 则采用二阶 TTC。

紧急转向换道避撞时间由于涉及障碍物的宽度、转向横纵向位移的长短、稳定性等,情况非常复杂,需要根据具体情况进行分析。在车辆行驶过程中,车辆根据周围环境信息对操纵行为进行决策,虽然纵向危险性的评估大多采用 TTC,但是转向换道避撞的时间计算复杂,综合考虑纵向安全距离指标比时间指标更加直观,故下面以纵向安全距离为指标进行说明。

2. 纵向安全距离

(1) 紧急制动纵向安全距离。

紧急制动纵向安全距离指制动操作下,从发现障碍物采取措施到碰撞前车辆在行驶方向上所经历的纵向距离。常见的有马自达公司采用的紧急制动纵向安全距离算法:

$$d_{\text{b}} = v_{\text{ego}} t_{\text{d}} + (v_{\text{ego}} - v_{\text{obj}}) t_{\text{brk}} + \left[\dfrac{1}{2}\left(\dfrac{v_{\text{ego}}^2}{a_{\text{ego}}} - \dfrac{v_{\text{obj}}^2}{a_{\text{obj}}}\right) + d_0\right] \tag{6.2}$$

式中,t_{d} 为驾驶人反应时间;t_{brk} 为制动器作用时间;d_0 为两车停止前的最小安全距离。

针对本章假设情况,当自动驾驶汽车突然检测到前方障碍物(障碍车辆或行人)时,为应对紧急工况,车辆将以稳定的最大制动减速度来控制车辆减速,当两者相对速度为 0 时,两车相距 d_0,极限情况为两车处于临界接触情况,d_{a} 为该车辆质心到车最前端的距离。

$$\text{LSD}_{\text{bmin}} = \dfrac{(v_{\text{ego}} - v_{\text{obj}})^2}{2a_{\text{ego}}} + d_{\text{a}} \tag{6.3}$$

(2) 紧急转向换道纵向安全距离。

紧急换道过程纵向安全距离指车辆行驶条件下,从发现障碍物采取转向换道措施至碰撞前瞬间车辆在行驶方向上所经历的纵向距离。紧急转向换道纵向安全距离比较复杂,其与该车辆及障碍物的速度 v、加速度 a、转向角度 δ、路面附着系数 μ 及车道宽度等密切相关,其数学模型可表述如下:

$$d_{\text{s}} = f(v_{\text{ego}}, v_{\text{obj}}, a_{\text{ego}}, a_{\text{obj}}, u, x_{\text{e}}, y_{\text{e}}, \cdots) \tag{6.4}$$

6.2 基于紧急转向换道的纵向安全距离算法

分析自动驾驶汽车的紧急转向换道过程,首先根据障碍物的具体情况,确定转向的方向及临界转向换道轨迹,然后在此基础上计算纵向安全距离。计算安全距离时应先将自动驾驶汽车简化为一个质点,建立纵向安全距离算法,考虑自动驾驶汽车的尺寸特征,对紧急转向换道的纵向安全距离算法进行改进。该算法与转向换道轨迹、交通环境信息、该车辆和障碍物的尺寸信息及二者之间的相对位置等因素密切相关,计算流程如图6.2所示。

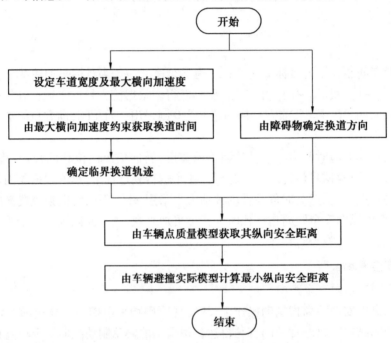

图6.2 紧急转向换道纵向安全距离计算流程

6.2.1 紧急转向换道方向

在紧急转向换道过程中,理想的避撞操作方式是由自动驾驶汽车与前方目标车辆间的相对位置、道路环境等因素确定的,不同条件下的转向换道方向有差异。假设相邻车道有足够的空间允许自动驾驶汽车换道,那么一般情况下有两种转向换道方式,即向左车道换道或向右车道换道。

以图6.3所示的地面坐标系 xOy 进行阐述,图中 x 轴与车道线的方向一致,y 轴垂直于车道线,红色和蓝色曲线分别代表本车的质心所经过的左转和右转的轨迹。(x_{ego}, y_{ego})、(x_{obj}, y_{obj}) 分别为本车、目标车辆质心的坐标。由紧急转向换道的临界避撞曲线图可知,如果 $y_{ego} > y_{obj}$,自动驾驶汽车采取向左车道换道方式比向右车道换道方式的避撞效果好,理想避撞方式则是向左车道换道,如图6.3(b)所示;否则选择向右车道换道方式。如果 $y_{ego} = y_{obj}$,向左车道换道和向右车道换道具有相同的效果,因此两种避撞方式皆可,如图6.3(a)所示。

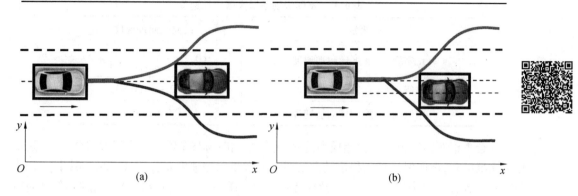

图 6.3 转向换道的理想避撞曲线

6.2.2 临界紧急转向换道轨迹

紧急转向换道避撞要求有二:一是能够尽快安全避开障碍物;二是能够更好地保证换道的稳定性。评判车辆稳定性的参数有质心侧偏角、横向加速度等,目前常用横向加速度进行衡量。若要保证车辆稳定换道,则车辆行驶的速度及横向加速度均必须处于特定的范围内。

$$\begin{cases} v_{\text{ego}} \leqslant v_{\max} \\ a_y \leqslant a_{y\max} \end{cases} \tag{6.5}$$

式中,v_{ego} 为本车行驶的当前速度;$v_{\max}$ 为在当前车道上车辆行驶所允许的最大速度;a_y 为本车换道的横向加速度;$a_{y\max}$ 为最大横向加速度,它是由其动力学模型、轮胎特性及路面状况等因素决定的。

为了保证车辆纵、横向安全稳定性,下面对车辆的横向加速度进行推导,把换道轨迹转换为基于时间的表达式:

$$y(t) = y_e \left[10 \left(\frac{t}{t_e} \right)^3 - 15 \left(\frac{t}{t_e} \right)^4 + 6 \left(\frac{t}{t_e} \right)^5 \right] \tag{6.6}$$

式中,t_e 为完成整个转向换道的时间;y_e 为转向换道的横向距离,一般设为车道的宽度。

对式(6.6)求一阶导数,得横向速度表达式如下:

$$v_y(t) = y'(t) = \frac{y_e}{t_e^5}(30t_e^2 t^2 - 60t_e t^3 + 30t^4) \tag{6.7}$$

对式(6.6)求二阶导数,得横向加速度表达式如下:

$$a_y(t) = y''(t) = \frac{60 y_e}{t_e^5}(2t^3 - 3t_e t^2 + t_e^2 t) \tag{6.8}$$

理想状况下,需要保证其转向换道的横向加速度小于其稳定转向换道的最大横向加速度,这里以其最大横向加速度为基准对其进行分析。对横向加速度在转向换道时间 $[0, t_e]$ 内求最大值,得到最大横向加速度

$$a_{y\max} = \frac{10\sqrt{3} y_e}{3 t_e^2} \Rightarrow (t_e)_{\min} = \sqrt{\frac{10\sqrt{3} y_e}{3 a_{y\max}}} \tag{6.9}$$

研究表明,极限工况下车辆最大横向加速度与道路附着系数有关,不同级别下最大横向加速度见表6.1。

表 6.1　不同级别下最大横向加速度

级别	最大横向加速度
正常级,低强度横向加速度	$\left[0.25v-\left(\dfrac{v}{44}\right)^{1.85}\right]g$
较强级,中等强度的横向加速度	$(0.22-0.002v)g$
限制级,危险的横向加速度	$0.67\mu g$

综合考虑车辆动力学及轮胎模型约束,将轮胎侧向力与车辆动力学模型结合,由经验及相关文献可知,选取保证车辆稳定转向换道的最大横向加速度 $a_{y\max}$ 为 $0.53\mu g$,其中 μ 为路面附着系数,g 为重力加速度,良好公路的路面附着系数为 $0.70\sim0.85$。然后结合已知转向换道横向位移 y_e,由公式(6.9)可以求出最小转向换道时间 t_e,进而获得临界转向换道轨迹。

6.2.3　纵向安全距离算法

(1) 避撞横向位移。

不同的避撞横向位移决定了避撞速度及转向的方向,避撞横向位移越小越好,其与自动驾驶汽车和障碍车辆的相对位置、障碍车辆的尺寸密切相关,如图 6.5(a)所示,$y_{\text{ego}}>y_{\text{obj}}$,则自动驾驶汽车的避撞横向位移为

$$y=\dfrac{W_{\text{obj}}}{2}-\mid y_{\text{ego}}-y_{\text{obj}}\mid \tag{6.10}$$

式中,W_{obj} 为障碍车辆的宽度;y_{ego},y_{obj} 分别为本车、目标车辆 y 轴方向上的坐标。

(2) 纵向安全距离算法。

在紧急转向换道过程中,由于转向急、空间小,应力求保证在车辆安全稳定的条件下换道,也即在其可行域中找到符合的极限条件。在分析之前,做如下假设:

① 当前车辆在其车道内正常行驶;

② 由于紧急转向换道的时间短,可以把车辆的纵向速度看成常数值,即变道过程中车辆纵向速度与变道前初始纵向速度保持一致;

③ 在紧急转向换道时,将车辆简化为矩形来分析。

转向换道临界避撞分析模型如图 6.4 所示。

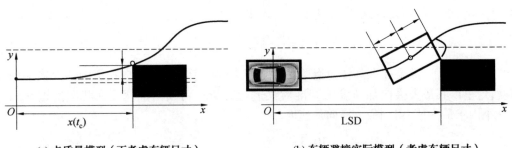

(a) 点质量模型(不考虑车辆尺寸)　　(b) 车辆避撞实际模型(考虑车辆尺寸)

图 6.4　转向换变道临界避撞分析模型

由图 6.5 可知,车辆转向换道的纵向安全距离 $\text{LSD}_{s\min}$ 由两部分组成:

① 车辆点质量模型。首先将车辆视为质点,即不考虑车辆的尺寸参数,如图 6.5(a)所示,当车辆处于临界碰撞点时,该车辆的质心与前车(障碍车辆)的后左角点重合。根据避撞横向位移确定其驶过的距离 $x(t_c)$;由横向位移 y 和换道轨迹求出临界碰撞时间 t_c:

$$y = y_e \left[10\left(\frac{t_c}{t_e}\right)^3 - 15\left(\frac{t_c}{t_e}\right)^4 + 6\left(\frac{t_c}{t_e}\right)^5 \right] \tag{6.11}$$

在临界碰撞点时,其航向角为

$$\varphi(t_c) = \tan^{-1} \frac{v_y(t_c)}{v} \tag{6.12}$$

则得到点质量模型下的纵向安全距离算法如下:

$$x(t_c) = (v_{ego} - v_{obj}) t_c \tag{6.13}$$

式中,y_e 为车道宽度;v_{ego},v_{obj} 分别为本车与目标车辆的速度;t_c 为临界碰撞时间。

② 车辆避撞实际模型。显然,纯粹的车辆点质量模型是不能反映车辆运行的实际情况的。由于车辆具有一定的长度、宽度等尺寸,这里需要在车辆点质量临界碰撞情况的基础上,根据自动驾驶汽车的技术参数对车辆的避撞距离进行调整,如图 6.5(b)所示,车辆临界避撞的纵向安全距离算法如下:

$$\text{LSD}_{\text{smin}} = x(t_c) + d_a \cos \varphi(t_c) + c \sin \varphi(t_c) = (v_{ego} - v_{obj}) t_c + \sqrt{d_a^2 + c^2} \sin(\varphi(t_c) + \theta) \tag{6.14}$$

式中,d_a 为自动驾驶汽车的质心与车辆最前端的距离;c 为自动驾驶汽车的车身宽度的一半;$\varphi(t_c)$ 为临界碰撞时车身航向角;$\theta = \tan^{-1}(d_a/c)$。

由于在紧急转向换道过程中存在侧倾、侧偏等运动,因此在计算其临界碰撞位置时需要根据车辆的长度、宽度等尺寸信息进行适当的调整。为保证安全性,d_a 和 c 的具体尺寸可根据经验进行适当放大,其公式变换如下:

$$\text{LSD}_{\text{smin}} = x(t_c) + \sqrt{d_a^2 + c^2} \tag{6.15}$$

由式(6.15)可知,临界转向换道的纵向安全距离是由车辆尺寸及点质量模型下的一系列参数所决定的。

6.3 基于模糊 PID 控制的换道轨迹控制算法

车辆换道轨迹控制使用模糊 PID 控制策略,整个控制器的输入量是自动驾驶汽车期望轨迹与实际轨迹的横向偏差及偏差变化率,输出量是前轮转角。模糊控制器输入是作为 PID 参数的增量进行调节,以此来改变智能车导航参数,并不是直接改变参数 K_p、K_i 和 K_d 的值。模糊 PID 控制器设计核心是通过计算当前偏差 e_L 和偏差变化率 $\dot{e}_L$,根据工程设计人员的技术知识和实际的操作经验,建立针对三个参数 K_p、K_i 与 K_d 的增量 ΔK_p、ΔK_i、ΔK_d 的模糊控制规则表。

6.3.1 模糊 PID 控制的输入输出设计

由文献及相关专家经验,设定偏差、偏差变化率、PID 的模糊子集,中间选择三角形隶属度函数,两侧(NB,PB)选择高斯隶属度函数。结合多次仿真,设定模糊参数论域数值如下:

$$e_{\text{L}}: \begin{pmatrix} -0.4 \\ -0.267 \\ -0.133 \\ 0 \\ 0.133 \\ 0.267 \\ 0.4 \end{pmatrix}, \dot{e}_{\text{L}}: \begin{pmatrix} -1 \\ -0.667 \\ -0.333 \\ 0 \\ 0.333 \\ 0.667 \\ 1 \end{pmatrix}, \Delta K_{\text{p}}: \begin{pmatrix} 0 \\ 0.167 \\ 0.333 \\ 0.5 \\ 0.667 \\ 0.833 \\ 1 \end{pmatrix}, \Delta K_{\text{i}}: \begin{pmatrix} 0 \\ 0.005 \\ 0.01 \\ 0.015 \\ 0.02 \\ 0.025 \\ 0.03 \end{pmatrix}, \Delta K_{\text{d}}: \begin{pmatrix} -0.003 \\ -0.002 \\ -0.001 \\ 0 \\ 0.001 \\ 0.002 \\ 0.003 \end{pmatrix}$$

基于所确定的论域数据,在模糊编辑器里完成输入参数和输出参数的隶属函数的定义,如图6.5、图6.6所示。

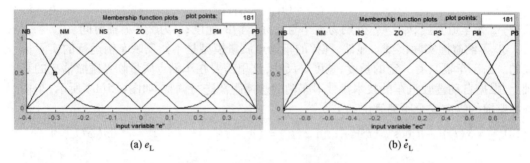

(a) e_{L} (b) $\dot{e}_{\text{L}}$

图6.5 输入参数的隶属度函数

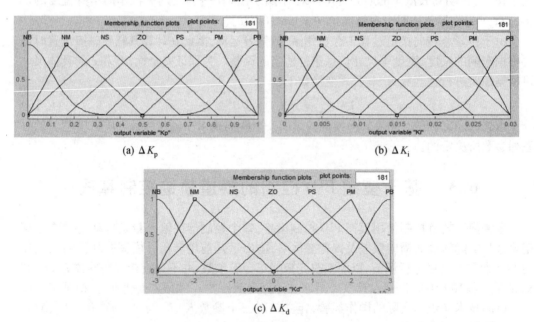

(a) ΔK_{p} (b) ΔK_{i}

(c) ΔK_{d}

图6.6 输出参数的隶属度函数图

6.3.2 模糊PID控制规则

在PID控制之前增加模糊控制环节,根据一定的模糊规则对PID的参数进行实时优化,以克服传统PID参数无法实时调整PID参数的缺点,模糊规则确定的依据如下:

(1) 在偏差的绝对值 $|e_L|$ 较大时,即处于输出响应的初始阶段,为调高系统的响应速度,并降低偏差 e_L 开始时的瞬间增大造成微分饱和时超出允许范围的可能,此时应取较大的 K_p 值及较小的 K_d 值。并为了避免系统在响应时出现过大的超调量,此时限制积分作用,将 K_i 取 0。

(2) 当偏差的绝对值 $|e_L|$ 与偏差变化率的绝对值 $|\dot{e}_L|$ 的大小位于中间时,为了降低系统响应的超调量,K_p、K_i、K_d 的取值都不能过大。具体来说,K_i 可以取较小值,K_p 的选取也要适中,因为此时 K_d 对系统响应的影响较大,所以其取值也要适当。

(3) 当偏差绝对值 $|e_L|$ 较小时,为了使系统的稳态特性良好,选取较大的 K_p、K_i 值。考虑到系统的抗干扰性能,同时为了避免系统在设定值附近出现振荡,适当选取 K_d 值。即在 $|\dot{e}_L|$ 较小时选取较大的 K_d,在 $|\dot{e}_L|$ 较大时选取较小的 K_d。

根据模糊参数设定的要求,制定如下的模糊规则表(表 6.2 ~ 6.4):在模糊参数设定中,需要设置偏差 e_L、偏差变化率 $\dot{e}_L$ 及 PID 参数的 3 个增量 ΔK_p、ΔK_i、ΔK_d 的取值范围。表中,将模糊子集的数量定为 7 个,用 NB、NM、NS、ZO、PS、PM、PB 来代表子集中的元素,其中首字母为 N 代表负数,为 P 代表正数;尾字母为 B 代表大,为 M 代表中等,为 S 代表小;ZO 代表零。

表 6.2 ΔK_p 的模糊控制规则

ΔK_p		输入变量偏差变化率 $\dot{e}_L$						
		NB	NM	NS	ZO	PS	PM	PB
输入变量偏差 e_L	NB	PB	PM	PM	ZO	NS	NS	ZO
	NM	PM	PM	PS	ZO	NS	ZO	ZO
	NS	PS	PS	PS	ZO	NS	ZO	ZO
	ZO	PS	PS	PS	ZO	NS	PS	PS
	PS	ZO	ZO	ZO	ZO	NS	PS	PS
	PM	ZO	ZO	ZO	ZO	PM	PM	PM
	PB	NS	NS	NS	ZO	PM	PB	PB

表 6.3 ΔK_i 的模糊控制规则

ΔK_i		输入变量偏差变化率 $\dot{e}_L$						
		NB	NM	NS	ZO	PS	PM	PB
输入变量偏差 e_L	NB	NB	NB	NM	NM	NS	ZO	ZO
	NM	NB	NB	NM	NS	NS	ZO	ZO
	NS	NB	NM	NS	NS	ZO	PS	PS
	ZO	NM	NM	NS	ZO	PS	PM	PM
	PS	NM	NS	ZO	PS	PS	PM	PB
	PM	ZO	ZO	PS	PS	PM	PB	PB
	PB	ZO	ZO	PS	PM	PM	PB	PB

表 6.4 ΔK_d 的模糊控制规则

ΔK_d		输入变量偏差变化率 $\dot{e}_L$						
		NB	NM	NS	ZO	PS	PM	PB
输入变量偏差 e_L	NB	PS	NS	NB	NB	NB	NM	PS
	NM	PS	NS	NB	NM	NM	NS	ZO
	NS	ZO	NS	NM	NM	NS	NS	ZO
	ZO	ZO	NS	NS	NS	NS	NS	ZO
	PS	ZO	ZO	ZO	ZO	ZO	ZO	ZO
	PM	PB	NS	PS	PS	PS	PS	PB
	PB	PB	PM	PM	PM	PS	PS	PB

将规则及隶属度函数设定好之后,可以通过模糊编辑器的 View 菜单对设定的规则进行三维构图,这样可以更直观地了解控制规则,构建的三维图形如图 6.7 所示。

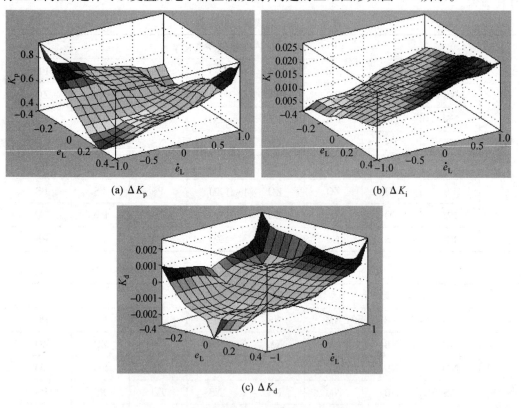

图 6.7 PID 参数控制规则三维图形

6.3.3 车辆换道避撞控制模型

车辆换道避撞控制模型如图 6.8 所示,其主要目标是实时计算车辆的实际换道轨迹与期望轨迹之间的偏差,通过模糊 PID 控制器调整参数控制车辆沿期望轨迹行驶。模糊 PID 控制器将模糊控制与 PID 控制结合起来,具有参数可以自动调整的优点,实现车辆安全稳定运行;CarSim 车辆模型主要是在 CarSim 软件中搭建车辆模型,通过建立车辆前轮转角输入变量及位移等输出变量,与 Matlab/Simulink 联合。需要注意的是,在紧急工况下,轮胎大多处于非线性状态,需要采用非线性魔术公式轮胎模型。

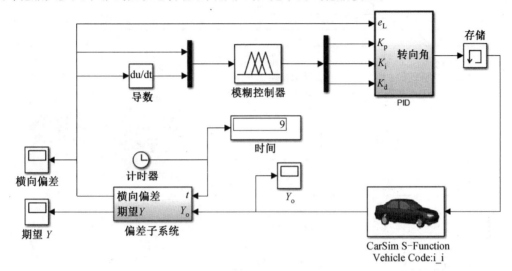

图 6.8　车辆换道避撞控制模型

6.4　紧急工况下自动驾驶汽车避撞仿真分析

6.4.1　紧急工况的避撞决策

处于前方有障碍物的紧急工况下,车辆将如何决策?图 6.9 所示为紧急工况下避撞决策流程图,计算具体工况下紧急制动和紧急转向换道的最小纵向安全距离,取纵向安全距离最小的操作方式来避撞。

两种安全距离算法都是关于车速的函数,对于紧急制动而言,其 LSD 值是由自动驾驶汽车与障碍车辆的速度及制动减速度决定的,它的值与速度的平方正相关;对于紧急转向换道而言,其 LSD 值是由自动驾驶汽车和障碍车的速度、尺寸特征和相对位置等因素决定的,其值随车速的增加而呈线性变化。将两种安全距离算法联立,获得临界车速。临界车速指两种紧急避撞方式的 LSD 值相等时的车速,即此时两种操作方式避撞效果相同。当前车车速大于临界车速时,紧急转向换道的 LSD 值较小,紧急转向换道是合理的选择;当前车车速小于临界车速时,紧急制动是合理的选择。在紧急转向换道过程中,根据自动驾驶汽车周围环境即道路宽度、障碍物的位置及尺寸大小等,规划出一条无碰撞、纵向安全距离最短且可行的路径,通过控制车轮转角、横摆角速度等结构参数来实现自动驾驶汽车对期望路径的跟踪行驶。在紧急制动操作下,通过控制制动器选取合理的制动减速度,达到预期的避撞效果。

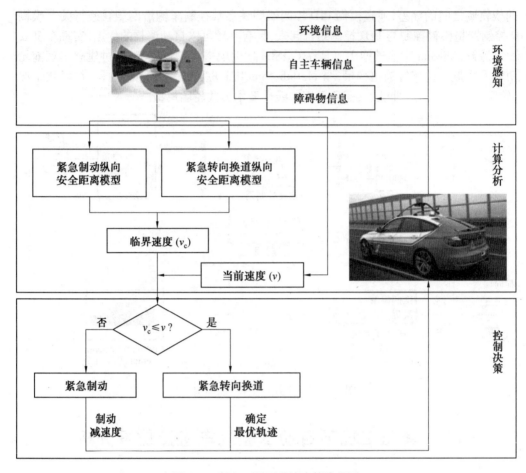

图 6.9 紧急工况下避撞决策流程图

6.4.2 紧急避撞决策理论分析

为验证以上理论决策的正确性,对车辆前方突然出现障碍物(障碍车辆或行人)的紧急工况进行仿真分析,分析比较车速与临界车速的关系,以及避撞效果。自动驾驶汽车及障碍物基本技术参数见如表 6.5。

表 6.5 自动驾驶汽车及障碍物基本技术参数

参数类型	具体参数		
	自动驾驶汽车/辆	障碍车辆/辆	行人/人
整备质量/kg	1 330	1 600	65
长度/m	4.66	4.79	—
宽度/m	1.78	1.80	0.5
高度/m	1.45	1.46	1.75
质心至前轴距离/m	1.84	—	—

实例中,假设自动驾驶汽车与障碍物的中心线在同一条直线上,道路宽度与城市公路保持一致,取 3.5 m。下面将着重对前方出现静止障碍物或运动障碍物的工况进行分析。需要说明的是,与车辆行驶速度相比,行人速度几乎为 0。

(1) 前方出现静止障碍物的工况。

以自动驾驶汽车前方突然出现静止障碍物为研究目标进行分析,车辆所处环境的道路情况分别为正常($\mu = 0.75$)、潮湿($\mu = 0.5$)及积水($\mu = 0.1$)路面。以车辆临界碰撞点时的纵向安全距离为纵坐标,速度(取 0 ~ 80 km/h)为横坐标绘制曲线图,如图 6.10 所示。

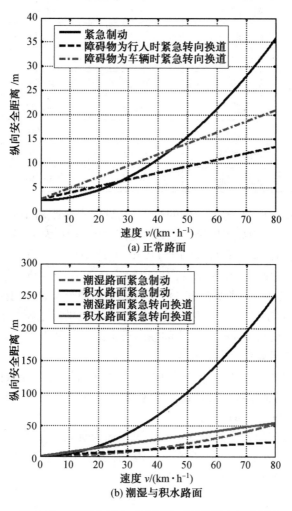

图 6.10 障碍物静止时不同路面下的纵向安全距离

从图 6.10 可以看出,障碍物不同时临界速度也不同。当障碍物分别为行人和车辆时,临界速度分别为 27.26 km/h 和 44.8 km/h。当障碍物都为车辆时,不同路面上的临界速度也不同,正常路面、潮湿路面与积水路面的临界速度分别为 44.8 km/h、36.01 km/h 与 16.79 km/h。因此,横向位移增大,其临界速度相应增加;路面附着系数增大,临界速度也会增加。

为进一步分析避撞情况及提供仿真数据,将图 6.10 中不同路面的纵向安全距离进行提取,获得表 6.6 的数据。

表 6.6 不同静止障碍物时两种避撞策略的纵向安全距离

行驶速度 /(km·h⁻¹)	路面类型	纵向安全距离 /m		
		紧急制动	紧急转向换道	
			障碍车辆	行人
40	正常路面	11.76	10.74	7.98
	潮湿路面	13.65	14.92	—
	积水路面	28.53	65.34	—
60	正常路面	16.37	21.22	10.70
	潮湿路面	19.20	30.64	—
	积水路面	41.54	144.07	—
80	正常路面	20.98	35.90	13.42
	潮湿路面	24.76	52.64	—
	积水路面	54.54	254.30	—

从表 6.6 中可以直观得知,随着速度的增大,其纵向安全距离不断增大;当道路的附着系数增大时,其纵向安全距离不断减小。以车速为 40 km/h 为例,障碍物为车辆时,正常、潮湿与积水路面的纵向安全距离分别为 11.76 m、13.65 m、28.53 m。

当车速大于临界车速时,采用紧急转向换道措施更加有效;否则,采用紧急制动措施更加有效。例如:正常路面上,速度在 40 km/h 时紧急制动与紧急转向换道对应的纵向安全距离分别为 10.74 m 与 11.76 m,说明紧急制动避撞效果优于紧急转向换道;速度在 60 km/h 时紧急制动与紧急转向换道对应的纵向安全距离分别为 21.22 m 与 16.37 m,说明紧急转向换道避撞效果要优于制动操纵。

对比行人与车辆两种障碍物,在同样条件下,从表中可以看出,当避撞横向位移较小(行人)时,避撞纵向安全距离较小,其临界车速也低。

(2) 前方出现运动障碍物的工况。

这里以自动驾驶汽车前方突然出现运动障碍车辆为研究目标进行分析。前方障碍车辆以 30 km/h 的速度匀速行驶,车辆所处环境的路面情况为正常路面(附着系数取 0.75)。以车辆临界碰撞点时的纵向安全距离为纵坐标,速度(取 30 ~ 80 km/h)为横坐标绘制曲线图,如图 6.11 所示。

从图 6.11 中可得知,当自动驾驶汽车前方突然出现以 30 km/h 的速度行驶的障碍车辆时,其临界车速为 74.8 km/h;当自动驾驶汽车以 60 km/h 的速度行驶时,其紧急转向换道与紧急制动的纵向安全距离分别为 11.05 m 与 9.0 m,说明紧急制动避撞效果较理想;当自动驾驶汽车以 80 km/h 的速度行驶时,其紧急转向换道与紧急制动的纵向安全距离分别为 17.10 m 与 19.25 m,说明紧急转向换道避撞效果更佳。因此当自动驾驶汽车行驶速度大于 74.8 km/h 时,应采取紧急转向换道措施进行避撞;否则应采取紧急制动措施进行避撞。

第6章 自动驾驶汽车避撞决策与控制

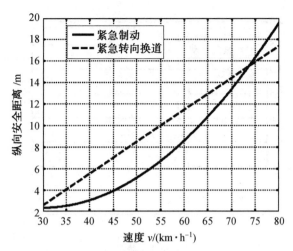

图 6.11 障碍车辆以 30 km/h 的速度运动时正常路面下的纵向安全距离曲线图

6.4.3 紧急避撞决策动力学仿真

为验证车辆是否能安全有效地避撞,本节将分别以自动驾驶汽车前方突然出现静止或匀速运动的障碍车辆为研究目标,讨论自动驾驶汽车分别以 60 km/h 和 80 km/h 的速度匀速行驶于正常路面上(其中静止障碍车辆速度设为 0、匀速运动的障碍车辆速度设为 30 km/h) 时,分别采取两种紧急避撞策略,设定相应的纵向安全距离(各参数设置与上节保持一致),采用模糊 PID 控制,基于 CarSim 与 Simulink 联合仿真紧急工况下自动驾驶汽车避撞效果,给出最优避撞决策方式,来验证理论结果的可行性。

1. 车速为 60 km/h 时紧急避撞决策仿真分析

考虑到紧急工况的设定问题,首先考虑自动驾驶汽车车速为 60 km/h 时的具体工况。分别讨论前方障碍物为静止或匀速运动的障碍车辆的情况。

(1) 前方障碍物为静止障碍车辆。

根据实例分析结果,以车辆紧急制动的纵向安全距离为基准,对避撞决策进行仿真。设定在前方障碍物为静止障碍车辆时采取紧急制动的纵向安全距离为 21.22 m。首先设置自动驾驶汽车从 0 s 开始匀速行驶至 2.3 s;在 2.3 s 以后,自动驾驶汽车采取两种避撞方式:紧急制动避撞通过设置制动力确保车辆在减速状态进行避撞;紧急转向换道避撞通过前面章节规划的最优轨迹进行避撞。以此来分析自动驾驶汽车避撞效果。

图 6.12 为障碍车辆静止时车速为 60 km/h 的自动驾驶汽车避撞决策仿真场景,其中图 6.12(a) 与 6.12(b) 分别为紧急制动与紧急转向换道的避撞场景图。图 6.13 为障碍车辆静止时车速为 60 km/h 的自动驾驶汽车避撞决策仿真分析图。

(a) 紧急制动　　　　　　　　　　　　(b) 紧急转向换道

图 6.12　障碍车辆静止时车速为 60 km/h 的自动驾驶汽车避撞决策仿真场景图

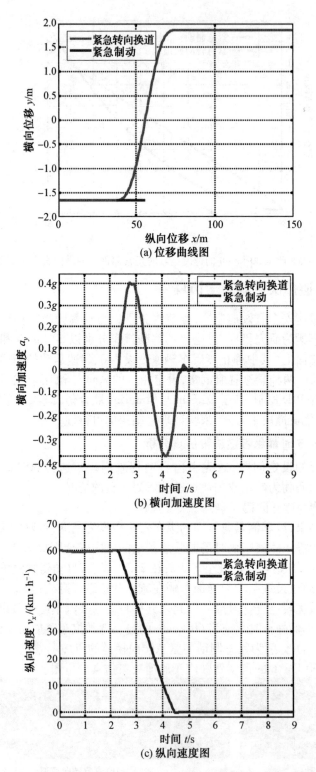

图6.13 障碍车辆静止时车速为60 km/h的自动驾驶汽车避撞决策仿真分析图

第6章 自动驾驶汽车避撞决策与控制

从图 6.12 中可看出,当自动驾驶汽车以 60 km/h 的速度匀速行驶、前方突然出现静止障碍车辆时,紧急制动避撞处于临界状态;当采取紧急转向换道措施时,从图 6.12(b)中可知,自动驾驶汽车与障碍车辆未达到临界状态,留有一定空间,说明采取紧急换道避撞更安全有效。

由图 6.13(a) 可得出,当时间为 2.3 s 时自动驾驶汽车采取两种方式进行避撞,紧急制动的纵向安全距离明显大于紧急转向换道的纵向安全距离,因此在两种避撞方式都能避开前方静止障碍物的前提下,紧急转向换道避撞更加有效,因此采取紧急转向换道措施较安全。从图 6.13(b) 可以看出,紧急转向换道的横向加速度最大值为 $0.4g$,紧急制动的横向加速度为 0,符合紧急稳定避撞要求。从图 6.13(c) 可以看出,紧急转向换道的纵向速度约为60 km/h, 可认为基本保持不变;在 2.3 s 时开始采取紧急制动措施,其减速度约为最大减速度 7.4 m/s^2,均与紧急避撞理论分析相符。

(2) 前方障碍物为以 30 km/h 的速度匀速行驶的障碍车辆。

当自动驾驶汽车检测到前方以 30 km/h 的速度匀速行驶的障碍车辆时,以自动驾驶汽车从 60 km/h 减速至 30 km/h 的紧急制动避撞的纵向安全距离为基准,将其设置为 9.0 m。紧急制动通过设置制动力达到减速目的进行避撞;紧急转向换道将通过对设计的最优轨迹进行跟踪来避撞。车辆紧急避撞决策仿真场景图如图 6.14 所示,避撞决策仿真分析图如图 6.15 所示。

(a) 紧急制动

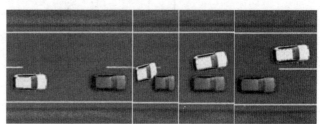
(b) 紧急转向换道

图 6.14 障碍车辆以 30 km/h 的速度运动时车速为 60 km/h 自动驾驶汽车紧急避撞决策仿真场景图

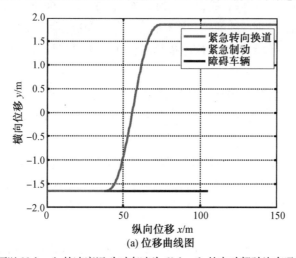
(a) 位移曲线图

图 6.15 障碍车辆以 30 km/h 的速度运动时车速为 60 km/h 的自动驾驶汽车避撞决策仿真分析图

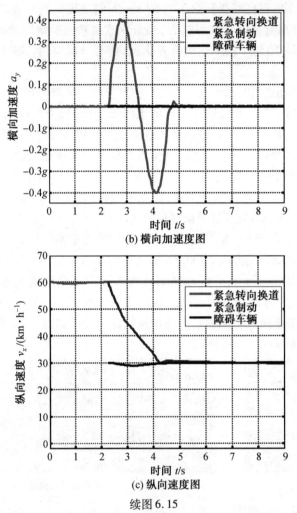

续图 6.15

从图 6.14 和图 6.15 中得到,当自动驾驶汽车以 60 km/h 的速度匀速行驶,前方突然出现以 30 km/h 的速度匀速行驶的障碍车辆时,紧急制动避撞处于临界状态,其制动减速度小于最大减速度;当采取紧急转向换道措施时两车发生了碰撞,说明采取紧急制动避撞更有效。

2. 车速为 80 km/h 时紧急避撞决策仿真分析

为充分证实避撞可行性,提高车速,下面考虑自动驾驶汽车车速为 80 km/h 时的工况。

(1) 前方障碍物为静止障碍车辆。

与前面仿真情况类似,以车辆紧急制动的纵向安全距离为基准,对避撞决策进行仿真。设定在前方障碍物为静止障碍车辆时紧急制动纵向安全距离为 35.90 m。首先设置自动驾驶汽车从 0 s 开始匀速行驶至 2.3 s,2.3 s 以后,自动驾驶汽车同样采取两种避撞方式,比较避撞效果。

障碍车辆静止时车速为 80 km/h 的自动驾驶汽车避撞决策仿真场景图如图 6.16 所示,其中图 6.16(a) 与 6.16(b) 分别为紧急制动与紧急转向换道的避撞场景图。避撞决策仿真分析图如图 6.17 所示。

(a) 紧急制动

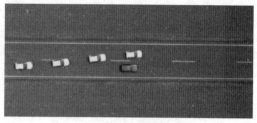
(b) 紧急转向换道

图 6.16　障碍车辆静止时车速为 80 km/h 的自动驾驶汽车避撞决策仿真场景图

从图 6.16 可以看出,当自动驾驶汽车以 80 km/h 的速度匀速行驶,前方突然出现静止障碍车辆时,紧急制动避撞处于临界状态;当采取紧急转向换道措施时,从图 6.16(b) 中明显得知,自动驾驶汽车与障碍车辆未达到临界状态,尚有较大的安全空间,说明紧急转向换道纵向安全距离小于紧急制动,也说明紧急转向换道避撞更安全有效。

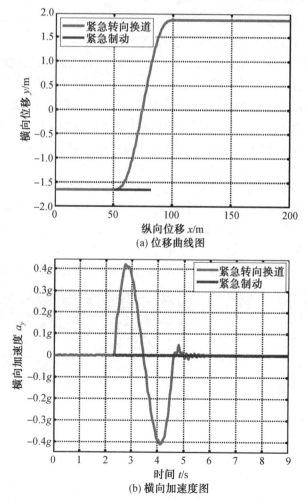

(a) 位移曲线图

(b) 横向加速度图

图 6.17　障碍车辆静止时车速为 80 km/h 的自动驾驶汽车避撞决策仿真分析图

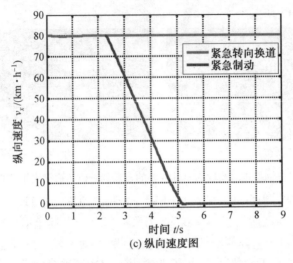

(c) 纵向速度图

续图 6.17

由图 6.17(a) 得出,当时间为 2.3 s 时分别采取紧急制动、紧急转向换道两种方式进行避撞,在两种避撞方式都能避开前方静止障碍车辆的前提下,紧急转向换道纵向安全距离(横向坐标为 −0.75 m 时对应的纵向位移)小于紧急制动,紧急转向换道避撞更有效,因此该工况下采取紧急转向换道措施更安全。从图 6.17(b) 中可以看出,紧急转向换道的横向加速度最大值为 $0.4g$,紧急制动的横向加速度为 0,符合紧急稳定避撞要求。从图 6.17(c) 中可以看出,紧急转向换道的纵向速度约为 80 km/h,基本保持不变;同时在 2.3 s 时开始采取紧急制动措施,在 5.3 s 时速度减为 0,经计算其减速度为 7.4 m/s^2,即以最大减速度进行减速,与理论分析一致。

(2) 前方障碍物为以 30 km/h 的速度匀速行驶的障碍车辆。

当自动驾驶汽车检测到前方以 30 km/h 的速度匀速行驶的障碍车辆时,分别采取紧急制动、紧急转向换道两种方式进行避撞。这里将以自动驾驶汽车从 80 km/h 减速至 30 km/h 的紧急换道纵向安全距离为基准,将其设置为 17.10 m。类似上述仿真,车辆紧急避撞决策仿真场景如图 6.18 所示。避撞决策的仿真分析图如图 6.19 所示。

(a) 紧急制动

(b) 紧急转向换道

图 6.18 障碍车辆以 30 km/h 运动时车速为 80 km/h 自动驾驶汽车紧急避撞决策仿真场景图

由图 6.18、图 6.19 可知,紧急制动时,自动驾驶汽车与障碍车辆发生了碰撞,而紧急转向换道则处于临界状态,整个换道轨迹能够稳定运行,最大横向加速度约为 $0.4g$,仍处于安全状态。综合来说,采取紧急转向换道避撞更有效。

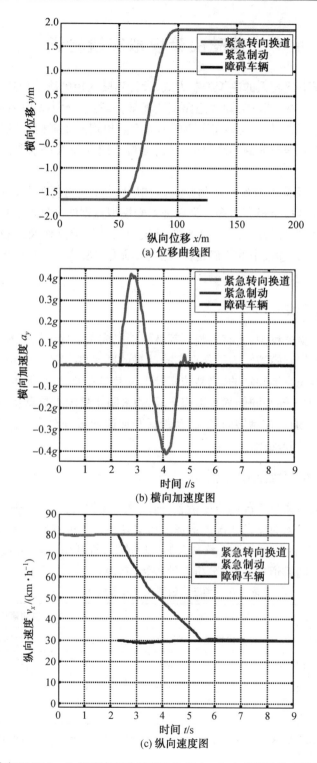

图 6.19 障碍车辆以 30 km/h 的速度运动时车速为 80 km/h 自动驾驶汽车避撞决策仿真分析图

6.5 驾驶决策模拟实验验证

为验证紧急工况下驾驶人的决策控制方式,设计驾驶人控制决策模拟实验,对紧急工况场景进行实验验证。本实验中,建立道路交通场景,实验车分别以 40 km/h、60 km/h 及 80 km/h 的速度匀速行驶,设置实验车车道的前方突然出现静止障碍车辆的危险场景,具体触发障碍物出现的数据与前面仿真数据一致,分析不同驾驶人将采取何种操作方式来进行避撞。

共选取 52 名具有不同驾驶经验的驾驶人,其中包括 41 名男驾驶人和 11 名女驾驶人,参与者年龄为 22~46 岁,年轻者居多。为保证驾驶模拟数据的准确度及提高驾驶人对该模拟器的熟练程度,事先安排所有驾驶人对驾驶模拟器的各项操作及驾驶室环境进行熟悉,以减少驾驶人在行驶过程中的不确定性。这样,所有驾驶人就可以在熟练操作驾驶模拟器的情况下,按照要求完成模拟驾驶。

6.5.1 模拟实验

在该驾驶模拟实验过程中,所有驾驶人都被要求完成 3 组驾驶模拟实验,在道路上进行不同速度条件下的驾驶模拟。为了保证实验结果的准确度,在场景中实验人员对车辆前方障碍物的位置事先是不知情的,当某位实验人员参与实验时,其他实验人员处于实验场外,每组实验中设置 3 辆相同的静止障碍车辆,用来防止驾驶人故意躲避障碍物。实验过程中,驾驶实验人员通过控制转向盘、制动踏板和加速踏板等对模拟器进行操作控制,实现车辆的转向换道及制动操作。

6.5.2 数据处理及结论分析

为探究驾驶人应对紧急工况的避撞措施,通过驾驶模拟实验,对驾驶人的避撞行为进行了分类和统计。驾驶人对紧急工况的避撞反应主要包括 3 种:制动、转向换道及制动 + 转向,考虑到制动 + 转向的复杂性及驾驶人的反应情况,将制动 + 转向的数据进行处理,平均分配到制动与转向换道中,经过分析与处理,绘制表 6.7

表 6.7 驾驶人避撞反应分布统计

行驶速度 /(km·h^{-1})	转向换道避撞			制动避撞		
	总人数	有效避撞数	所占比例	总人数	有效避撞数	所占比例
40	12	4	8%	40	32	62%
60	34	27	52%	18	5	10%
80	44	40	77%	8	2	4%

注:总人数表示驾驶人采取某种紧急避撞方式的人数;所占比例表示某种方式的有效避撞人数与所有驾驶人人数之比。

为使紧急工况下驾驶人的避撞情况更加清晰、明了,绘制驾驶人避撞反应分布统计图,如图 6.20 所示。

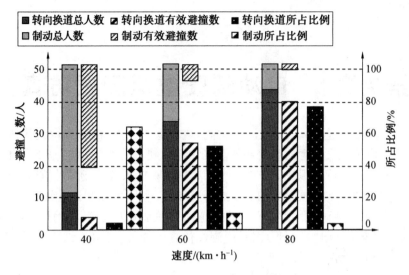

图 6.20　驾驶人紧急避撞反应分布统计图

结合表 6.7 与图 6.20 可知,随着速度的增加,转向换道避撞人数呈现逐渐增加的趋势。实验中,当实验车以 40 km/h 的速度行驶遇到前方静止障碍车辆时,采取制动避撞的人数远远大于采取换道避撞的人数,同时其有效制动避撞比例达到 62%,有效转向换道避撞比例仅为 8%,说明采取制动避撞更加有效;当实验车以 60 km/h 的速度行驶遇到前方静止障碍车辆时,34 名驾驶人采取换道避撞,18 名驾驶人采取制动避撞,且有效制动避撞比例为 10%,有效换道避撞比例达到 52%,表明采取转向换道避撞效果更佳;当实验车以 80 km/h 的速度行驶遇到前方静止障碍车辆时,转向换道避撞人数更多,说明采取转向换道避撞更加有效。

实验结果表明,对于前方突然出现障碍车辆的情况,当本车速度低于临界车速时,驾驶人趋向于采取制动避撞;当本车速度高于临界车速时,驾驶人趋向于采取转向换道避撞。总体来说其规律就是低速时采取制动避撞,高速时采取转向换道避撞。

6.6　总　　结

本章重点解决自动驾驶汽车在前方突然出现障碍车辆的紧急工况下,如何进行避撞决策使其达到最优的避撞效果。重点分析了基于紧急转向换道的临界碰撞情况,考虑车辆尺寸及换道横向位移等因素,建立基于紧急制动的纵向安全距离算法。基于紧急制动及转向换道纵向安全距离算法,建立紧急工况自动驾驶汽车避撞决策,获取紧急工况下的临界车速。当车速大于临界车速时,采取转向换道避撞最优;否则应采取制动避撞。最后进行了车辆动力学仿真验证,配合在驾驶模拟器上进行紧急驾驶决策,验证理论结果的有效性。

第 7 章　自动驾驶虚拟测试仿真

虚拟测试因为测试过程灵活、安全、效率高、成本低等优点,近年来得到快速发展,成为自动驾驶测试评价不可缺少的重要环节。自动驾驶硬件选型与标定、系统软件功能与算法等在试制前可以进行虚拟测试、在环测试,特别是对极限危险场景的测试验证优势明显。危险场景的自动驾驶测试是当前的重点研究领域,利用虚拟测试验证自动驾驶的安全性和可靠性,可加快测试进度。本章以常见道路行驶避撞为实例,利用UC-win/Road软件,介绍如何建立虚拟场景、进行程序设计、测试仿真性能等,可根据结果场景、算法进行调整,使自动驾驶的决策控制算法不断完善。

7.1　虚拟测试软件及仿真平台

自动驾驶仿真系统复杂,各个仿真软件都有各自的优势和研发重点,搭建一个完整的仿真系统越来越需要多个软件之间的配合。典型的自动驾驶仿真平台包括:

① 根据真实路网或高精地图搭建大规模虚拟场景的道路环境模块;

② 根据实际路测数据或者参数化交通模型,生成测试场景的交通模块;

③ 仿真各种传感器,包括摄像头、激光雷达、毫米波雷达、全球定位系统、超声波雷达、惯性测量单元(inertial measurement unit, IMU)的模块,既可以提供原始数据,又可以提供真值;

④ 车辆动力学模型,可以根据高级驾驶辅助系统(advanced driving assistance system, ADAS)或者自动驾驶系统的输入,结合路面特性对车辆进行仿真,完成闭环的虚拟测试;

⑤ 分布式案例存储和运行平台,可以通过添加硬件的方式大幅提高自动驾驶测试的里程数;

⑥ 对接 ADAS 和自动驾驶系统的丰富接口及和电子控制单元(electronic control unit, ECU)、传感器进行硬件在环测试的设备。

典型的自动驾驶仿真软件包括传统的动力学仿真软件,也包括较新的来自国内外初创公司的仿真产品,还有相关的用作交通仿真的商业软件,如 UC-win/Road、PreScan、AirSim、CarSim、CarMaker、PTV Vissim、SUMO、PanoSim、CARLA、LGSVL Simulator、百度Apollo、Waymo Carcraft 等。下面简要介绍目前行业内常见的软件与平台。

UC-win/Road 是日本富朗巴公司的一款软件,该软件最初用于道路的规划设计,是辅助道路工程各参与方就规划设计进行直观研究而使用的三维虚拟现实(virtual reality, VR)软件。UC-win/Road 包括地形输入、道路定义、道路形成、交通流生成、编辑、输出和虚拟现实模拟等功能,也提供丰富的二次开发的接口,根据需要定制开发。本章就是使用该软件进行建模开发测试的。

PreScan 是由 Tass International 研发的一款 ADAS 测试仿真软件,由基于图形用户界面(graphical user interface,GUI)的、用于定义场景的预处理器和用于执行场景的运行环境构成,场景效果如图 7.1 所示。PreScan 可用于从基于模型的控制器设计(model in the loop,MIL)到利用软件在环和硬件在环系统进行的实时测试等应用,可在开环、闭环及离线、在线模式下运行。它是一种开放型软件平台,其灵活的界面可连接至第三方的车辆动力学模型(如 CarSim 和 dSPACEASM)和第三方的硬件在环模拟器/硬件(如 ETAS、dSPACE 和 Vector)。PreScan 由多个模块组成,使用起来主要分为 4 个步骤:搭建场景;添加传感器;添加控制系统;运行仿真。

图 7.1 PreScan 场景效果图

AirSim 是微软研究院开源的一个建立在虚幻引擎(unreal engine,UE)上的无人机及自动驾驶模拟研究项目,场景效果如图 7.2 所示。AirSim 实现为一个虚幻引擎的插件,它充分利用了虚幻引擎在打造高还原度的逼真虚拟环境方面的能力,可以模拟阴影、反射等现实世界中的环境,还利用了虚拟环境可以方便地产生大量标注数据的能力,同时提供了

图 7.2 AirSim 场景效果图

简单方便的接口,可以让无人机和自动驾驶的算法接入进行大量的训练。AirSim 的主要用途是作为 AI 研究的平台,以测试深度学习、计算机视觉和自动驾驶汽车的端到端的强化学习算法。最新的 AirSim 也提供了 Unity 引擎的版本,添加了对激光雷达的支持。

百度 Apollo 仿真平台作为百度 Apollo 平台的一个重要组成部分,一方面用来支撑内部 Apollo 系统的开发和迭代,另一方面为 Apollo 生态的开发者提供基于云端的决策系统仿真服务。Apollo 仿真平台是一个搭建在百度云和 Azure 上的云服务平台,可以使用用户指定的 Apollo 版本在云端进行仿真测试,仿真场景如图 7.3 所示。Apollo 仿真场景可分为 Worldsim 和 Logsim。Worldsim 是由人为预设的道路和障碍物构成的场景,可以简单高效地测试自动驾驶汽车;LogSim 是由路测数据提取的场景,真实反映了实际交通环境中复杂多变的障碍物和交通状况。Apollo 仿真平台也提供了较为完善的场景通过判别系统,可以从交通规则、动力学行为和舒适度等方面对自动驾驶算法做出评价。

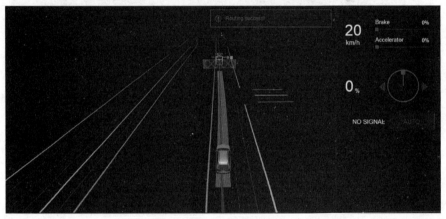

图 7.3　Apollo 仿真场景

Waymo Carcraft 的成果代表当今世界领先的技术水平,其核心技术的构成之一就是 Carcraft 仿真器,其是 Waymo 无人车能够进行海量测试的关键。Carcraft 在开发之初只是用来回放路侧车辆在道路上的情况,之后可以为每个新软件版本使用在真实世界里驾驶的回放数据进行测试,用来验证算法的改进,发现新的问题,还可以构建全新的虚拟场景进行测试。每天有 25 000 辆虚拟 Waymo 无人车在模拟器中行驶 8×10^6 miles(英里,1 mile =1.609 km)以上的里程,以巩固已有的自动驾驶技能和测试新的技能。

7.2　虚拟测试系统技术方案

虚拟测试平台涉及软件较多,每个软件都有强项,如有的环境建模逼真,有的动力学仿真强势。想要把所有软件整合起来,需要各软件之间有相应的接口,故搭建一个完善的虚拟测试平台相对困难。本章只是单纯介绍虚拟测试的设计与实现,以常见道路行驶时遇到障碍物为背景,以自动驾驶汽车主动避撞的虚拟测试为实例进行介绍。

根据自动驾驶汽车的安全性和测试要求,具备良好的车辆动力学性能是获得正确仿真数据的前提,而自动驾驶汽车的安全性验证又需要海量的交通场景,其传感器性能的验证需要逼真的场景画面。强大的画面渲染能力、快速建模能力及大量开放的接口恰好是交通领域仿真软件 UC-win/Road 的优势和专长。UC-win/Road 场景效果图如图 7.4 所示。本章以 UC-win/Road 软件为例,利用 UC-win/Road 软件开发组件(software development kit,SDK),开发自动驾驶汽车的控制程序,实现对驾驶模拟车辆的控制。对仿真输出数据进行分析,与期望结果进行对比,根据对比结果对车辆控制算法进行调整(如决策参数等),使自动驾驶的决策控制算法不断完善。

图 7.4 UC-win/Road 场景效果图

UC-win/Road 软件可以获取地形信息,添加道路、路灯、树木和建筑物等模型;场景中可以生成交通流,生成的场景具有较高的拟真度。在 UC-win/Road 中有车辆、行人、飞行物等多种移动物体,每种物体都有特定的移动方式和移动规律,但这些物体都继承自通用的移动对象类型,使用 SDK 可以覆盖原有的控制算法赋予移动物体新的移动方式和移动规律,SDK 中包含了软件运行时涉及的各种接口。UC-win/Road 的访问必须通过应用程序服务接口进行。UC-win/Road 具有良好的扩展性,通过预留的接口可以配合多种专业软件的车辆动力学(车辆物理运动)模块。通过 SDK 开发的插件可用于车辆的稳定性、舒适性评估。整个虚拟测试系统设计方案如图 7.5 所示。

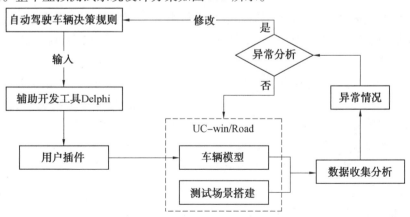

图 7.5 虚拟测试系统设计方案

开发语言是 Embarcadero 公司的 Delphi,用户自主开发的插件可以扩展功能并提高操作性。UC-win/Road SDK 是通过应用程序服务(application services)的应用程序编辑接口(application programming interface,API)访问 UC-win/Road 的主窗体画面和数据的。另外,通过该 API(由 UC-win/Road 主窗体画面、数据、控制函数和 SDK 公开的部分组成)调用各种控制函数,SKD 的工作方式如图 7.6 所示。标准插件和使用 SDK 制作的用户插件都是通过 API 函数与软件本体通信的,UC-win/Road 与插件的关系如图 7.7 所示。

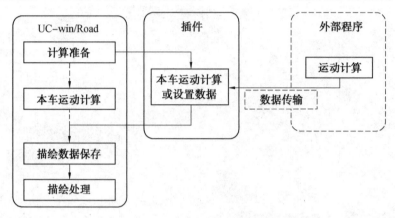

图 7.6 SDK 的工作方式

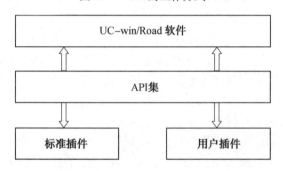

图 7.7 UC-win/Road 与插件的关系

硬件系统由投影系统、驾驶模拟器和电脑主机组成。驾驶模拟硬件设备对虚拟场景中的测试车辆(视角所在的车辆)进行直接控制,包括转向系统、踏板、自动换挡等,硬件系统如图 7.8 所示。

基于 UC-win/Road 软件的主动避撞虚拟测试框架如图 7.9 所示,在前面理论仿真分析的基础上,设计开发主动避撞系统,通过在软件中搭建危险场景对主动避撞系统进行测试。首先搭建静态和动态仿真场景,通过决策规划算法进行任务决策和轨迹规划,然后自动驾驶汽车的控制执行系统会根据驾驶决策算法对驾驶行为进行设定,对转向、驱动和制动分别发送相应的控制指令,通过对驾驶数据的分析处理,可以验证自动驾驶汽车决策控制算法在各种测试场景中是否有效、自动驾驶汽车是否按期望运行。由于虚拟测试可以根据需要变换场景、选择不同测试员触发各种情况,分析测试结果,故可以发现自动驾驶汽车控制规则的问题,在修正后进行反复测试,直到符合设计预期为止。

图 7.8　硬件系统

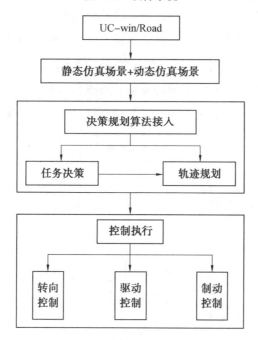

图 7.9　基于 UC-win/Road 软件的主动避撞虚拟测试框架

7.2.1　场景建模设计

在 UC-win/Road 软件中搭建仿真测试场景，将仿真场景分为静态场景和动态场景，根据场景设计自动驾驶汽车的决策控制算法。其中，静态环境要素是指没有运动的物体，通过视觉可以感受到的区域场景，如交通设施、道路类型、障碍物等，如图 7.10 所示。静态环境要素由元要素直接构成或由低一级的不同静态环境要素直接构成，如道路和道路交通标志等。

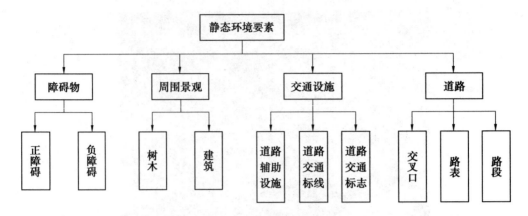

图 7.10　静态环境要素

动态环境要素,即在车辆行驶过程中动态变化的要素。动态环境要素包括动态指示设施及交通参与者,如图 7.11 所示。动态指示设施包括交通信号灯、可变交通标志和交通警察等。交通参与者信息描述的是在自动驾驶测试场景中对测试车辆决策控制造成影响的动态对象信息,交通参与者包括 3 个要素类:其他车辆、行人和动物。在一般驾驶场景中,车辆是最主要的交通参与者,车辆的运动状态直接影响到驾驶场景的特性,车辆在运动过程中的加速、减速、转弯和变道等直接影响到驾驶场景的变化。

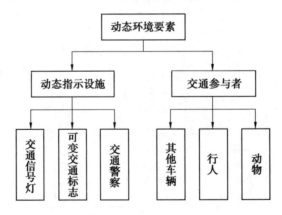

图 7.11　动态环境要素

通过虚拟仿真平台 UC-win/Road 可以将各类静态场景和动态场景进行整合,能够支持不同层级的自动驾驶汽车的虚拟仿真测试;而且由于场景元素排列组合的多样性,因此虚拟场景也具有无限丰富的特征,可构建符合各种测试要求的场景。在实际的道路环境中,导致危险场景形成的原因有很多,下面对主动避撞的不同场景进行分类。常见主动避撞危险场景分类见表 7.1,通过对测试场景要素进行解析,分清静态环境要素与动态环境要素,按照测试场景建模流程搭建主动避撞虚拟场景。

表 7.1 常见主动避撞危险场景分类

工况	场景	应对方式
前车静止或前车突然紧急制动		此类危险场景中动态环境要素只包括其他车辆,一般会出现在高速公路场景,测试车辆为了尽可能避免碰撞,会根据具体情况采取制动或转向换道避撞
正前方车辆驶离后,前面静止的车辆突然暴露在本车道		
前车切入		
右边的大型车辆遮挡视野,前方有行人横穿马路	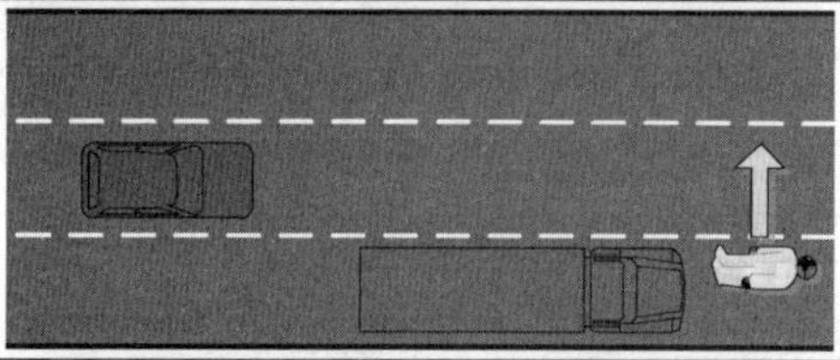	此类危险场景中动态环境要素包括行人和非机动车,这类场景一般出现在城市道路中,测试车辆可以根据情况采取制动或转向换道避撞
前方有非机动车突然横穿马路		

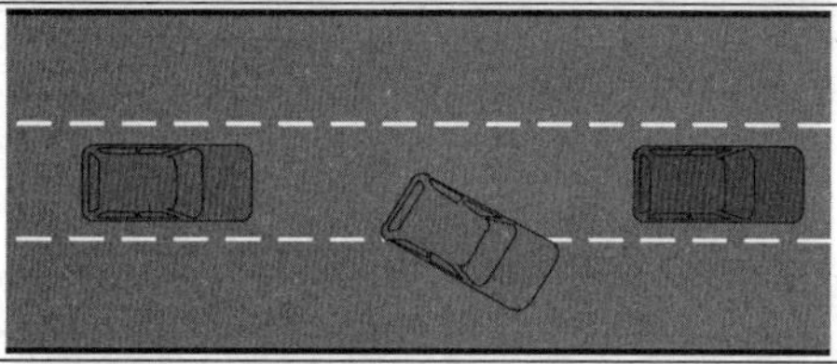

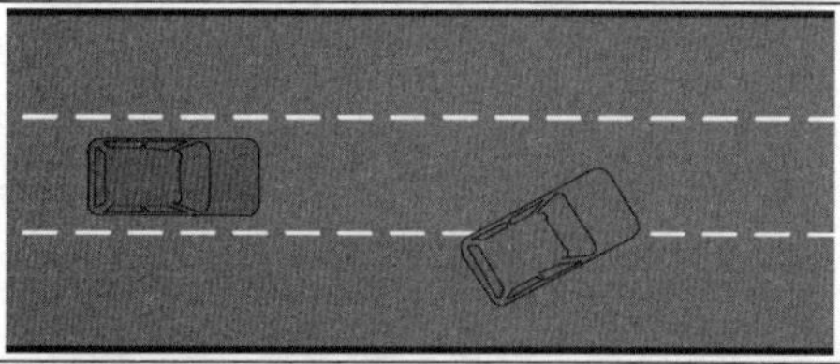

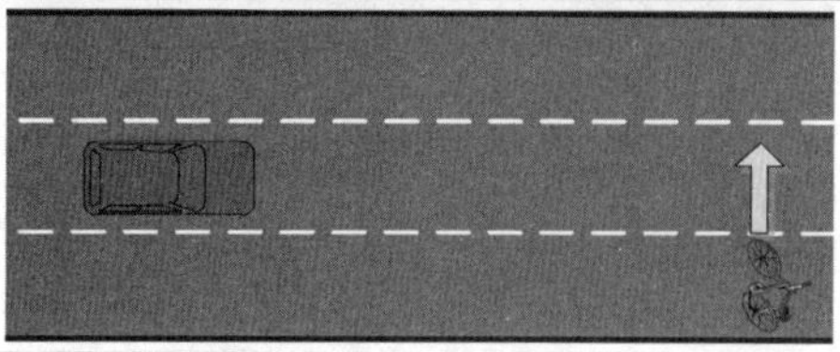

7.2.2 测试场景建模流程

测试场景建模流程可以根据具体的测试内容分为环境建模、事件设计、参数设计和触发机制设计。以前车静止工况为例,测试场景环境建模流程如下:

(1)首先需要在平面地图上添加一条道路。为了让道路尽量平整,需要在道路编辑区域添加道路变化点,通过改变中间点的方向变化点的参数改变道路的曲线形状,从而获得水平车道,纵断面道路编辑画面如图 7.12 所示。

(2)接着对道路信息进行编辑。可以对车道宽度、车道数和道路材质等信息进行编辑。以高速公路为例,设置为单向 3 车道,车道宽度为一个标准车道尺寸(即 3.75 m),编辑完成的道路信息如图 7.13 所示。

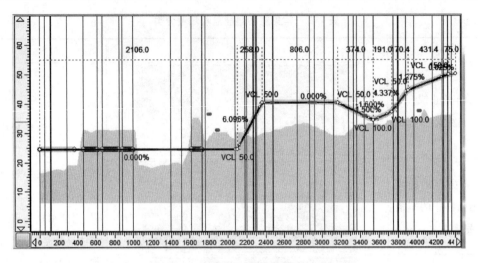

图 7.12 纵断面道路编辑画面

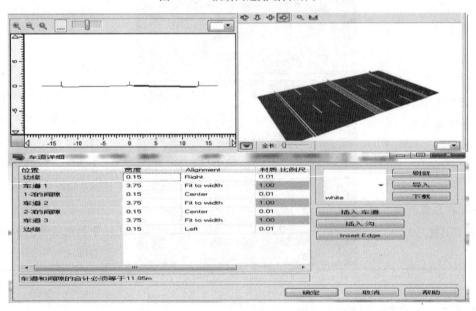

图 7.13 编辑完成的道路信息

(3) 在道路信息设置完成后,可以在道路两侧添加道路附属物(路灯、树木)、建筑物模型等,让仿真场景更加贴近真实环境。场景最终效果图如图 7.14 所示。

建立了环境模型后,需要对事件进行设计。自动驾驶汽车、周围车辆、行人和非机动车等场景要素的运动状态和轨迹可以设置为不同的事件。在事件的设计过程中需要考虑各场景要素运动状态参数,然后通过设计触发机制来实现危险场景的形成。触发机制的设置可以分为条件触发和按键触发,不同的危险场景需要设置不同的触发条件,其中条件触发可以通过设置测试车辆行驶距离、测试车辆与其他车辆或人物模型的直线距离、测试车辆的行驶速度变化等来实现。在相同的测试场景中,可以通过设置不同的触发条件来得到不同的测试用例。

第 7 章 自动驾驶虚拟测试仿真

图 7.14 场景最终效果图

7.2.3 自动驾驶程序开发设计流程

UC-win/Road 的数据集合称为项目,由地形、道路、模型等要素组成,数据的添加、删除等操作函数通过项目接口访问,由应用程序服务接口进行管理。在 UC-win/Road 软件中,通过 SDK 可以获取测试车辆、周围车辆和行人等的坐标、方位、方向盘、油门开合度等信息。使用 SDK 对程序中的目标参数进行修改可以改变物体的运动状态。SDK 中包含了软件运行时关联到的各种接口,其中应用程序服务接口 IF8Object 是 SDK 的父接口,它包含了菜单栏、项目和各种模拟控制参数,如图 7.15 所示。

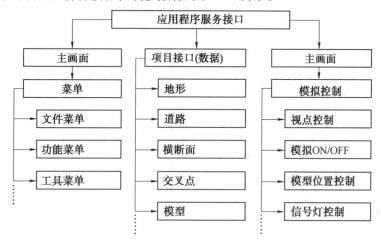

图 7.15 应用程序服务接口

UC-win/Road 场景中的车辆模型分为测试车辆(开发的自动驾驶汽车)和周围的车辆,而周围的车辆模型可以分为两种类型:第一种是用户在事件设计时添加的移动车辆模型,可以是静止的或以固定的速度沿道路运动的;另一种是通过交通流生成的车辆,其具有一定的自动驾驶能力,能够根据其他车辆的运动状态进行调整。

本章以主动避撞系统为例研究虚拟测试的方法,并验证测试效果。测试车辆在自动驾驶的状态下,选取合理的避撞方式进行避撞。下面对自动驾驶算法的程序开发设计过程进行简单描述,具体步骤如下:

（1）首先创建用户插件，利用 RegisterUserPlugin 函数进行注册，在注册时需要获取插件名称与 API 版本。完成注册后，获取应用程序的接口，代码如下：

procedure TuserPlugin.AfterConstruction;
　　var
　　　　method：TMethod；
　　begin
　　　　inherited；
　　　　Supports（ApplicationServices，IF8ApplicationServices，p_winRoadApplication）；
　　end；

（2）创建车辆模型。使车辆模型继承 IF8CarInstance 类。函数声明及参数说明如下：

function CreateTrafficVehicle（model：IF8ThreeDeeStudio；
　　const laneNumber：Integer；
　　const roadName：WideString；
　　constdirection：DriveDirectionType；）：IF8CarInstance；overload；

（3）选择车辆控制策略。有多个控制策略可以选取，如 AI、Keep Distance WithOther Car、Position Along Road、Direction Along Road 等，本例中车辆开发基于 AI 策略，项目接口为 IF8VehicleControl.SetAsAIMode Method。

（4）控制测试车辆的移动。经上述步骤后，自动驾驶模型还需要注册两个回调函数：overrideDoPhysics 和 afterDoPhysics。回调函数的目的是在开始模拟或点击键盘时，控制其移动到插件注册的函数并在插件内进行各种处理，回调函数的工作流程如图 7.16 所示。overrideDoPhysics 事件可以更新模型车辆的位置，对车辆计算结果进行覆盖；afterDoPhysics 事件可将上述计算结果作为日志输出。

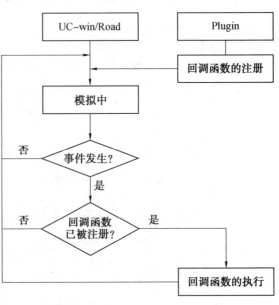

图 7.16　回调函数的工作流程

7.2.4　开发环境设置与新插件制作

UC-win/Road SDK 开发使用的是 Delphi，下面以版本 DelphiXE10 为例，对开发环境的准备和新插件的制作进行简单介绍。

1. 环境设置

（1）对系统环境变量 Path 的设置，通过菜单[Tools]-[Options]打开设置画面，如图 7.17 所示。

第 7 章 自动驾驶虚拟测试仿真

图 7.17　打开设置画面

（2）在［Environment Options］-［Environment Variables］中追加以下内容，如图 7.18 所示。

变量名	Path
变量值	［SDK 文件夹］\Library\win32；

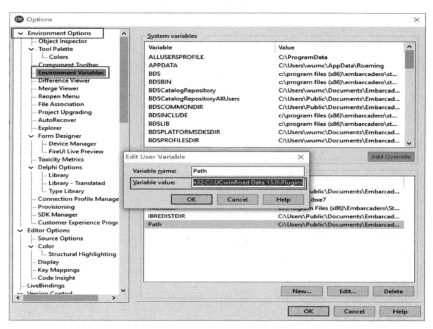

图 7.18　环境中追加内容

（3）在左边的树形菜单当中选择［Environment Options］-［Delphi Options］-［Library］项目。在［Platform］中选择［32-bit Windows］，并单击右边的［…］键打开库画面，在 Library Path 中添加［SDK 文件夹］\Library\ $ (Platform)。再选择［64-bit Windows］进行同样操作，如图 7.19 所示。

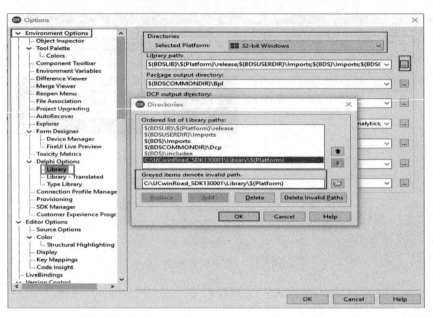

图 7.19　设置保存位置

（4）选择[Debugger Options] - [Embarcadero Debuggers]。在[Path] - [Debug symbols search path]中添加[SDK 文件夹]\Library\Win64，如图 7.20 所示。

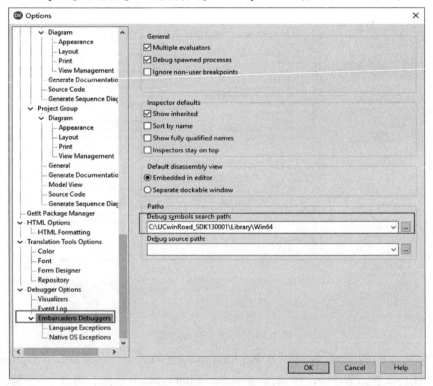

图 7.20　添加文件夹

第7章 自动驾驶虚拟测试仿真

（5）选择Delphi的主菜单[Component] – [Install packages…]打开图7.21所示画面。点击[Add…]按键，选择在[SDK文件夹]\Library的UCwinRoadEditors.bpl并左键单击[打开]，确认[FORUM8-UCwinRoad Components all in one]被追加之后点击[OK]。

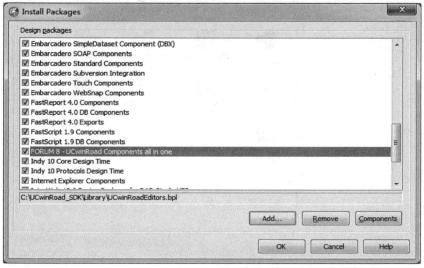

图7.21　追加项目

2. 制作新插件

（1）从Delphi中打开[SDK文件夹]下[UC-winRoad_SDK_10.01.02.groupproj]选择菜单 – [Project] – [Build All Projects]生成插件，如图7.22所示。

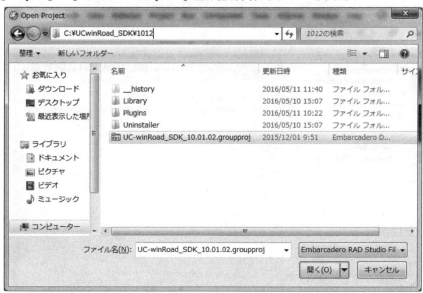

图7.22　生成插件

（2）生成完成后，将[SDK文件夹]\Plugins\BPL\ $ (Config) \ $ (Platform) 下新生成的bpl文件复制到[UC-win/Road Data文件夹]\Plugins目录下，运行Road测试。选择Delphi主菜单 [Project] – [Add new project]，类型选择Package，如图7.23所示。

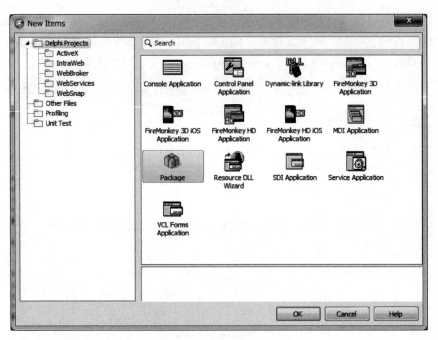

图 7.23 添加新项目

(3) 双击左键选中工程后,[Project] - [Opitions…] - [Delphi Compiler] 中 [Package output directory] 选择[UC-win/Road Data 文件夹]\Plugins,如图 7.24 所示。

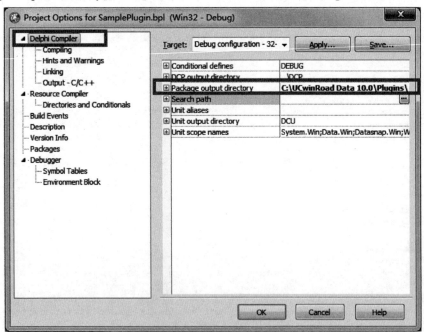

图 7.24 设置新文件夹

(4) [Debugger] 中[Host application] 选择[Road 目录]\UCwinRoad.exe,如图 7.25 所示。

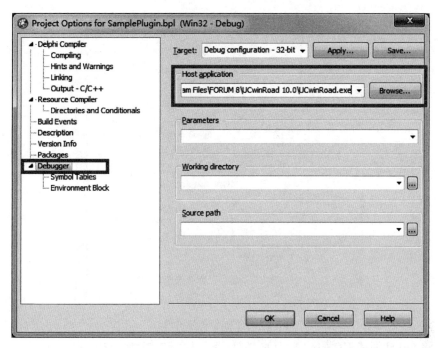

图 7.25　选中相应文件

(5) 在项目管理器右键单击[Add Reference]，在弹出的窗体里添加 F8PluginCore，如图 7.26 所示。

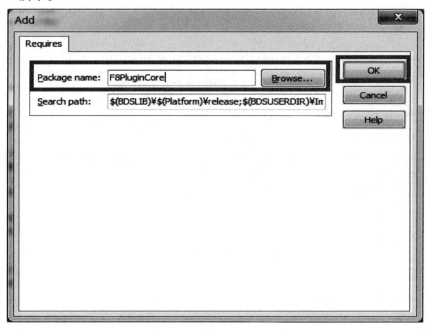

图 7.26　添加 F8PluginCore

(6) 在项目管理器右键单击[Add New] - [Unit]添加新单元文件，并将其重命名为 SamplePluginMain，如图 7.27 所示。

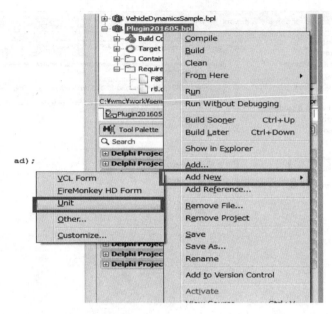

图 7.27 添加新单元文件

(7) 将 bpl 注册成 UC-win/Road 的插件,添加如图 7.28 所示代码。

```
unit SamplePluginMain;

interface

uses
    PluginCore;

//UC-win/Road plugin callback
//procedure RegisterUserPlugin(out optionName, apiVersion : String);
//before v10.2.0 ,since v11.2.0
procedure RegisterUserPlugin(out optionName, apiVersion, copyright: String);
//since  v10.2.0
procedure LoadPlugin;
procedure UnloadPlugin;

implementation

procedure RegisterUserPlugin(out optionName, apiVersion, copyright: String);
    begin
    optionName := 'SamplePlugin180110';
    apiVersion := PLUGIN_VERSION;
    copyright := 'Forum8';
    end;

procedure LoadPlugin;
    Begin

    end;

procedure UnloadPlugin;
    Begin

    end;

end.
```

图 7.28 添加插件 SomplePluginMain 的代码

第 7 章　自动驾驶虚拟测试仿真

（8）Delphi 主画面［Project］－［rebuild Sample］。若未出现错误，按下键盘的 F9 键确认。执行后在主机程序的位置上启动指定的 UC-win/Road 并自动读取 Sample 插件。若插件制作无误则会在 UC-win/Road 的［设置插件］中［User Plugins］下方显示，如图 7.29 所示。

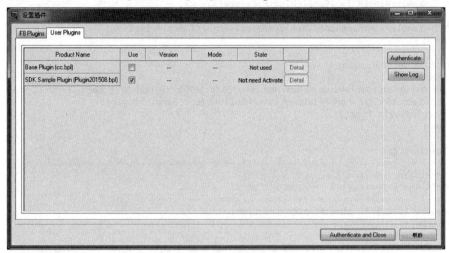

图 7.29　生成新插件

（9）为了获取 API 接口，添加代码，如图 7.30 所示。

```
unit SamplePluginMain;

interface

uses
    SysUtils,
                            PluginCore;

type
    TSamplePlugin = class(TF8PluginClass)
        strict private
            p_winRoadApplication : IF8ApplicationServices;

        public
            procedure AfterConstruction; override;
            procedure BeforeDestruction; override;
            property roadAPI : IF8ApplicationServices read p_winRoadApplication;
    end;

//UC-win/Road plugin callback
～中间省略

var
    SamplePlugin : TSamplePlugin;

implementation

procedure RegisterUserPlugin(out optionName, apiVersion, copyright: String);
    Begin
～中间省略
    end;
```

图 7.30　添加代码（获取 API 接口）

```
procedure LoadPlugin;
   begin
   if not Assigned(SamplePlugin) then
       SamplePlugin := TSamplePlugin.Create();
   if Assigned(SamplePlugin) and Assigned(SamplePlugin.roadAPI) then
       SamplePlugin.roadAPI.RegisterPluginObject(SamplePlugin);
   end;
procedure UnloadPlugin;
   begin
   if Assigned(SamplePlugin) and Assigned(SamplePlugin.roadAPI) then
       SamplePlugin.roadAPI.UnRegisterPluginObject(SamplePlugin);
   SamplePlugin.Free();
   end;
{ TSamplePlugin }
// ================================================================
// On plugin creation :
// Gets the interface of the application.
// ================================================================
procedure TSamplePlugin.AfterConstruction;
   begin
   inherited;
   Supports(ApplicationServices, IF8ApplicationServices, p_winRoadApplication);
   end;

// ================================================================
// On plugin destruction :
// Releases the interface of the application.
// ================================================================
procedure TSamplePlugin.BeforeDestruction;
   begin
   p_winRoadApplication := nil;
   inherited;
   end;

end.
```

续图 7.30

7.3 主动避撞程序设计

7.3.1 主动避撞方案分析

主动避撞控制模型由测试场景、碰撞危险评估和避撞算法程序组成。通过 UC-win/Road 搭建用于紧急避撞控制验证的交通场景，结合前面分析的理论基础，对比分析制动避撞与转向换道避撞的优劣来确定具体决策模式，制动避撞控制模块与转向换道避撞控制模块接收避撞指令后，分别计算出制动压力与前轮转角，利用 Delphi 语言开发用户插件实现对软件 UC-win/Road 中车辆模型的控制，如图 7.31 所示。

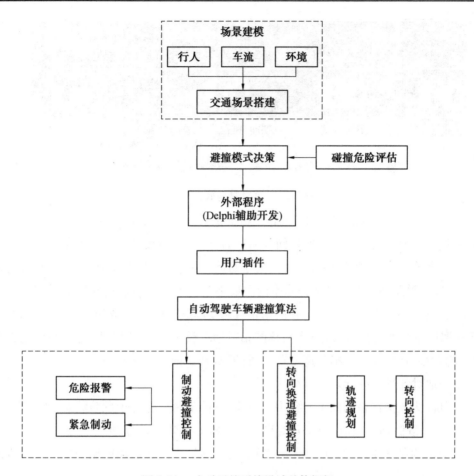

图 7.31　主动避撞系统设计总体框架

7.3.2　主动避撞模式分析

由前方障碍车辆或者行人横穿道路引发的危险场景中,碰撞危险主要来自两个方面:一方面是来自纵向的风险,测试车辆采取了制动避撞措施后仍然会发生碰撞;另一方面是来自横向的风险,测试车辆采取了转向换道避撞的措施,由于转向速度过快,测试车辆可能发生侧翻,也有可能由于转向空间不足与前车或行人发生侧碰,如果目标车道有通行车辆,还可能会因转向换道与相邻车道的车辆发生碰撞。

由前面分析可知,当前方有障碍物时,测试车辆速度较低,其转向换道避撞的临界距离要比制动避撞距离长,制动避撞的效果更好,而且制动避撞车辆只在本车道内运动,不影响其他车道的交通,故优先采取制动避撞。但是当测试车辆高速行驶时,制动避撞距离并不比转向换道避撞距离短,因此优先采取转向换道避撞。但是在车辆正常行驶的过程中,从发现障碍物到避撞有一个过程,驾驶人一般是在本车道操作避撞,如果避撞不成功,则会考虑换道避撞。借鉴常规驾驶人的操作行为,设计整个系统的分级避撞,其示意图如图 7.32 所示,系统分为预警、主动制动避撞、主动转向换道避撞和主动制动减缓碰撞 4 种工况。

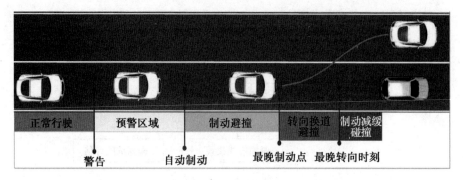

图 7.32 分级避撞示意图

在同一车道,常用碰撞时间 TTC 来评估碰撞危险性;另外还有一个常用指标:车头时距 TH,其代表着前后两车的前端通过同一地点的时间差,一般可使用前后车的车头间距除以后车速度来计算。TH 是评价驾驶安全性的重要指标,它与交通流组成、驾驶行为密切相关,是反映道路通行能力和服务水平的重要参数。针对前方障碍车辆的纵向危险评估,大多是通过 TTC 来进行的,但是在两车相对速度趋近于 0 时,计算出的 TTC 偏大,此时使用车头时距进行判断比较合适;当两车的相对速度较大时,使用 TTC 进行判断比较合适。TH 的大小与两车间距、本车速度有关,而 TTC 还与前车速度有关。

为更好地对各过程进行判断,设置以下阈值:

(1) TH_{W1} 为危险预警的阈值,当 $TH < TH_{W1}$ 时,车辆可能处于危险状态,进行警告; TH_{W2} 为必须采取制动的阈值,当 $TH < TH_{W2}$ 时,如果不制动,车辆进入危险状态。

(2) TTC_B 为制动避撞的最晚阈值,该数值为车辆最大制动加速度制动避撞所对应的 TTC,当车辆的 $TTC < TTC_B$ 时,制动避撞失败。

(3) TTC_T 为转向换道避撞的最晚阈值,可根据第 6 章的推导获取。

其详细决策逻辑如图 7.33 所示,决策逻辑如下:

(1) 当 $TH < TH_{W1}$,且 $TTC > TH_{W2}$ 时,车辆处于预警区域;

(2) 当 $TH < TH_{W2}$,且 $TTC > TTC_B$ 时,采用主动制动避撞控制;

(3) 当 $TTC_T < TTC < TTC_B$,且避撞目标车道存在足够的避撞空间时,采用主动转向换道避撞控制;

(4) 当 $TTC < TTC_T$ 或相邻车道避撞空间不足时,采用主动制动减缓碰撞。

在行人横穿公路的测试场景中,由于行人横穿公路,因此在计算 TTC 时只需要获取测试车辆与行人的纵向距离即可。行人横向运动,相当于纵向速度为 0,其避撞模式与车辆一样,只是要在转向换道避撞时尽量离行人远一些,以免误伤。

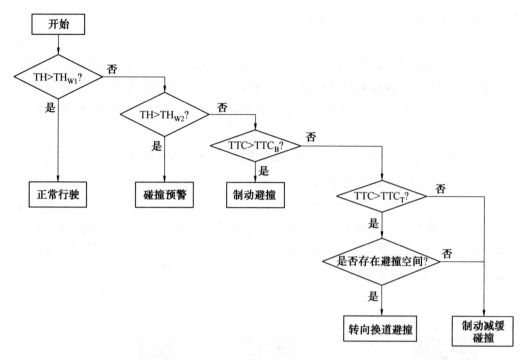

图 7.33　避撞模式决策逻辑框图

7.3.3　转向换道避撞分析

当测试车辆需要进行转向换道避撞时,只有换道轨迹是不够的,还要判断相邻车道是否有足够的换道空间或者安全距离。根据测试车辆所处车道,判断左右车道是否有换道空间,如果都有换道空间,则选择两车距离远、风险低的车道进行换道。下面分析转向换道后测试车辆与车道前后车辆的碰撞风险,假设在测试车辆变道过程中,测试车辆与相邻车道车辆速度不变。

（1）相邻车道左前方车辆速度小于测试车辆速度时,测试车辆紧急转向换道避撞后有追尾碰撞风险,需要分析紧急转向换道避撞初始时刻两车的纵向安全距离,转向换道避撞过程中测试车辆与左前方车辆位置分析如图 7.34 所示。

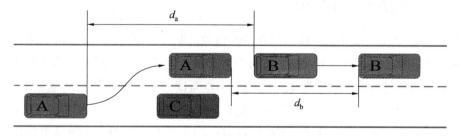

图 7.34　测试车辆与左前方车辆位置分析

为避免转向换道避撞后测试车辆与左前方车辆发生追尾碰撞,转向换道避撞后测试车辆与左前方车辆的纵向距离需要保证：

$$d_b = d_a - (v_{ego} - v_b)t_e \geqslant S_w \tag{7.1}$$

式中，d_a 为转向避撞初始时刻测试车辆 A 与左前方车辆 B 的纵向距离(m)；d_b 为转向避撞后测试车辆与左前方车辆的纵向距离(m)；v_{ego} 和 v_b 分别为测试车辆 A 的纵向速度和左前方车辆 B 的速度(m/s)；t_e 为测试车辆 A 紧急转向换道时间(s)；S_w 为制动避撞临界安全距离(m)。

由式(7.1)可知，当相邻车道前方存在车辆 B 时，在转向避撞的初始时刻，测试车辆 A 和目标车辆 B 的初始纵向距离需要满足的条件为

$$d_a \geqslant S_w + (v_{ego} - v_b)t_e \tag{7.2}$$

(2) 相邻车道左后方车辆速度高于本车速度时，测试车辆紧急转向换道避撞后有被追尾碰撞风险，需要分析紧急转向换道避撞初始时刻两车的纵向安全距离，转向换道避撞时测试车辆与左后方车辆位置分析如图 7.35 所示。

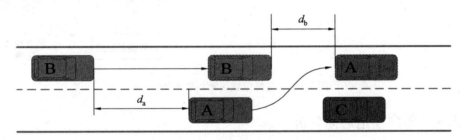

图 7.35　测试车辆与左后方车辆位置分析

为了避免转向换道避撞后测试车辆与左后方车辆发生追尾碰撞，转向换道避撞后测试车辆与左后方车辆的纵向距离需要保证：

$$d_b = d_a - (v_b - v_{ego})t_e \geqslant S_w \tag{7.3}$$

由式(7.2)可知，当相邻车道左后方存在车辆 B 时，在转向避撞的初始时刻，测试车辆 A 和左后方车辆 B 的初始纵向距离需要满足的条件为

$$d_a \geqslant S_w + (v_b - v_{ego})t_e \tag{7.4}$$

7.3.4　主动避撞程序设计

本例开发的自动驾驶算法可以实现在高速行驶的状态下，前方出现行人或障碍车辆时，车辆能够按照设计的避撞决策规则进行合理避撞。软件 UC-win/Road 插件原理如图 7.36 所示，通过插件读取场景中测试车辆的方向盘角度、油门、制动器及其他数据，利用 Delphi 辅助开发工具进行二次开发，实现在软件 UC-win/Road 中对测试车辆的控制。

表 7.2 是常用接口说明，通过以下接口可以访问软件 UC-win/Road 项目中各种场景要素，例如通过 IF8Road 接口可以访问道路的线性数据。另外，由于接口都是在 PluginCore 包内声明的，要通过 SDK 访问下列接口的话，必须在引用中加入 PluginCore。

第 7 章 自动驾驶虚拟测试仿真

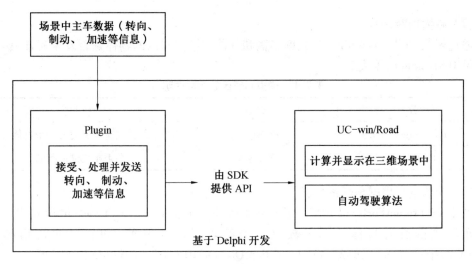

图 7.36 插件原理

表 7.2 常用接口说明

接口名	内容
IF8UserPlugin	制作插件时必要的接口
IF8ApplicationService	UC-win/Road 应用程序的接口
IF8ProjectForRoad	项目的接口
IF8Road	道路对象的接口
IF8Terrain	地形对象的接口
IF8DBObject	全部对象的接口
IF8ThreeDeeStudio	3D 对象的接口
IFModelInstance	3D 模型实例的接口
IF8OpenGLPlugin	OpenGL 描绘所使用的接口
IF8LogServer	LOG 获取所使用的接口

下面对调用的 API 函数进行说明，主要包括获取前方车辆函数、碰撞判断函数、获取本车周围车辆函数和换道函数。

(1) 获取前方车辆函数。

通过函数 GetInfoOfFrontCar 可以获取前方车辆信息，函数接口是 IF8carInstance。返回值以 FrontCarInfoType 型返回判定结果。处理步骤如下：发现前方车辆时，获取两车的位置信息计算距离的同时进行冲突判定，将其结果存储至返回值；未发现前方车辆时判断为无冲突并将结果存储至返回值，见表 7.3。

表 7.3 获取前方车辆函数参数说明

参数	类型	说明
frontcar	IF8ModelInstance	获取前方 200 m 内的车辆
position	GLPointType	获取车辆的位置信息

(2) 碰撞判断函数。

通过函数 CollisionWith 可以判断车辆和其他三维空间内的物体是否发生碰撞，函数接口是 IF8Instance，见表 7.4。

表 7.4 碰撞判断函数参数说明

参数	类型	说明
otherObject	IF8Instance	需要碰撞判定的另一个物体
twoDee	Boolean	是否在二维内判断

(3) 获取本车周围车辆函数。

利用 IF8ProjectForRoad 接口，函数 GetTransientObjectsOfEveryTypeWithin 可以创建测试车辆周围所有目标的动态数组。数组索引从 0 开始，可以随时调用函数 DeleteTransientObject 来删除由 GetTransientObjectsOfEveryTypeWithin 检索的瞬态对象，见表 7.5。

表 7.5 指定对象相对位置参数说明

参数	描述
_default	车辆的参考位置
_front	车辆前缘
_rear	车辆后缘
_frontLeft	车辆左前方边缘
_frontRight	车辆右前方边缘
_rearLeft	车辆左后方边缘
_rearRight	车辆右后方边缘

(4) 换道函数。

利用 IF8CarInstance 接口，函数 ChangeLane 可以使车辆实现转向换道操作。在转向换道期间，测试车辆应尽量避免与目标车道上的车辆发生碰撞。调用换道函数时需要对换道方向、换道距离和是否立即换道参数进行设置，见表 7.6。

表 7.6 换道函数参数说明

参数	描述
const direction: VehicleControlLaneType	将 _vclToRight 设置为向右侧变道，将 _vclToLeft 设置为向左侧变道
const distance: Double	设置车辆换道行驶的纵向距离
const immediate: boolean	尽快使车辆改变车道，设置为 TRUE，否则设置为 FALSE。

当自动驾驶汽车行驶时，通过 GetInfoOfFrontCar 函数可以获取前方行驶的车辆参数，通过函数 IF8ProjectForRoad.GetTransientObjectsOfEveryTypeWithin 可以获取本车周围

车辆和行人的运动信息。

以前方为障碍车辆的测试场景为例,首先,获取前方车辆位置信息和车速信息;然后,计算得到 TH 和 TTC 的值;之后,根据车辆动力学模型求解出 TH_{W1}、TH_{W2}、TTC_B、TTC_T 的值;最后,按照图 7.37 所示的避撞决策规则流程图进行避撞。在制动不能避撞、需要转向换道避撞时,若存在避撞空间,可以对换道函数 aDriver.currentCar.ChangeLane 进行调用,并对换道距离、换道方向进行修改,满足换道时自动驾驶汽车的最大横向加速度小于横向加速度的限值;若不存在避撞空间,自动驾驶汽车采取制动的方式减轻碰撞损害。

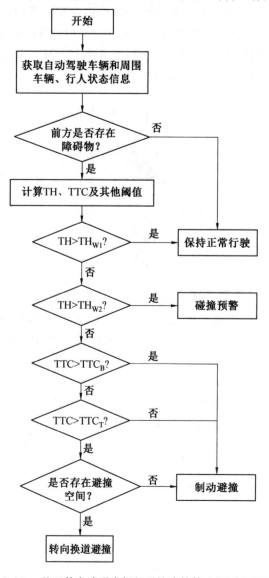

图 7.37 基于前方障碍车辆的避撞决策算法规则流程图

7.4 虚拟交通场景的建立和仿真

7.4.1 车辆模型控制插件开发设计

车辆模型可能行驶方向如图 7.38 所示,车辆 A 是开发的自动驾驶汽车,车辆 B 是软件中的车辆模型。在高速公路测试场景中,车辆模型 B 有直行和左、右换道的可能,车辆的状态有加速、减速和静止 3 种可能。在软件中可以设定车辆模型的初始位置和速度信息,对于车辆模型的加速、减速和换道控制需要通过设置触发条件来触发事件。为了在任何时间和地点都能触发事件,本节开发了一个触发事件功能插件,通过按键即可自由控制车辆进行加减速、急缓变道和靠近车辆等操作。

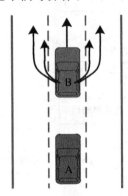

图 7.38 车辆模型可能行驶方向

该插件可使事件的触发更加随机;模式触发器的使用使自动驾驶汽车与自动驾驶汽车旁边的车辆之间的相互作用更接近于实际工况;测试场景修改简单、方便;触发模式更加灵活,车辆运动轨迹可以直接在插件中修改,与传统的设置方法相比可以节省大量的时间和精力。下面介绍触发事件功能插件在特定场景中的使用方法:

① 第一步,在一个场景中,如果想控制前方的车辆,就需要创建一个事件,并通过按下一个按钮来触发事件,以研究前方车辆不同的行为对测试车辆的影响,如图 7.39 所示。

图 7.39 控制前方车辆插件按钮

② 第二步,在启动场景前,在 SDK 插件菜单中按"启动前方车辆控制"按钮,按钮标题变为"停止前方车辆控制",屏幕上显示操作说明,如图 7.40 所示。

第 7 章　自动驾驶虚拟测试仿真

图 7.40　启动前方车辆控制后屏幕显示信息

③ 第三步,按照屏幕里的提示信息"↑/↓:加速/减速""←/→:左/右快换车道""Q/W:左/右慢换车道""A/G:左/右快速偏移车道""S/F:左/右慢速偏移车道""D:复位"操作,可以在这个场景中通过控制前方车辆来实现危险场景的触发,从而验证开发的避撞决策算法是否合理。

7.4.2　危险场景设计

为了验证利用 Delphi 开发的避撞算法的控制效果及应用于危险工况的实时表现,本章设计了两种高速车辆常见的危险工况(前车低速切入和前车静止),另外还设计了容易在城市道路上发生的行人横穿道路的危险工况,并将上述三种工况在硬件在环测试平台上进行搭建测试,其中前车低速切入的危险工况由测试员操控触发,通过对实验数据的收集和处理,来对开发的算法规则是否合理进行分析评价。测试设计流程图如图 7.41 所示。

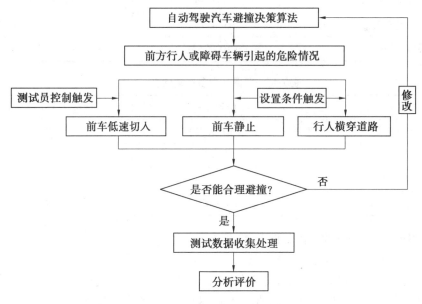

图 7.41　测试设计流程图

(1) 前车静止工况。

设定测试车辆 A 和前车 B 初始纵向距离为 45 m，车辆 A 分别以 70 km/h、90 km/h、110 km/h 的速度接近前车 B，并且在相邻车道设置匀速运动的车辆模型，测试在转向换道避撞过程中相邻车道车辆对目标车道决策的影响，测试场景如图 7.42 所示，根据车辆位置特征分为场景 a 和场景 b。

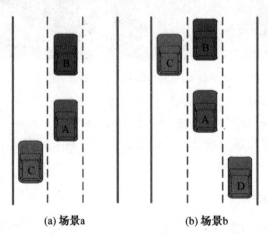

(a) 场景 a　　　　　(b) 场景 b

图 7.42　前车静止工况测试场景

场景 a、场景 b 中各车辆信息见表 7.7、表 7.8。

表 7.7　场景 a 中各车辆信息

车辆名称	位置坐标	速度/(km·h^{-1})
测试车辆 A	(50,3.75)	70,90,110
前车 B	(95,3.75)	0
左后车 C	(10,7.5)	70,90,110

表 7.8　场景 b 中各车辆信息

车辆名称	位置坐标	速度/(km·h^{-1})
测试车辆 A	(50,3.75)	100
前车 B	(95,3.75)	0
左前车 C	(80,7.5)	90
右后车 D	(0,0)	120

在软件中搭建的场景效果图如图 7.43 所示。

(2) 前车低速切入工况。

车辆在高速公路行驶状态下，前方有低速障碍车辆是较为常见的危险工况。为了模拟这个工况，搭建了图 7.44 所示的仿真场景 c，其中 A 是测试汽车，B 是可以由按键控制的车辆模型，通过选取多名驾驶人操控车辆 B，可以进行不同速度和不同间距的前车切入测试。

(a) 场景a　　　　　　　　　　　　　(b) 场景b

图 7.43　前车静止工况测试场景 a 与场景 b 搭建效果图

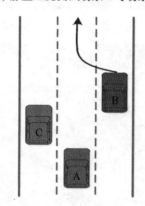

图 7.44　前车切入测试场景 c 示意图

场景 c 中各车辆信息见表 7.9。

表 7.9　场景 c 中各车辆信息

车辆名称	位置坐标	速度/(km·h^{-1})
测试车辆 A	(0,3.75)	110
左前车 C	(20,7.5)	105
右前车 B	(130,0)	40

在软件中搭建的场景效果图如图 7.45 所示。

测试员可以根据屏幕上的提示信息对车辆 B 进行操控,不同的测试员操控车辆切入的时机和速度不同,可以更好地检测开发的紧急避撞算法是否能够合理避撞。

(3) 行人横穿道路工况。

自动驾驶汽车遭遇行人突然横穿道路的危险工况效果图如图 7.46 所示,测试车辆行驶在第二车道上,第一车道上停有大型车辆遮挡测试车辆和行人视野,当行人横穿道路出现在测试车辆视野内时,测试车辆需要根据具体的情况选择制动或者转向换道避撞。

场景 d 中各要素信息见表 7.10,以测试车辆初始位置的横坐标和行人初始位置的纵坐标为位置坐标的起点,测试车辆保持 60 km/h 的速度在城市道路第二车道行驶,行人以 5 km/h 的速度横穿道路进入冲突区域。

图 7.45　前车切入测试场景 c 搭建效果图

图 7.46　行人横穿道路测试场景 d 搭建效果图

表 7.10　场景 d 中各要素信息

要素名称	位置坐标	速度/(km·h^{-1})
测试车辆	(0,4)	60
行人	(50,0)	5

7.4.3　主动避撞系统仿真测试

1. 测试人员

在前车切入测试场景中招募测试人员进行测试。首先,对测试人员进行培训,熟悉使用按键控制车辆加减速和换道等;然后,测试人员在测试场景中进行模拟操作并进行反馈调整;最后,测试人员在搭建的测试场景中正式测试并记录实验数据。

2. 测试数据收集及处理

虚拟测试场景中开发的自动驾驶汽车、车辆模型和行人的数据信息都可以通过 UC-win/Road 的数据记录模块进行记录,本测试为了验证开发的主动避撞算法是否能合理避撞,需要记录的场景数据信息见表 7.11。

第 7 章 自动驾驶虚拟测试仿真

表 7.11 场景数据信息

数据名称	含义
Time	测试开始的时间,单位为 s
speedInMetresPerSecond	场景中车辆的速度,单位为 m/s
distanceTravelled	车辆行驶距离,单位为 m
distance	模型之间的距离,单位为 m
collisionWithUser	碰撞判断
distanceToLeftBorder	车辆和车道的左侧边界间的距离,单位为 m
brake	制动踏板的输入值
throttle	加速踏板的输入值
steering	方向盘的输入量
localAccelInMetresPerSecond2	车辆的横向和纵向加速度,单位为 m/s²

受篇幅限制,只截取了场景 a 中测试车辆速度为 90 km/h 时的部分测试数据,如图 7.47 所示。

Time	speedIn	distanceTra	distance	distanceToL	brake	steering	throttle	position X	position Y	position Z
0	25	1.050950885	5.925198	5.925407959	0	8.84E-07	0	1390.465454	549.3251343	6361.122559
0.01263	25	2.373687983	5.925083	5.925523578	0	1.18E-06	0	1391.568237	549.3250732	6360.39209
0.02364	25	2.689372778	5.925291	5.925314798	0.1	1.56E-06	0	1391.831421	549.3250732	6360.217773
0.04292	25	2.96467042	5.925198	5.925581455	0.2	1.65E-06	0	1392.060913	549.3250732	6360.065674
0.05694	24.99999	3.446756601	5.925303	5.925303354	0.3	1.73E-06	0	1392.462769	549.3250122	6359.799561
0.07348	24.99996	3.797168493	5.925105	5.925501168	0.4	1.86E-06	0	1392.754883	549.3250122	6359.605957
0.09011	24.99977	4.210604191	5.925247	5.925358846	0.5	1.96E-06	0	1393.099609	549.3250122	6359.377686
0.10679	24.99931	4.6264534	5.925118	5.925488293	0.6	2.08E-06	0	1393.446289	549.3250122	6359.147949
0.1234	24.99837	5.043515682	5.92526	5.925345971	0.7	2.20E-06	0	1393.793945	549.3249512	6358.917725
0.1401	24.9967	5.458650112	5.925131	5.925475418	0.8	2.32E-06	0	1394.14015	549.3249512	6358.688477
0.15703	24.99397	5.87600565	5.925066	5.925539494	0.9	2.43E-06	0	1394.487915	549.3249512	6358.458008
0.17345	24.98979	6.299210548	5.925337	5.925268545	1	2.49E-06	0	1394.840698	549.3249512	6358.224365
0.19026	24.98397	6.709361076	5.925134	5.92547208	1	2.47E-06	0	1395.182617	549.3248901	6357.997803
0.20682	24.97644	7.129452705	5.92527	5.925335957	1	2.45E-06	0	1395.532837	549.3248901	6357.765869
0.22375	24.96739	7.542755604	5.925134	5.92547208	1	2.43E-06	0	1395.877441	549.3248901	6357.537598
0.24041	24.95624	7.965582848	5.925337	5.925268545	1	2.41E-06	0	1396.22998	549.3248291	6357.304199
0.25703	24.94329	8.381051064	5.925337	5.925268545	1	2.38E-06	0	1396.576294	549.3248291	6357.074707
0.2737	24.9282	8.79563427	5.925134	5.92547208	1	2.36E-06	0	1396.921875	549.3248291	6356.845703
0.29049	24.91079	9.211043358	5.925066	5.925539494	1	2.34E-06	0	1397.268188	549.3248291	6356.616211
0.30702	24.89082	9.628959656	5.92527	5.925335957	1	2.32E-06	0	1397.616577	549.3247681	6356.385498
0.32452	24.86864	10.04020405	5.925134	5.925472079	1	2.30E-06	0	1397.959473	549.3247681	6356.158447
0.34045	24.84232	10.47534847	5.925337	5.925268545	1	2.28E-06	0	1398.322266	549.3247681	6355.918213
0.35706	24.81573	10.87085056	5.925337	5.925269022	1	2.26E-06	0	1398.651978	549.3247681	6355.699707
0.37408	24.78498	11.28281212	5.925134	5.925472557	1	2.24E-06	0	1398.995361	549.324707	6355.472168
0.39045	24.75056	11.70439339	5.924699	5.925607385	1	2.22E-06	0	1399.346802	549.324707	6355.239258
0.40706	24.71445	12.1091795	5.925066	5.92553997	1	2.20E-06	0	1399.684204	549.324707	6355.015625
0.42368	24.67459	12.51941204	5.925066	5.92553997	1	2.18E-06	0	1400.026245	549.324646	6354.789063
0.44039	24.63154	12.92918015	5.924796	5.925810918	1	2.16E-06	0	1400.367798	549.324646	6354.562744
0.45704	24.58498	13.34024525	5.924796	5.925810918	1	2.14E-06	0	1400.710449	549.324646	6354.335693

图 7.47 场景 a 中部分测试数据

在场景 a 中,测试车辆 A 与前方静止车辆 B 初始纵向距离为 45 m,左侧车道存在车辆 C,根据目标车道的决策规则,在转向换道避撞中优先考虑右侧车道。当测试车辆 A 以 70 km/h、90 km/h 和 110 km/h 的初始速度行驶时,对其进行测试,收集、处理测试数据,测试结果如图 7.48、图 7.49 所示。

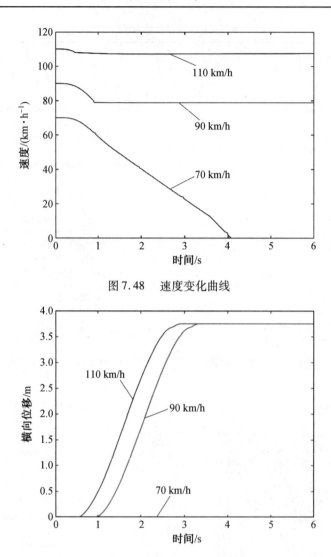

图 7.48 速度变化曲线

图 7.49 车辆横向位移变化曲线

由图 7.48 和图 7.49 可知,测试车辆 A 在速度为 70 km/h 时,采取了制动避撞方式成功避撞;从车辆横向位移曲线可以看出,测试车辆 A 的横向位移一直为 0,说明在两车间距大于制动避撞临界安全距离时,测试车辆 A 按照避撞规则,只采取了纵向制动避撞方式;然而,当测试车辆 A 处于相对高速度时,碰撞时间的值大于设定的最晚转向时刻的值,所以由横向位移曲线可以看出,测试车辆 A 在速度为 90 km/h 和 110 km/h 时,最大的横向位移都在 3.75 m 左右,都采用了转向换道避撞方式成功避撞。

在场景 b 中,测试车辆 A 的初始速度为 100 km/h。场景 b 测试结果如图 7.50 所示。

由场景 b 中的测试车辆 A 的速度变化曲线和横向位移变化曲线可知,测试车辆 A 的速度不断降低后进行了变道,故测试车辆 A 采取了先制动然后左转向换道的方式进行避撞。由图 7.42 可知场景 b 中测试车辆 A 左右两侧车道都存在障碍车辆,所以在换道决策中要选取风险更小的车道,由图 7.50 可知当 $t = 0.58$ s 时,测试车辆 A 开始转向换道避撞,

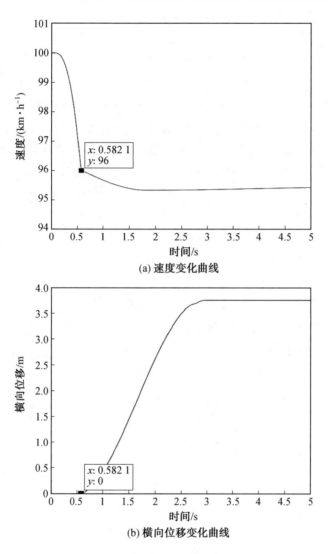

图 7.50 场景 b 测试结果

此时测试车辆 A 的速度为 96 km/h;当测试车辆 A 开始换道时,测试车辆 A 与车辆 C 的纵向距离为 27.85 m,计算出相对纵向距离与速度差的比值为 16.68;同理,可以计算出测试车辆 A 与车辆 D 相对纵向距离与速度差的比值为 7.09,根据目标车道决策规则,左侧车道风险更低,应选取左侧车道为转向换道的目标车道。综合测试仿真结果,可知开发的主动避撞系统能按照避撞决策规则合理避撞。

在场景 c 中研究了前车低速切入工况,通过测试员操控车辆 B 进行了不同速度和不同纵向距离的测试,测试一共得到了 18 组测试数据。对测试过程进行记录,测试车辆都可以按逻辑框图进行决策,验证了算法规则的可靠性。根据采取避撞措施的不同,对测试结果进行分类统计,见表 7.12。

表 7.12　测试结果统计表

避撞措施	数量	碰撞事故数
制动	15	3
制动 + 转向换道	6	0

在采取制动 + 转向换道避撞措施的 6 组测试中,对测试过程进行记录,选取前车快速变道后立即减速这一工况进行具体分析。测试数据首先选取了前车切入后和测试车辆转向换道避撞前这个时间段的数据,研究两车间距和速度的变化,如图 7.51 所示。

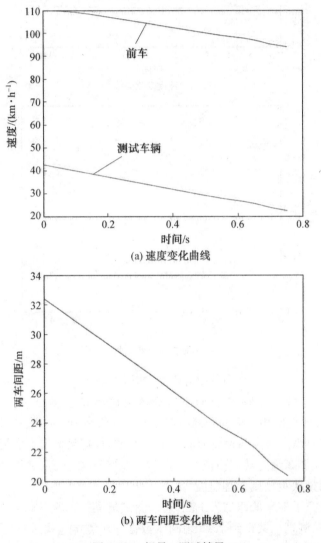

(a) 速度变化曲线

(b) 两车间距变化曲线

图 7.51　场景 c 测试结果

根据速度变化曲线可知,车辆 B 切入本车道后,测试员立即按下减速按键,车辆 B 的速度迅速降低,测试车辆 A 开始制动;从速度变化曲线可以看出两车速度差变化不大,经过 0.75 s 左右,两车间距从 32.4 m 减少到 20.3 m;此时,两车碰撞时间减少到小于 1.2 s,

触发了转向换道避撞,测试车辆 A 通过换道成功避撞。测试车辆 A 的横向位移变化曲线如图 7.52 所示。

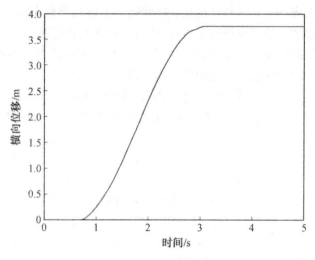

图 7.52　测试车辆 A 横向位移变化曲线

在场景 d 中研究了城市场景中行人横穿道路的危险工况,测试车辆与行人的运动轨迹如图 7.53 所示,测试车辆与行人的初始横向距离为 50 m,纵向距离为 4 m,当测试车辆行驶了 28.39 m 时,由于前方存在大型车辆遮挡视线,行人突然从第一车道窜出,此时测试车辆与行人的纵向距离为 21.61 m,小于制动避撞临界安全距离 23 m,故测试车辆现在只采取制动的方式无法避免碰撞,测试车辆与行人的碰撞时间为 1.3 s,碰撞时间大于设定的转向避撞阈值,故测试车辆可以立即采取转向换道的方式进行避撞。场景 d 的测试结果表明,此时测试车辆按照决策规则向左侧车道采用转向换道避撞的方式进行避撞。

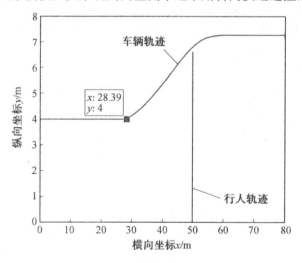

图 7.53　测试车辆与行人的运动轨迹

3. 测试结果讨论

通过对测试数据的收集和处理,测试车辆在场景 a~d 中可以按照决策规则来进行合理避撞。但在测试过程中可以发现,在自动驾驶汽车系统开发的过程中涉及参数的取值,有些参数的取值往往具有主观性,无法满足任意测试场景的运行,而且自动驾驶汽车需要采取不同决策规则来应对不同的测试场景。在规则不完善的情况下,经过反复测试发现潜在的风险后,结合损失、法律责任等完善规则,修正程序后进行测试。虚拟测试可以根据需要对设置的参数进行相应修改,通过对场景要素参数进行动态调整可以实现测试场景的转变,满足场景覆盖率高、可重复测试的需求,进一步对程序进行修改、完善。

(1) 静态场景要素参数调整:例如在行人横穿道路的测试场景中,由于此类危险场景一般发生在城市道路,其道路宽度小于高速公路的车道宽度,因此在场景建模过程中对道路要素信息进行修改。

(2) 动态场景要素参数调整:例如在前车切入的测试场景中,不同的测试员控制前车切入,前车的速度和切入时的间距也会不同,在触发机制中通过开发控制前方车辆的插件来实现。在测试中验证了场景风险特征需要的避障规则、机制。

(3) 程序设置参数调整:在不同的场景进行测试后,通过记录测试过程和结果,发现程序设计不完善的地方并进行修改。如不同道路下的行驶参数,通过访问道路接口获取各车道的线形、宽度等信息来确定测试车辆阈值参数,可进一步降低自动驾驶汽车发生事故的风险,提高自动驾驶汽车在不同测试环境下的适应性。

7.5 总　　结

本章设计了基于 UC-win/Road 软件的自动驾驶汽车虚拟测试系统总体框架,通过对测试场景要素进行分类、事件设计和触发机制设计,给出了测试场景的一般建模流程。在自动驾驶算法的开发设计上,设计了避撞模式的决策规则,开发出了具有主动避撞功能的自动驾驶汽车。通过搭建测试场景,对自动驾驶汽车的主动避撞功能进行测试,而且仿真测试时可以在任意时间和地点触发危险场景,增加了测试场景的广度。通过对测试数据进行处理,验证了虚拟测试的可行性。

参 考 文 献

[1] LV W, SONG W G, LIU X D, et al. A microscopic lane changing process model for multilane traffic[J]. Physica A: Statistical Mechanics and its Applications, 2013, 392(5): 1142-1152.

[2] 左磊. 智能驾驶车辆自主决策与规划的增强学习方法研究[D]. 长沙: 国防科学技术大学, 2016.

[3] SUH J, KIM B, YI K. Design and evaluation of a driving mode decision algorithm for automated driving vehicle on a motorway[J]. IFAC-PapersOnLine, 2016, 49(11): 115-120.

[4] 王晓原, 杨新月. 基于决策树的驾驶行为决策机制研究[J]. 系统仿真学报, 2008, 20(2): 415-419, 448.

[5] ZHENG J, SUZUKI K, FUJITA M. Car-following behavior with instantaneous driver-vehicle reaction delay: a neural-network-based methodology[J]. Transportation Research Part C: Emerging Technology, 2013, 36: 339-351.

[6] NOH S, AN K. Decision-making framework for automated driving in highway environments[J]. IEEE Transactions on Intelligent Transportation Systems, 2018, 19(1): 58-71.

[7] 张立增. 智能汽车方向与速度综合决策的混合机理与规则建模研究[D]. 长春: 吉林大学, 2017.

[8] GENG X L, LIANG H W, XU H, et al. Influences of leading-vehicle types and environmental conditions on car-following behavior[J]. IFAC-PapersOnLine, 2016, 49(15): 151-156.

[9] HAMDAR S H, QIN L Q, TALEBPOUR A. Weather and road geometry impact on longitudinal driving behavior: exploratory analysis using an empirically supported acceleration modeling framework[J]. Transportation Research Part C: Emerging Technology, 2016, 67: 193-213.

[10] BROUGHTON K L M, SWITZER F, SCOTT D. Car following decisions under three visibility conditions and two speeds tested with a driving simulator[J]. Accident Analysis and Prevention, 2007, 39(1): 106-116.

[11] LORD D, MANNERING F. The statistical analysis of crash-frequency data: a review and assessment of methodological alternatives[J]. Transportation Research Part A: Policy and Practice, 2010, 44(5): 291-305.

[12] WEI D L, LIU H C. Analysis of asymmetric driving behavior using a self-learning approach[J]. Transportation Research Part B: Methodological, 2013, 47: 1-14.

[13] 邱小平,刘亚龙.基于支持向量机的车辆跟驰模型[J].重庆交通大学学报(自然科学版),2015,34(6):128-132.

[14] ZHANG J Y,LIAO Y P,WANG S F,et al. Study on driving decision-making mechanism of autonomous vehicle based on an optimized support vector machine regression[J]. Applied Sciences,2017,8(1):13.

[15] 廖亚萍.基于粒子群优化SVM模型的自动驾驶车辆决策机制研究[D].青岛:山东科技大学,2019.

[16] 祝俪菱,刘澜,赵新朋,等.基于支持向量机的车辆驾驶行为识别研究[J].交通运输系统工程与信息,2017,17(1):91-97.

[17] 信磊.驾驶人在交叉口黄灯期间的驾驶行为决策分析及管控方法研究[D].合肥:合肥工业大学,2016.

[18] 刘有军,李可,余俊,等.四车道高速公路跟驰换道模型与参数激励[J].中国公路学报,2014,27(12):96-105.

[19] 张素禄.公路平曲线段路侧事故预测与风险评价方法研究[D].哈尔滨:哈尔滨工业大学,2017.

[20] TAN Y H,HE Y G,CUI C,et al. A novel method for analog fault diagnosis based on neural networks and genetic algorithms[J]. IEEE Transaction on Instrumentation and Measurement,2008,57(11):2631-2639.

[21] 彭建新,万腾辉,赵熙.基于混合核函数支持向量机的智能运维管理研究[J].中国人民公安大学学报(自然科学版),2018,24(3):63-68.

[22] 吴光强,张亮修,刘兆勇,等.汽车自适应巡航控制系统研究现状与发展趋势[J].同济大学学报(自然科学版),2017,45(4):544-553.

[23] 蔡英凤,吕志军,孙晓强,等.基于并线行为识别的自适应巡航控制方法[J].汽车工程,2021,43(7):1077-1087,1095.

[24] 李旗.基于多目标优化的车辆多模式自适应巡航控制研究[D].合肥:合肥工业大学,2019.

[25] LUO L H,LIU H,LI P,et al. Model predictive control for adaptive cruise control with multi-objectives:comfort,fuel-economy,safety and car-following[J]. Journal of Zhejiang University Science A,2010,11(3):191-201.

[26] 袁亚东.基于多级状态机的智能车辆全速自适应巡航控制系统设计[D].青岛:山东科技大学,2021.

[27] LIU Z Z,YUAN Q,NIE G M,et al. A multi-objective model predictive control for vehicle adaptive cruise control system based on a new safe distance model[J]. International Journal of Automotive Technology,2021,22(2):475-487.

[28] LUO L H,LI P,WANG H. Vehicle adaptive cruise control design with optimal switching between throttle and brake[J]. Journal of Control Theory and Applications,2012,10(4):426-434.

[29] 李升波,王建强,李克强,等.MPC实用化问题处理及在车辆ACC中的应用[J].清

华大学学报(自然科学版),2010,50(5):645-648.

[30] ALI Z, POPOV A A, CHARLES G. Model predictive control with constraints for a nonlinear adaptive cruise control vehicle model in transition manoeuvres[J]. Vehicle System Dynamics,2013,51(6):943-963.

[31] 张德兆,王建强,刘佳熙,等. 加速度连续型自适应巡航控制模式切换策略[J]. 清华大学学报(自然科学版),2010,50(8):1277-1281.

[32] 严伟. 仿驾驶员速度跟随行为的自适应巡航控制算法研究[D]. 长春:吉林大学,2016.

[33] ZHU M, CHEN H Y, XIONG G M. A model predictive speed tracking control approach for autonomous ground vehicles[J]. Mechanical Systems and Signal Processing,2017,87:138-152.

[34] 赵树恩,冷姚,邵毅明. 车辆多目标自适应巡航显式模型预测控制[J]. 交通运输工程学报,2020,20(3):206-216.

[35] ROSENFELD A, BAREKET Z, GOLDMAN C V, et al. Learning drivers' behavior to improve adaptive cruise control[J]. Journal of Intelligent Transportation Systems,2015,19(1):18-31.

[36] MOON S, KANG H J, YI K. Multi-vehicle target selection for adaptive cruise control[J]. Vehicle System Dynamics,2010,48(11):1325-1343.

[37] 袁清. 基于驾驶行为分析的自适应巡航控制算法研究[D]. 长春:吉林大学,2018.

[38] 刘明春,涂桃,黄菊花,等. 基于多模式切换的智能汽车自适应巡航控制研究[J]. 汽车技术,2020(6):1-7.

[39] 黄晶,韦伟,邹德飚. 基于个性化间距策略的自适应巡航系统模式切换策略研究[J]. 汽车工程,2020,42(10):1302-1311.

[40] SHAKOURI P, CZECZOT J, ORDYS A. Simulation validation of three nonlinear model-based controllers in the adaptive cruise control system[J]. Journal of Intelligent & Robotic Systems,2015,80(2):207-229.

[41] 李昂. 如何让既有高速公路更具智慧[J]. 中国公路,2021,600(20):64-66.

[42] XIN L, KONG Y T, LI S E, et al. Enable faster and smoother spatio-temporal trajectory planning for autonomous vehicles in constrained dynamic environment[J]. Proceedings of the Institution of Mechanical Engineers, Part D: Journal of Automobile Engineering,2021,235(4):1101-1112.

[43] ZHU S, AKSUN-GUVENC B. Trajectory planning of autonomous vehicles based on parameterized control optimization in dynamic on-road environments[J]. Journal of Intelligent & Robotic Systems,2020,100(3/4):1055-1067.

[44] 牛国臣,李文帅,魏洪旭. 基于双五次多项式的智能汽车换道轨迹规划[J]. 汽车工程,2021,43(7):978-986,1004.

[45] LUO Y G, XIANG Y, CAO K, et al. A dynamic automated lane change maneuver based on vehicle-to-vehicle communication[J]. Transp Res Part C Emerg Technol,2016,62:

87-102.

[46] BAI H J,SHEN J F,WEI L Y,et al. Accelerated lane-changing trajectory planning of automated vehicles with vehicle-to-vehicle collaboration[J]. Journal of Advanced Transportation,2017,2017:1-11.

[47] LI T T,WU J P,CHAN C Y,et al. A cooperative lane change model for connected and automated vehicles[J]. IEEE Access,2020,99:1.

[48] DING N,MENG X H,XIA W G,et al. Multivehicle coordinated lane change strategy in the round about under Internet of vehicles based on game theory and cognitive computing[J]. Transactions on Industrial Informatics,2020,16(8):5435-5443.

[49] 杨刚. 基于车车通信的多车协同自动换道控制策略研究[D]. 北京:清华大学,2016.

[50] ZHU W X,ZHANG H M. Analysis of mixed traffic flow with human-driving and autonomous cars based on car-following model[J]. Physica A:Statistical Mechanics and its Applications,2018,496:274-285.

[51] KARIMI M,RONCOLI C,ALECSANDRU C,et al. Cooperative merging control via trajectory optimization in mixed vehicular traffic[J]. Transportation Research Part C:Emerging Technologies,2020,116:102663.

[52] MILANES V,SHLADOVER S E,SPRING J,et al. Cooperative adaptive cruise control in real traffic situations[J]. Transactions on Intelligent Transportation Systems,2014,15(1):296-305.

[53] 刘思源,喻伟,刘洁莹,等. 考虑驾驶风格的车辆换道行为及预测模型[J]. 长沙理工大学学报(自然科学版),2019,16(1):28-35.

[54] 黄晶,蔺仲勋,彭晓燕,等. 考虑驾驶人风格的换道轨迹规划与控制[J]. 中国公路学报,2019,32(6):226-239,247.

[55] 闫淑德. 基于驾驶习性的智能汽车个性化换道辅助系统研究[D]. 长春:吉林大学,2019.

[56] 谢辉,刘爽爽. 基于模型预测控制的无人驾驶汽车横纵向运动控制[J]. 汽车安全与节能学报,2019,10(3):326-333.

[57] 董铸荣,张欣,胡松华,等. 基于LQR变传动比控制的4WIS电动车转向控制仿真研究[J]. 汽车工程,2017,39(1):79-85.

[58] 侯海晶,金立生,关志伟,等. 驾驶风格对驾驶行为的影响[J]. 中国公路学报,2018,31(4):18-27.

[59] 孙文盛. 基于不同优先级的自主车辆协同换道轨迹规划与控制[D]. 青岛:山东科技大学,2019.

[60] 赵建华. 基于SOM神经网络的半监督分类算法[J]. 西华大学学报(自然科学版),2015,34(1):36-40,51.

[61] 李立治,杨建军,刘双喜,等. 国内人群的驾驶风格分类及识别方法研究[J]. 重庆理工大学学报(自然科学),2019,33(11):33-40.

[62] 陈满祥. 高速公路混行状态下智能车辆协同换道决策与控制研究[D]. 青岛:山东科

技大学,2022.

[63] WU Q,ZHANG G H,CI Y S,et al. Exploratory multinomial logit model-based driver injury severity analyses for teenage and adult drivers in intersection-related crashes[J]. Traffic Injury Prevention,2016,17(4):413-422.

[64] YE F,LORD D. Comparing three commonly used crash severity models on sample size requirements: Multinomial logit, ordered probit and mixed logit models[J]. Analytic Methods in Accident Research,2014,1:72-85.

[65] SHAHEED M S,GKRITZA K,CARRIQUIRY A L,et al. Analysis of occupant injury severity in winter weather crashes: a fully Bayesian multivariate approach[J]. Analytic Methods in Accident Research,2016,11:33-47.

[66] MUJALLI R O,DE OÑA J. A method for simplifying the analysis of traffic accidents injury severity on two-lane highways using Bayesian networks[J]. Journal of Safety Research,2011,42(5):317-326.

[67] ZENG Q,HUANG H L. A stable and optimized neural network model for crash injury severity prediction[J]. Accident Analysis & Prevention,2014,73:351-358.

[68] DELEN D,TOMAK L,TOPUZ K,et al. Investigating injury severity risk factors in automobile crashes with predictive analytics and sensitivity analysis methods[J]. Journal of Transport & Health,2017,4:118-131.

[69] YU R J,ABDEL-ATY M. Utilizing support vector machine in real-time crash risk evaluation[J]. Accident Analysis & Prevention,2013,51:252-259.

[70] LI Z B,LIU P,WANG W,et al. Using support vector machine models for crash injury severity analysis[J]. Accident Analysis & Prevention,2012,45:478-486.

[71] 李思贤. 基于恐惧情感强度计算的自动驾驶车辆决策机制研究[D]. 青岛:山东科技大学,2020.

[72] 白惠仁. 自动驾驶汽车的"道德算法"困境[J]. 科学学研究,2019,37(1):18-24,56.

[73] WALDROP M M. No drivers required[J]. Nature,2015,518(7537):20.

[74] 李飞. 无人驾驶碰撞算法的伦理立场与法律治理[J]. 法制与社会发展,2019,25(5):167-187.

[75] BLACKBURN S. Trolley problem[J]. Yale Law J,2016,94(6):1395-1415.

[76] MARTIN R,KUSEV I,COOKE A J,et al. Commentary: the social dilemma of autonomous vehicles[J]. Frontiers in Psychology,2017,8:808.

[77] SWANN W B,GÓMEZ A,DOVIDIO J F,et al. Dying and killing for one's group: identity fusion moderates responses to intergroup versions of the trolley problem[J]. Psychological Science,2010,21(8):1176-1183.

[78] NYHOLM S,SMIDS J. The ethics of accident-algorithms for self-driving cars: an applied trolley problem? [J]. Ethical Theory and Moral Practice,2016,19(5):1275-1289.

[79] GREENE J D. Our driverless dilemma[J]. Science,2016,352(6293):1514-1515.

[80] 和鸿鹏. 无人驾驶汽车的伦理困境、成因及对策分析[J]. 自然辩证法研究,2017,33

(11):58-62.

[81] THORNTON S M, PAN S, ERLIEN S M, et al. Incorporating ethical considerations into automated vehicle control[J]. IEEE Transactions on Intelligent Transportation Systems, 2017,18(6):1429-1439.

[82] CHATILA R, FIRTH-BUTTERFLIED K, HAVENS J C, et al. The IEEE global initiative for ethical considerations in artificial intelligence and autonomous systems[standards][J]. IEEE Robotics and Automation Magazine,2017,24(1):110.

[83] EVANS K, MOURA N D, CHAUVIER S, et al. Ethical decision making in autonomous vehicles: the AV ethics project[J]. Science and Engineering Ethics,2020,26(6):3285-3312.

[84] AWAD E, DSOUZA S, KIM R, et al. The Moral Machine experiment[J]. Nature,2018,563(7729):59-64.

[85] SHARIFF A, BONNEFON J F, RAHWAN I. Psychological roadblocks to the adoption of self-driving vehicles[J]. Nature Human Behaviour,2017,1(10):694-696.

[86] 孙保学. 自动驾驶汽车事故的道德算法由谁来决定[J]. 伦理学研究,2018(2):97-101.

[87] 陈永尚. 智能汽车城区复杂交通情景的驾驶行为决策方法研究[D]. 长春:吉林大学,2019.

[88] BARMAN B, KANJILAL R, MUKHOPADHYAY A. Neuro-fuzzy controller design to navigate unmanned vehicle with construction of traffic rules to avoid obstacles[J]. International Journal of Uncertainty, Fuzziness and Knowledge-Based Systems,2016,24(3):433-449.

[89] TAEIHAGH A, LIM H S M. Governing autonomous vehicles: emerging responses for safety, liability, privacy, cybersecurity, and industry risks[J]. Transport Reviews,2019,39(1):103-128.

[90] 李霖,朱西产. 智能汽车自动紧急控制策略[J]. 同济大学学报(自然科学版),2015,43(11):1735-1742.

[91] 朱西产,刘智超,李霖. 基于车辆与行人危险工况的转向避撞控制策略[J]. 汽车安全与节能学报,2015,6(3):217-223.

[92] 张辉宜,郝小林,袁志祥,等. 汽车防追尾碰撞的最小安全距离仿真研究[J]. 计算机仿真,2014,31(11):146-149,207.

[93] 朱冰,朴奇,赵健,等. 基于路面附着系数估计的汽车纵向碰撞预警策略[J]. 汽车工程,2016,38(4):446-452.

[94] 任泽建. 基于联合仿真的车辆主动避碰控制方法研究[D]. 大连:大连理工大学,2015.

[95] 王政. 智能车辆自主换道方法的研究[D]. 长春:吉林大学,2016.

[96] 郑磊. 汽车纵向主动避撞控制方法研究[D]. 成都:西华大学,2014.

[97] PETROV P, NASHASHIBI F. Modeling and nonlinear adaptive control for autonomous

vehicle overtaking[J]. IEEE Transactions on Intelligent Transportation Systems,2014,15(4):1643-1656.

[98] SHIM T, ADIREDDY G, YUAN H L. Autonomous vehicle collision avoidance system using path planning and model-predictive-control-based active front steering and wheel torque control[J]. Proceedings of the Institution of Mechanical Engineers Part D:Journal of Automobile Engineering,2012,226(6):767-778.

[99] 李亮,贾钢,宋健,等.汽车动力学稳定性控制研究进展[J].机械工程学报,2013,49(24):95-107.

[100] 万亮亮.不同路况下汽车前向防撞安全距离模型的研究[D].锦州:辽宁工业大学,2016.

[101] 李江湖.自动驾驶电动汽车避障控制方法研究[D].南京:东南大学,2015.

[102] 郭达.智能车避障路径动态规划和车体控制研究[D].西安:长安大学,2015.

[103] EBEN LI S, LI K Q, WANG J Q. Economy-oriented vehicle adaptive cruise control with coordinating multiple objectives function[J]. Vehicle System Dynamics, 2013,51(1):1-17.

[104] KADILAR G O. Effect of driver, roadway, collision, and vehicle characteristics on crash severity: a conditional logistic regression approach[J]. International Journal of Injury Control and Safety Promotion,2016,23(2):135-144.

[105] DABBOUR E. Investigating temporal trends in the explanatory variables related to the severity of drivers' injuries in single-vehicle collisions[J]. Journal of Traffic and Transportation Engineering,2017,4(1):71-79.

[106] 王健.汽车在两种转向工况下的路径规划与路径跟踪研究[D].南京:南京航空航天大学,2015.

[107] 余荣杰,田野,孙剑.高等级自动驾驶汽车虚拟测试:研究进展与前沿[J].中国公路学报,2020,33(11):125-138.

[108] LI S S, WANG W S, MO Z B, et al. Cluster naturalistic driving encounters using deep unsupervised learning[C]//2018 IEEE Intelligent Vehicles Symposium (IV). ACM,2018:1354-1359.

[109] 王献伟.基于自然驾驶数据的驾驶行为辨识和建模方法研究[D].开封:河南大学,2020.

[110] PRIALÉ O S, REBERNIK N, EICHBERGER A, et al. Virtual stochastic testing of advanced driver assistance systems [C]//Advanced Microsystems for Automotive Applications 2015. Cham:Springer,2016:25-35.

[111] 余卓平,邢星宇,陈君毅.自动驾驶汽车测试技术与应用进展[J].同济大学学报(自然科学版),2019,47(4):540-547.

[112] 张大伟.紧急工况下自主车辆避撞控制决策研究[D].青岛:山东科技大学,2018.

[113] 李霖,朱西产,董小飞,等.自主紧急制动系统避撞策略的研究[J].汽车工程,2015,37(2):168-174.

[114] ZHU B, JIANG Y D, ZHAO J, et al. Typical-driving-style-oriented Personalized Adaptive Cruise Control design based on human driving data[J]. Transportation Research Part C: Emerging Technologies, 2019, 100: 274-288.

[115] ZHU B, YAN S D, ZHAO J, et al. Personalized lane-change assistance system with driver behavior identification[J]. IEEE Transactions on Vehicular Technology, 2018, 67(11): 10293-10306.

[116] DI MARE G, VICO F, CRISCI F, et al. An innovative real-time test setup for ADAS's based on vehicle cameras[J]. Transportation Research Part F: Traffic Psychology and Behaviour, 2019, 61: 252-258.

[117] 孙贺. 基于 UC-win/Road 智能车虚拟测试场景建模及仿真[D]. 青岛: 山东科技大学, 2019.

[118] 朱冰, 贾晓峰, 王御, 等. 基于双 dSPACE 的汽车动力学集成控制快速原型试验[J]. 吉林大学学报(工学版), 2016, 46(1): 8-14.

[119] 刘斌斌. 无人驾驶汽车决策系统的规则正确性验证[D]. 长沙: 国防科学技术大学, 2015.

[120] 付智超. 基于 PreScan 的无人驾驶车辆虚拟测试[D]. 邯郸: 河北工程大学, 2019.

[121] 徐国顺. 基于 UC-win/Road 自动驾驶汽车避撞决策虚拟测试方法研究[D]. 青岛: 山东科技大学, 2021.

[122] LI L, HUANG W L, LIU Y H, et al. Intelligence testing for autonomous vehicles: a new approach[J]. IEEE Transactions on Intelligent Vehicles, 2016, 1(2): 158-166.

[123] 舒红, 袁康, 修海林, 等. 自动驾驶汽车基础测试场景构建研究[J]. 中国公路学报, 2019, 32(11): 245-254.

[124] 马智亮, 伊藤裕二, 武井千雅子. UC-win/Road 实用教程[M]. 北京: 中国建筑工业出版社, 2010.

[125] 冯屹, 王兆. 自动驾驶测试场景技术发展与应用[M]. 北京: 机械工业出版社, 2020.

[126] 张荣珅, 王玉田, 胡荣权, 等. 名义代价期望目标下的智能车辆困境避险规划[J]. 中国机械工程, 2022, 33(15): 1849-1856.

[127] WANG H, KHAJEPOUR A, CAO D P, et al. Ethical decision making in autonomous vehicles: challenges and research progress[J]. IEEE Intelligent Transportation Systems Magazine, 2022, 14(1): 6-17.

[128] 郭延永, 刘佩, 袁泉, 等. 网联自动驾驶车辆道路交通安全研究综述[J]. 交通运输工程学报, 2023, 23(5): 19-38.

[129] 宋晓琳, 盛鑫, 曹昊天, 等. 基于模仿学习和强化学习的智能车辆换道行为决策[J]. 汽车工程, 2021, 43(1): 59-67.

[130] SCHUBERT R, WANIELIK G. A unified Bayesian approach for object and situation assessment[J]. IEEE Intelligent Transportation Systems Magazine, 2011, 3(2): 6-19.

[131] CHEN Q H, HUANG H L, LI Y, et al. Modeling accident risks in different lane-changing behavioral patterns[J]. Analytic Methods in Accident Research, 2021, 30: 100159.

[132] HYODO S, HASEGAWA K. Factors affecting analysis of the severity of accidents in cold and snowy areas using the ordered probit model[J]. Asian Transport Studies, 2021, 7:100035.

[133] 马壮林,邵春福,董春娇,等. 基于累积 Logistic 模型的交通事故严重程度时空分析[J]. 中国安全科学学报,2011,21(9):94-99.